MIX
Papier aus verantwortungsvollen Quellen
Paper from responsible sources
FSC® C105338

Haftungsausschluss:
Die Ratschläge im Buch sind sorgfältig erwogen und geprüft. Alle Angaben in diesem Buch erfolgen ohne jegliche Gewährleistung oder Garantie seitens des Autors und des Verlags. Die Umsetzung erfolgt ausdrücklich auf eigenes Risiko. Eine Haftung des Autors bzw. des Verlags und seiner Beauftragten für Personen-, Sach- und Vermögensschäden oder sonstige Schäden, die durch die Nutzung oder Nichtnutzung der Informationen bzw. durch die Nutzung fehlerhafter und/oder unvollständiger Informationen verursacht wurden, sind ausgeschlossen. Verlag und Autor übernehmen keine Haftung für die Aktualität, Richtigkeit und Vollständigkeit der Inhalte, ebenso nicht für Druckfehler. Es kann keine juristische Verantwortung sowie Haftung in irgendeiner Form für fehlerhafte Angaben und daraus entstehende Folgen von Verlag bzw. Autor übernommen werden.

Sollte diese Publikation Links auf Webseiten Dritter enthalten, so übernehmen wir für deren Inhalte keine Haftung, da wir uns diese nicht zu eigen machen, sondern lediglich auf deren Stand zum Zeitpunkt der Erstveröffentlichung verweisen.

Bibliografische Informationen der Deutschen Nationalbibliothek
Die Deutsche Nationalbibliothek verzeichnet diese Publikation in der Deutschen Nationalbibliografie; detaillierte bibliografische Daten sind im Internet über http://dnb.dnb.de abrufbar.

1. Auflage 2022
© 2022 by Remote Verlag, ein Imprint der Remote Life LLC, 3833 Powerline Rd., Suite 301-C, 33309 Fort Lauderdale, Florida, USA
Alle Rechte vorbehalten. Vervielfältigung, auch auszugsweise, nur mit schriftlicher Genehmigung des Verlages.

Redaktion: Isabelle Müller
Lektorat und Korrektorat: Lara Voelter, Annika Hülshoff
Umschlaggestaltung: Wolkenart Media Design
Satz und Layout: Zarka Ghaffar
Illustrationen und Grafiken: Julia Kleene, Zarka Ghaffar
Abbildungen im Innenteil: © Sacha Bachim

ISBN Print: 978-1-955655-34-7
ISBN E-Book: 978-1-955655-35-4
www.remote-verlag.de

Sacha Bachim

THERAPIE „TO GO“

100 Psychotherapie-Tools für mehr Leichtigkeit im Alltag

Inhalt

Für

J & M

Vorwort

«Schon wieder so ein Selbsthilfe-Schmu», würde ich denken, wenn mir dieses Buch in die Hand fallen würde (und wenn ich nicht der Autor wäre). «Wie oft muss ich denn noch hören (oder lesen), dass ich doch verdammt noch mal gechillter sein und endlich mit dem positiven Denken anfangen soll? Wurden die immer gleichen Buddha-Weisheiten und Glückskekssprüche denn nicht schon oft genug recycelt? Wenn diese Welt eines nun wirklich nicht mehr braucht, dann ist es ein weiteres Selbsthilfebuch!»

Und trotzdem habe ich jetzt eins geschrieben.

Als Psychotherapeut[1] verfügt man über diesen riesigen Werkzeugkoffer. Darin befinden sich ganz viele Zangen, Schrauben- und Sechskantdreher, die für alle Lebenslagen passen können. In der Therapie kann man Patienten dabei helfen, den einen passenden Ventilschlüssel zu finden, um den erwünschten Druckausgleich zu ermöglichen.

Wissenschaftlich fundierte, psychotherapeutische Methoden sind selbstverständlich nicht nur Tipps und Tricks, sondern müssen immer in den Kontext eines klinischen Behandlungsplans gesetzt werden. Und trotzdem sind viele therapeutische Denkanstöße und Techniken nun mal auch ganz praktisch nutzbar. Sie können zum Umdenken anregen und dazu beitragen, die allgemeine Lebensqualität zu verbessern. Auch schadet es wahrscheinlich nicht, präventiv etwas dafür zu tun, psychisch gesund zu bleiben, oder?

Bei meiner Arbeit mit Patienten habe ich regelmäßig Momente, in denen ich denke: «Wow, das hat dieser Person jetzt tatsächlich geholfen (zum Glück, sonst müsste ich mir wohl einen anderen Job suchen)!» Gleichzeitig denke ich dann aber auch oft: «Eigentlich könnte das doch uns allen helfen!»

Irgendwie fühlt man sich als Therapeut in diesem Sinne manchmal wie ein Zauberer. Natürlich hat Psychotherapie weder etwas mit einem abgekarteten Hütchenspiel noch mit Magie zu tun. Zauberer haben aber diese ganzen Tricks in petto, die sie nicht verraten dürfen (Zauberer-Ehrenkodex und so!). Mit therapeutischen Ansätzen und Techniken verhält es sich ähnlich. Im Endeffekt ist die Therapeutenshow einem elitären Publikum vorbehalten. Als Eintrittskarte wird eine Diagnose abverlangt. Die Geheimrezepte für ein glücklicheres Leben werden so hinter geschlossenen Praxistüren gehütet und immer nur einem Patienten nach dem anderen häppchenweise verraten. Eigentlich ziemlich dämlich, oder?

Aus diesem Grund habe ich jetzt ein Selbsthilfebuch geschrieben. Lassen Sie uns zusammen auf den Zauberer-Ehrenkodex pfeifen und einen Blick in den Werkzeugkoffer werfen.

Mindestens eine Schraube haben wir schließlich alle locker!

---

[1] Zur besseren Lesbarkeit wird in diesem Buch für Bezeichnungen, die sich auf alle Geschlechter beziehen, nur die männliche Form verwendet. Gemeint sind selbstverständlich alle Menschen und niemand soll dadurch diskriminiert werden.

01 | Der Geist aus der Lampe.

Ziele formulieren

«Du hast drei Wünsche frei, wähle weise. Käsetorte. Dreimal bitte!»

– (Internet-Meme, Quelle unbekannt)

Am Anfang war das Ziel.

Ohne den Wunsch nach Verbesserung hätten wir Menschen uns nicht weiterentwickelt und säßen immer noch planlos in feuchten Steinzeithöhlen herum. Ziele und Vorsätze geben uns Halt und Orientierung und dienen als wichtige Wegweiser zur Selbstverwirklichung.

Dabei bestimmen die Ziele, die wir uns bewusst oder unbewusst setzen, unsere Fahrtrichtung und können unser ganzes Leben maßgeblich beeinflussen. Wir täten also wahrscheinlich gut daran, bei der Festlegung unserer Lebensziele etwas reflektierter vorzugehen als bei der Entscheidung nach der Farbe der Socken, die wir heute tragen möchten.

Es wäre doch einfach zu schade, sich erst am Sterbebett zu fragen, wieso man Kindergärtner geworden ist, obwohl man Kinder überhaupt nicht leiden kann. Oder wieso man das ganze Geld angehäuft hat, nur um einen Haufen Geld zu haben.

Bevor Sie sich Hals über Kopf in die Formulierung des nächsten guten Vorsatzes stürzen, kann es sich lohnen, erst einmal eine Bestandsaufnahme vom Istzustand zu machen. Woran können Sie festmachen, ob Sie aktuell etwas an Ihrem Leben verbessern wollen? Dafür müssten Sie erst einmal wissen, wie glücklich, erfüllt oder frei Sie im Moment bereits sind, oder?

Technik 1: Die fünf Freiheiten

Die Vorreiterin der Familientherapie Virginia Satir beschrieb die sogenannten fünf Freiheiten, die dem Menschen dazu verhelfen können, sein Grundpotenzial zu erreichen (Satir et al., 1991):

- Die Freiheit zu sehen und zu hören, was im Moment wirklich da ist, anstatt das, was sein sollte, gewesen ist oder erst sein wird.
- Die Freiheit, das auszusprechen, was ich wirklich fühle und denke, und nicht das, was von mir erwartet wird.
- Die Freiheit, zu meinen Gefühlen zu stehen, und nicht etwas anderes vorzutäuschen.
- Die Freiheit, um das zu bitten, was ich brauche, anstatt immer erst auf Erlaubnis zu warten.
- Die Freiheit, in eigener Verantwortung Risiken einzugehen, anstatt immer nur auf Nummer sicher zu gehen und nichts Neues zu wagen.

Versuchen Sie, die fünf Freiheiten als Kriterien zur Einschätzung Ihrer eigenen Freiheit anzuwenden.

Sollten Sie zu der Schlussfolgerung gelangen, dass Sie vielleicht doch noch etwas freier leben könnten, dann lassen Sie diese Erkenntnis in Ihre Zielsetzungen fließen.

Formulieren Sie also am besten Ziele, die Ihnen helfen, authentischer zu sein und im Hier und Jetzt zu leben, Ihr Erleben ausdrücken und annehmen zu können, selbstsicherer für sich zu sorgen und Ängste und Unsicherheiten zu überwinden.

Natürlich gibt es gute und schlechte, konkrete und vage, gut durchdachte und total bescheuerte Ziele.

Vor allem gibt es viele Ziele, die unerreicht bleiben.

Ich möchte gelassener werden!
Ich möchte meine Beziehung verbessern!

Ich möchte meine Ängste loswerden!
Ich möchte selbstsicher werden!
Ich möchte ausgeglichener und zufriedener sein!

Das sind alles super Beispiele für Ziele, die wir uns setzen können. Nur fangen die Schwierigkeiten bei ihrer Umsetzung oft schon bei der Formulierung an.

Wenn ich mir zum Beispiel vornehme, Griechisch zu lernen, kann ich mich jeden Tag zwei Stunden an den Schreibtisch setzen und genau das tun. Wenn ich währenddessen die Motivation nicht verliere, werde ich mit großer Wahrscheinlichkeit irgendwann tatsächlich etwas Griechisch können. Das werde ich beispielsweise daran merken, dass ich auf einmal entgegen allen Erwartungen das lautstarke Gezanke meiner griechischen Nachbarn als Austausch von Zärtlichkeiten entziffern kann.

Mit dem Vorsatz, glücklich zu werden, ist die Sache aber schon etwas komplizierter. Setze ich mich jeden Tag an den Schreibtisch und trainiere das Glücklichsein? Wann weiß ich, dass ich das Ziel erreicht habe?

Zur erfolgreichen Zielsetzung werden in der Zielpsychologie verschiedene «smarte» Kriterien vorgeschlagen.

Technik 2: SMARTe Ziele

Das Akronym SMART (angelehnt an Doran, 1981) steht für Ziele, die die folgenden Eigenschaften aufweisen sollen:

- spezifisch
- messbar
- attraktiv
- realistisch
- terminiert

Unsere Vorsätze sollten demzufolge also so konkret wie möglich formuliert sein, ihr Erfolg sollte leicht überprüfbar sein, die Ziele sollten erstrebenswert und an unsere Realität angepasst sowie innerhalb einer bestimmten Zeit erreichbar sein.

Versuchen Sie doch einmal, diese «smarten» Kriterien in Zukunft auf Ihre Zielformulierung anzuwenden!

Anstelle des Wunschdenkens, sich weniger einsam zu fühlen, nehmen Sie sich zum Beispiel vor, innerhalb des nächsten Monats wenigstens eine neue Bekanntschaft zu machen.

Statt dem Ziel, die ideale Bikini-Figur zu erreichen, planen Sie vielleicht besser, über die nächsten zehn Wochen fünf Kilogramm abzunehmen.

Wenn Sie sich mehr Pepp in Ihrer Beziehung wünschen, dann nehmen Sie sich Zeit für regelmäßige Qualitätsmomente und evaluieren, welche Aktivitäten besonders angenehm waren.

Statt sich immer wieder diffuse, unrealistische oder unüberprüfbare Ziele zu setzen, seien Sie also einfach mal etwas smarter!

Technik 3: Das Erwartung-mal-Wert-Modell

In der Motivationspsychologie wurden bereits seit den 50er Jahren sogenannte Erwartung-mal-Wert-Modelle beschrieben, die erklären sollen, wie Menschen sich Ziele setzen (Atkinson, 1957). Die Leistungsmotivation (also die Tendenz, Aufgaben, die uns wichtig sind, bis zum Abschluss mit Ausdauer nachzugehen) wird dabei durch eine mathematische Formel bestimmt. Diese setzt sich aus folgenden Parametern zusammen: der Erwartung auf Erfolg (die Einschätzung von der Wahrscheinlichkeit, ein Ziel erreichen zu können) und dem Wert des Erfolgs (die Vorstellung von Freude und Stolz darüber, wenn das Ziel erreicht wurde):

M	=	E	X	W
Motivation	=	Erwartung	X	Wert

Stellen Sie sich zur vereinfachten Darstellung Folgendes vor: Sie spielen ein Ringwurfspiel mit zehn Stäben, die in unterschiedlichen Entfernungen (0-10 Meter) aufgestellt sind. Sie haben die Möglichkeit, selbst auszuwählen, welchen Stab Sie mit Ihrem Ring anvisieren. Die Wahrscheinlichkeit, zu treffen, nimmt natürlich mit zunehmender Entfernung ab. Der Wert eines erfolgreichen Wurfs nimmt allerdings mit jedem zusätzlichen Meter zu.

Den Stab direkt vor Ihnen würden Sie wohl mit hoher Wahrscheinlichkeit treffen, es würde Ihnen aber wahrscheinlich nicht besonders viel bedeuten, da auch der untalentierteste Bewegungslegastheniker das hinkriegen könnte.

Der Stab, der zehn Meter weit weg steht, ist dagegen fast unmöglich zu treffen. Allerdings wäre das doch schon ziemlich cool, oder? Ein Youtube-Video davon würde ganz schnell viral gehen und Sie zum Internethelden machen!

Forscher fanden heraus, dass leistungsmotivierte Personen eher Ziele mit mittlerer Erfolgswahrscheinlichkeit anvisieren, während Menschen mit weniger Leistungsmotivation eher die sehr wahrscheinlichen oder die sehr unwahrscheinlichen Ziele wählen (Atkinson u. Litwin, 1960). Ein Zahlenbeispiel könnte beim Ringwurfbeispiel in etwa so aussehen:

Entfernung:										
0 M	1 M	2 M	3 M	4 M	5 M	6 M	7 M	8 M	9 M	10 M
Erwartung (dass ich treffe):										
100 %	90 %	80 %	70 %	60 %	50 %	40 %	30 %	20 %	10 %	0 %
Wert (wenn ich treffe):										
0 %	10 %	20 %	30 %	40 %	50 %	60 %	70 %	80 %	90 %	100 %
Motivation (Erwartung X Wert):										
0	900	1600	2100	2400	2500	2400	2100	1600	900	0

Die maximale Motivation würde hier also erreicht werden, wenn der Stab in Fünf-Meter-Distanz anvisiert wird.

Es ist klar, dass die Formel M = E x W keine exakte mathematische Gleichung darstellt. Trotzdem deckt sie auf, dass es sich anbietet, bewusst ein Ziel mit mittlerer Schwierigkeit und mittlerem Anreiz zu wählen, um die Leistungsmotivation zu stärken.

Versuchen Sie, mögliche Lebensziele in Zukunft doch mal durch die Lupe des Erwartung-mal-Wert-Modells zu betrachten. Können Sie selbst dazu beitragen, Ihre Leistungsmotivation zu stärken? Versuchen Sie bei der Formulierung Ihrer Ziele, Ihre eigene Balance zwischen Erfolgswahrscheinlichkeit und persönlichem Erfolgswert zu suchen.

Technik 4: Die Wunderfrage

Eine einfache und doch sehr wirksame Methode, um die eigenen Ziele und Wunschvorstellungen aus einem anderen Blickwinkel zu betrachten und greifbarer zu machen, ist die sogenannte Wunderfrage. Diese therapeutische Technik wurde von den Begründern der lösungsorientierten Kurzzeittherapie, Steve de Shazer und Insoo Kim Berg, entwickelt (de Shazer, 1988):

Stellen Sie sich bitte vor, wie Ihnen jetzt gleich eine Fee vor der Nase herumschwirrt. Gerne kann es auch ein Zauberer mit langem Bart oder ein Dschinn aus der Lampe sein. Auf jeden Fall möchte Ihnen dieses magische Wesen einen Wunsch erfüllen.

Natürlich fallen Ihnen sofort ganz viele wunderbare Dinge ein, die Sie sich wünschen könnten: Unsterblichkeit, ein zehnstelliger Lottogewinn, die Fähigkeit zu fliegen oder eine Luxusjacht, die so groß ist, dass im integrierten Pool eine kleinere Yacht Platz hat.

Ehe Sie Ihr Pulver jetzt schon verschießen, schlage ich Ihnen vor, Ihren Wunsch für ein Ziel aufzubewahren, das etwas mehr in Ihrem realistischen Handlungsspielraum liegt. Bestimmt haben Sie eine Vorstellung davon, was Sie in Ihrem Leben schon seit langem verbessern wollen.

Können Sie ein solches Ziel für sich formulieren? Gut! Dann stellen Sie sich jetzt weiter vor, dass Sie Ihrem magischen Wesen genau dieses Ziel nennen, auch wenn es eventuell noch sehr vage ist. Die Fee bestäubt Sie mit Feenstaub, der Zauberer murmelt eine mystische Formel in seinen Bart, der Flaschengeist macht eben das, was ein Flaschengeist macht. Auf jeden Fall wird Ihr Wunsch in dieser Nacht während Sie schlafen in Erfüllung gehen!

Wenn Sie sich zum Beispiel gewünscht haben, glücklich zu werden, dann stellen Sie sich vor, dass Sie morgen, wenn Sie aufwachen, glücklich sind. Wenn Sie sich gewünscht haben, Ihre ständigen Ängste loszuwerden, dann stellen Sie sich vor, dass diese morgen weg sind. Wenn Sie entschlossener werden wollen, dann... Ich glaube, Sie haben verstanden, worauf es hinausläuft. Natürlich werden Ihre Probleme nicht nur dadurch verschwinden, dass Sie sich vorstellen, Ihr Ziel bereits erreicht zu haben. Imaginationsübungen können uns aber ganz erstaunliche Perspektiven offenlegen.

Ich weiß, das klingt zu schön, um wahr zu sein, aber probieren Sie es doch mal aus. Versuchen Sie, sich im Detail vorzustellen, wie Sie morgen in den Tag starten werden. Woran würden Sie als allererstes merken, dass sich etwas verändert hat? Hätten Sie besser geschlafen? Würden Sie sofort unter die Dusche springen, anstatt

Ihr Handy immer wieder auf Snooze zu schalten? Würden Sie sich mehr Zeit zum Frühstücken nehmen? Würden Sie sich vielleicht einen Smoothie, Pfannkuchen oder Rührei zubereiten? Würden Sie eventuell sogar mit Ihrer Tasse Kaffee raus auf den Balkon gehen? Oder würden Sie angenehme Musik anmachen?

Gehen Sie jetzt in Gedanken den Tag Moment für Moment durch und schreiben Sie alles, was Ihnen einfällt, detailliert auf.

Orientieren Sie sich dabei an den folgenden Fragen:

- Was wäre anders, wenn sich Ihr Ziel morgen auf wundersame Weise erfüllt hätte?

- Was würden Sie konkret alles anders machen? Würden Sie sich anders im Kontakt mit anderen Menschen verhalten? Würden Sie Aktivitäten planen, die Sie im Moment nicht ausführen? Würden Sie Dinge wagen, die Sie sich im Moment nicht trauen? Was genau? Wie oft? Mit wem?

- Was würden Sie anders denken? Wenn Sie sich beispielsweise gewünscht haben, weniger zu grübeln, woran würden Sie dann stattdessen denken? Wie würden Sie sich selbst sehen? Wie würden Sie über andere Menschen denken? Wie würden Sie sich Ihre Zukunft vorstellen?

- Wie würden sich Ihre Gefühle verändern, wenn Ihr Ziel sich erfüllt hat? Würden unangenehme Gefühle verschwinden? Oder wenigstens in Ihrer Intensität abnehmen? Wenn ja, um wie viel genau, wenn Sie Ihre Gefühle auf einer Skala von 0 bis 10 evaluieren sollen? Würden andere Gefühle an diese Stelle rücken? Welche genau?

- Wie würden Sie sich körperlich fühlen? Wären Sie weniger angespannt? Wie viel weniger, wenn Sie Ihre körperliche Anspannung auf einer Skala von 0 bis 10 evaluieren sollen? Würden unangenehme Körperempfindungen wie Schmerzen eventuell weniger stark wahrgenommen werden? Oder gar nicht mehr?

- Wem würde denn überhaupt auffallen, dass sich etwas an Ihnen verändert hat? Ihrem Lebenspartner? Ihrer Familie? Ihren Freunden? Ihren Arbeitskollegen? Ihren Nachbarn? Woran würden diese Menschen genau merken, dass sich etwas verändert hat? An Ihrem Auftreten? An Ihrem Handeln? An Ihren Worten? An Ihrer Körpersprache? Wie würden diese Menschen auf die beobachteten Veränderungen reagieren?

Haben Sie jetzt eine mehr oder weniger konkrete Vorstellung davon, wie es wäre, wenn Sie Ihre Ziele bereits erreicht hätten? Gut! Die Wunderfrageübung kann aus drei Gründen interessant sein.

Erstens ist es so, dass wir aus Therapieansätzen, die mit Imaginationsübungen, hypnotherapeutischen Methoden oder virtueller Realität arbeiten, wissen, dass allein die Vorstellung einer Situation oft schon ähnliche Gefühlsreaktionen auslösen kann wie die reale Situation selbst.

Wenn ich mir die positiven Konsequenzen einer geleisteten Anstrengung so deutlich wie möglich vorstelle, dann kann allein dies bereits mein Belohnungssystem im Gehirn stimulieren. Dadurch, dass ich mir die Zufriedenheit, die ich verspüre, wenn ich mein Ziel erreicht habe, bewusst vorstelle, kann ich meine Motivation und meine Ausdauer bei der Zielumsetzung schon im Voraus stärken. Es kann sich also zum Beispiel wirklich lohnen, wenn ich mir eine Minute lang bildlich vorstelle, wie ich mir in meinem Garten zum Geruch von frisch gemähtem Gras ein kühles Bier gönne, bevor ich bei 35 Grad den verhassten Rasenmäher anschmeiße.

Zweitens fungieren alle Wunderfragepunkte, die Sie aufgeschrieben haben, als Kriterien, die Ihnen später helfen können, einzuschätzen, ob Sie sich Ihrem Ziel bereits angenähert haben. Sollten Sie sich dazu entschließen, Ihr Ziel anzugehen, dann haben Sie jetzt einen Maßstab, an dem Sie sich zu einem späteren Zeitpunkt orientieren können. Je konkreter Ihre Vorstellung des «Wunders» ist, desto messbarer wird der Zielerfolg. Wenn Sie beispielsweise gerne daran arbeiten wollen, entspannter zu werden und sich in sechs Monaten fragen, ob sich wohl schon etwas verändert hat, können Sie in Ihren Notizen zur Wunderfrage nach konkreten Indikatoren suchen. Zum Beispiel können Sie überprüfen, ob Ihre Spannungskopfschmerzen abgeklungen sind, Ihr erster Gedanke am Morgen ein schöner ist (und nicht bereits aus einer Sorge besteht) oder ob Sie im Straßenverkehr nicht mehr fluchen wie ein Bierkutscher. Auch wenn es merkwürdig und willkürlich erscheinen kann, seinem Befinden eine Zahl zuzuordnen, können gerade skalierte Zielformulierungen sehr hilfreich sein. In der Medizin und in der Schmerzforschung wird aus diesem Grund beispielsweise die sogenannte Schmerzskala eingesetzt, bei der man Patienten immer wieder darum bittet, ihr subjektives Schmerzerleben auf einer Skala einzustufen. Dadurch können sie eine differenziertere Körperwahrnehmung stärken, wodurch Veränderungen präziser festgestellt werden, als wenn die Patienten lediglich angeben sollten, ob der Schmerz abgenommen hat. Wenn Sie beispielsweise Ihre aktuelle durchschnittliche Grundanspannung über den Tag hinweg auf 6 von 10 einstufen und sich bei der Wunderfrage einen Wunschzustand von 4 von 10 vorstellen, dann wird Ihr Ziel auf einmal messbarer und greifbarer als die vage Zielformulierung «Ich will entspannter werden».

Ein dritter Vorteil der Wunderfrage besteht darin, dass diese Kriterien, die Sie jetzt für das Erreichen Ihres Zieles definiert haben, ganz oft auch schon richtungsweisend für die konkrete Umsetzung des Sollzustandes sein können.

Nehmen wir einmal an, Sie haben jetzt durch die Wunderfrage Folgendes herausgefunden: Wenn sich Ihr Wunsch erfüllt und es Ihnen über Nacht besser ginge, dann würden Sie morgen früher aufstehen, um Yoga zu machen, sich auf der Arbeit mehr für die kleinen Erfolge loben, dem Nachbarn endlich mal sagen, dass er seine Hecke zurückschneiden soll, wieder mal tanzen gehen und öfter lachen.

Stellen Sie sich jetzt aber vor, Sie würden Ihren Wecker für morgen einfach 30 Minuten früher stellen, auch wenn Sie sich überwinden müssen, sofort aufzustehen, wenn er klingelt und – ohne lange nachzudenken – tatsächlich Yoga machen. Auf der Arbeit würden Sie sich morgen ganz bewusst vornehmen, sich für einen Teilerfolg, und sei er noch so klein, selbst auf die Schulter zu klopfen. Nach Feierabend würden Sie kurz zum Nachbarn rübergehen, um freundlich aber bestimmt Ihren Heckenwunsch auszudrücken. Abends würden Sie dann noch mit Freunden telefonieren, um sich zum Tanzengehen am Wochenende zu verabreden. Bei der Auswahl des abendlichen Fernsehprogramms würden Sie sich bewusst eine Komödie heraussuchen, anstatt schon wieder einen deprimierenden Dokumentarfilm (ob Sie es glauben oder nicht, die Wahrscheinlichkeit, dass Sie sich beim Lachen ertappen, ist bei der Komödie tatsächlich höher!).

Können Sie sich vorstellen, wie Sie sich morgen Abend fühlen würden, wenn Sie all das umsetzen könnten? Würden Sie etwa sagen, dass es Ihnen dann sogar besser gehen würde?

Der Zusammenhang zwischen den vorgestellten Konsequenzen einer Zielerreichung und der Zielerfüllung selbst kann also in beide Richtungen wirken. Wenn es mir besser ginge, dann würde ich vieles anders machen. Wenn ich aber vieles anders machen würde, würde es mir auch besser gehen!

Schauen Sie sich Ihre Notizen zur Wunderfrage noch einmal genauer an. Erkennen Sie Kriterien, auf die Sie selbst Einfluss haben könnten?

Wenn nein, dann versuchen Sie, noch einmal etwas konkreter zu werden. Wenn ja, können Sie sich vorstellen, das ein oder andere davon morgen schon umzusetzen?

Wenn Sie also freier im Leben werden wollen, dann gehen Sie bei der Formulierung Ihrer Ziele etwas smarter vor. Steigern Sie Ihre

Leistungsmotivation, indem Sie sich Ziele heraussuchen, die erreichbar und trotzdem reizvoll sind.

Sollten Sie bei der Lösungssuche für ein Problem nicht vorankommen, satteln Sie das Pferd von hinten auf und stellen Sie sich vor, wie es wäre, wenn das Problem schon gelöst wäre. Auch wenn eine Reise von tausend Meilen laut einem alten chinesischen Sprichwort immer mit dem ersten Schritt beginnt, kann es dennoch sinnvoll sein, gelegentlich mit dem Fernglas nach dem Ziel Ausschau zu halten.

02 | Wer mag schon Dill?

Neues ausprobieren

«Die Definition von Wahnsinn ist, immer wieder das Gleiche zu tun und andere Ergebnisse zu erwarten.»

– (Albert Einstein, angeblich)

Kennen Sie das auch: Sie greifen aus Gründen, über die Sie vielleicht noch nie bewusst nachgedacht haben, immer wieder auf die gleichen Strategien zurück, auch wenn sich diese bislang noch nie als erfolgreich herausgestellt haben?

Wieso steht bei Jahresbeginn bei vielen Menschen schon wieder eine radikale No-Carb-Diät auf der Vorsatzliste, wenn sie dank Jo-Jo-Effekt auch die letzten zwanzig Mal nicht zur langfristigen Gewichtsabnahme geführt hat?

Wieso zücke ich jeden Abend im Bett mein Smartphone, um «nur noch schnell» E-Mails zu checken, wenn ich mich jeden Morgen über den Schlafmangel ärgere, weil ich wieder einmal bis spät in die Nacht am Bildschirm kleben geblieben bin?

Wieso rechne ich meinem Partner jedes Mal genervt vor, wie viel mehr ich im Haushalt mache, wenn er nach dem Essen nicht die Initiative ergreift, um die Teller abzuräumen? Ich weiß doch, dass er dann wieder auf stur schaltet und ich aus Wut letztendlich doch selbst abräume.

Wenn ein gewisses Verhaltens- oder Denkmuster bereits neunhundertneunundneunzig Mal nicht zum gewünschten Erfolg geführt hat, und wir auch keinen Anlass zur Vermutung hätten, dass es beim tausendsten Mal anders sein wird, wieso greifen wir trotzdem so hartnäckig darauf zurück?

In der Acceptance Commitment Therapy (ACT), einem akzeptanzbasierten Therapieansatz, der von dem Psychologen Steven C. Hayes begründet wurde und sehr viel mit Metaphern arbeitet, spricht man vom sogenannten Schaufel-Paradoxon (Hayes et al., 1999).

Stellen Sie sich vor, Sie sind in eine Grube gefallen. Sie sollen sich jetzt des Werkzeugs bedienen, das Ihnen zur Verfügung steht, um sich aus dieser misslichen Lage zu befreien. In Ihrem Rucksack befindet sich aber leider nur eine Schaufel – in Ihrer Situation nicht gerade das ideale Werkzeug. Da Sie aber nur dieses eine Werkzeug haben, legen Sie los. Sie haben sich fest vorgenommen: Ich muss mich freischaufeln! Also schaufeln Sie und schaufeln und schaufeln und schaufeln...

Irgendwann dämmert es Ihnen, dass Ihr Verhalten nicht zur Rettung beitragen wird. Sie sagen sich also: Vielleicht habe ich noch nicht genug geschaufelt. Ich muss vielleicht einfach noch mehr schaufeln! Also schaufeln Sie weiter und graben Ihr Loch immer tiefer.

Dass oben aber jemand vorbeikommen könnte, der eventuell ein anderes Werkzeug, zum Beispiel eine Leiter, bei sich führt, ist nicht in Ihrer Programmierung vorgesehen. Selbst wenn man Ihnen die Leiter herunterreichen würde, würden Sie fragen: «Was soll ich denn damit? Damit kann ich doch gar nicht schaufeln! Haben Sie nicht vielleicht eine größere Schaufel für mich?»

Der Mensch ist ein Gewohnheitstier, so viel steht fest. Liegt die Erklärung, wieso wir so stur an den immer gleichen Strategien festhalten, aber wirklich allein in unserem Bedürfnis, Altbekanntes immer wieder zu replizieren? Oder gibt es vielleicht auch etwas, das uns zurückhält, uns zu trauen, ein neues Verhalten auszuprobieren?

Eine Erklärung könnte man in der Evolutionsbiologie suchen. Reisen Sie in Ihrer Vorstellung doch kurz einmal zwei Millionen Jahre zurück und stellen Sie sich eine Steinzeitfamilie vor, die in einem kleinen idyllischen Tal lebt. Obwohl es nur wenige Nahrungsquellen in dem Tal gibt, bleibt die Familie dort. Jeder Tag gestaltet sich gleich. Die Männer gehen im Tal jagen, die Frauen machen den Höhlenhaushalt und kümmern sich um die Steinzeitbabys (die Emanzipation lässt noch etwas auf sich warten). Das Essen reicht gerade so aus, um zu überleben. Im Nachbartal könnte eventuell mehr zu holen sein. Dort könnte aber natürlich auch ein Säbelzahntiger lauern.

Wenn die aktuellen Strategien reichen, um zu überleben, dann kann uns der Überlebenstrieb (der noch immer in uns allen schlummert) das Altbekannte, Vertraute, «Sichere» immer wieder dem Neuen, Unvertrauten, «Gefährlichen» vorziehen lassen.

Auch heute gibt es Menschen, die noch nie ihren Kontinent, ihr Land, ihre Region, vielleicht noch nicht einmal ihr Tal verlassen haben. Nicht unbedingt, weil sie es nicht könnten, vielleicht auch nicht einfach nur aus Gewohnheit, sondern weil das Unvertraute Angst machen kann. Urlaub auf Gran Canaria? Was, wenn das Flugzeug abstürzt? Oder wenn ich krank werde und der Arzt kein Deutsch kann? Oder wenn es im Hotel nur spanisches Essen gibt?

Bestimmt denken Sie jetzt an jemanden aus Ihrem Bekanntenkreis oder vielleicht ticken Sie ja auch selbst ein bisschen so? Herzlichen Glückwunsch, das macht Sie zu einem Menschen!

In seinem Buch *Anleitung zum Unglücklichsein* erzählt der Psychotherapeut Paul Watzlawick die Geschichte von einem Betrunkenen, der abends unter einer Straßenlaterne etwas zu suchen scheint. Als ein Polizist vorbeikommt und ihn fragt, was er denn suche, antwortet der Betrunkene: «Meine Schlüssel!» Der Polizist hilft dem Mann bei seiner Suche, aber ohne Erfolg. Nach einiger Zeit fragt der Polizist nach, ob der Mann wirklich sicher sei, dass er die Schlüssel hier verloren habe, worauf dieser erwidert: «Nein, nicht hier, sondern dort hinten – aber dort ist es viel zu finster.» (Watzlawick, 2009, S. 27).

Technik 5: Weniger desselben

Wenn wir unsere Lebensqualität nachhaltig verbessern wollen, dann sollten wir uns mit der Lupe in der Hand auf die Suche nach Strategien in unserem Verhaltens- und Denkrepertoire begeben, von denen wir aus Erfahrung ganz genau wissen, dass sie nicht zum gewünschten Erfolg führen. Dies ist aber leichter gesagt als getan, weil wir nicht die Gewohnheit haben, bewusst über automatisierte Reaktionen nachzudenken.

Stellen Sie sich bei einem «Misserfolg» oder einem generellen Gefühl der Unzufriedenheit in Zukunft also bewusst die folgenden drei Fragen:

- Was war meine Strategie?
- Ist das eine alte Strategie?
- Hat diese Strategie schon einmal funktioniert?

Wenn die Antwort «Ja, das war schon wieder die gleiche Geschichte wie immer und nein, dieses Verhalten hat mir noch nie geholfen» lautet, dann gibt es eine einfache Lösung, die so banal wie genial ist: Probieren Sie etwas anderes! Watzlawick nennt dies: «weniger desselben».

Jetzt sagen Sie vielleicht: «Na super! Habe ich jetzt echt Geld für ein Selbsthilfebuch ausgegeben, damit man mir sagt, dass ich einfach etwas anders machen soll?»

Ja, das haben Sie! Und ehe Sie jetzt schon überlegen, welchem nervigen Verwandten Sie das Buch zu Weihnachten weiterverschenken können, denken Sie noch einmal kurz darüber nach.

Natürlich ist es keine bahnbrechende Erkenntnis, dass ein Verhalten, das nicht ans gewünschte Ziel führt, besser geändert werden sollte! Und doch tun wir uns alle unheimlich schwer damit. Im Alltag fällt uns eventuell gar nicht bewusst auf, dass wir immer wieder auf die gleichen automatisierten Reaktionsmuster zurückgreifen.

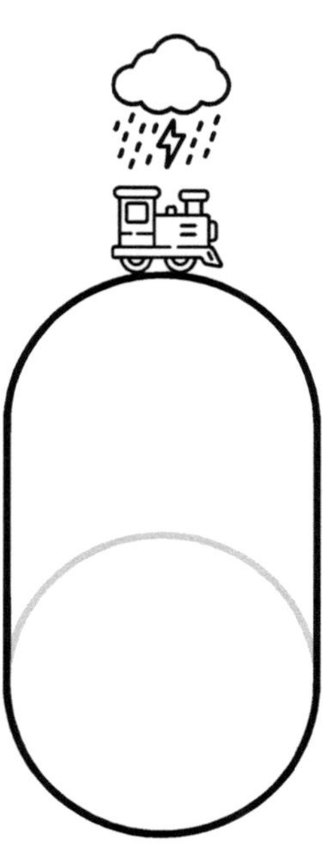

Stellen Sie sich vor, Ihr Leben ist eine Zugstrecke, die als Kreis angeordnet ist. Immer wieder kommen Sie an dieser öden Industriezone vorbei, wo es nach verdorbenen Eiern stinkt und in Strömen regnet.

Eines Tages wird Ihnen bewusst, dass Sie eine Abkürzung nehmen könnten. Die neue Strecke führt durch wunderschöne Landschaften, wo es nach Blumen duftet und jeden Tag die Sonne scheint.

Diese Strecke wurde allerdings seit Ewigkeiten nicht mehr befahren. Die Schienen sind zugewachsen und der Zug kommt nur mühsam voran.

Obwohl Sie diese neue Strecke viel schöner finden, ist alles aber auch ein Stück anstrengender. Der Zug ruckelt und tuckert vor sich hin und Sie werden ordentlich durchgeschüttelt. Da die Gleise im Kreis verlaufen, kommen Sie irgendwann wieder auf der alten Strecke raus.

Wenn Sie jetzt wieder vor der Weiche stehen, haben Sie die Wahl: Fahren Sie erneut auf der alten, hässlichen, aber vertrauten Strecke oder entscheiden Sie sich wieder für die neue, schöne, aber noch ungewohnte Strecke?

Wenn Sie erneut die Abkürzung

nehmen, wird der Zug bereits etwas besser vorankommen. Mit jedem Mal werden die Gleise besser eingefahren, bis Sie schließlich auch auf der neuen Strecke ohne Mühe vorankommen. Die alten Gleise hingegen werden mit der Zeit zuwachsen.

Eine Verhaltensänderung ist ein Lernprozess. So wie die Zugstrecke bei jedem Befahren geschmeidiger wird, werden auch Gehirnareale mit jeder neuen Lernerfahrung weiter vernetzt und ausgebaut, sodass die elektrochemischen Signale immer besser weitergeleitet werden.

Wenn Sie einen Führerschein haben, erinnern Sie sich noch an Ihre erste Fahrstunde? Hat es sich nicht auch so angefühlt, als ob Sie das nie hinkriegen würden, auch wenn Sie es unbedingt wollten? Und ist das Autofahren dann nicht doch auf einmal etwas Automatisiertes geworden? Ähnlich ist es, wenn Sie eine neue Sprache oder ein Musikinstrument lernen.

Auch psychische und psychotherapeutische Strategien sind Lernprozesse. Manchmal reicht eine einzelne neue Lernerfahrung, um uns auf eine neue Strecke zu katapultieren. In den meisten Fällen bedarf es aber eines gewissen Trainings, um auch auf der neuen Strecke zu bleiben.

Die alten Gleise werden nämlich nie ganz verschwinden. Es kann also auch viele Jahre später noch sein, dass Sie durch Müdigkeit, Ablenkung oder negative Gefühle den Moment verpassen, an dem Sie die Weiche umlegen müssten, und plötzlich wieder kurzzeitig auf der alten Strecke unterwegs sind.

In dem Moment kommt es Ihnen zugute, dass die Zugstrecke als Kreis angeordnet ist. Lassen Sie sich nicht verunsichern und achten Sie bei der nächsten Runde einfach wieder etwas bewusster auf die Signalampel, die Ihnen die Weiche ankündigt.

In der kognitiven Verhaltenstherapie werden sogenannte Verhaltensexperimente vorgeschlagen, bei denen bestimmte Denk- und Verhaltensmuster überprüft und alternative Reaktionen in einer Testphase erprobt werden können.

Es geht also nicht darum, sein Verhalten von heute auf morgen um 180 Grad zu drehen. Stattdessen kann man sich vorstellen, in die Rolle eines Wissenschaftlers zu schlüpfen, der eine Variable in seinem Experiment verändert, um zu testen, inwiefern das Resultat dadurch beeinflusst wird.

Die Ergebnisse des Experiments sollen dabei detailliert dokumentiert und evaluiert werden. Neue Verhaltensweisen, die uns dem gewünschten Resultat näherbringen, werden zurückbehalten und als neue Gewohnheiten aufgebaut.

Wenn Sie etwas mit Kochmetaphern anfangen können, dann stellen Sie sich vor, Sie haben ein Dill-Lachs-Rezept, das Sie regelmäßig zubereiten. Aus Gewohnheit kaufen Sie also auch Dill, wenn Sie Lachs kaufen. Einfach, weil Sie das immer so gemacht haben; vielleicht sogar, weil Ihre Mutter das immer schon so gemacht hat. Aber haben Sie sich schon einmal bewusst gefragt, ob Sie Dill überhaupt mögen? Vielleicht macht Ihnen die Vorstellung, den Dill wegzulassen ja einfach nur Angst? Beruhigen Sie sich erst einmal, es sagt ja niemand, dass Sie von heute auf morgen dem Dill abschwören müssen!

Die Idee des Experiments wäre es, zu einem Zeitpunkt, den Sie selbst im Voraus festlegen, ganz einfach mal ein anderes Lachs-Rezept zu testen. Schreiben Sie genau auf, welche Zutaten Sie statt des Dills benutzt haben. Wenn Ihnen das Resultat schmeckt, kochen Sie es einfach öfter. Falls nicht, tauschen Sie beim nächsten Experiment einfach noch einmal die ein oder andere Zutat aus. Notfalls können Sie immer noch auf das Dill-Rezept zurückkommen. Aber jetzt mal im Ernst: Wer mag schon Dill?

Oft kann die Hemmschwelle zu einer nachhaltigen Verhaltensänderung durch diesen einfachen, empirischen Ansatz deutlich gesenkt werden.

Jemand, der eher schüchtern ist und sich mehr sozialen Kontakt wünscht, wird vielleicht mehr Erfolg haben, wenn er sich beispielsweise vornimmt, als einmaliges Experiment am folgenden Tag mit einer Person im Bus Small Talk zu halten, anstatt sich als Ziel zu setzen, von heute auf morgen eine extrovertierte Rampensau zu werden.

Wenn ich jeden Tag gehetzt zur Arbeit komme und meinen Tag dann schon mit Bauchschmerzen beginne, kann ich mir als Experiment vornehmen, eine Woche lang täglich eine halbe Stunde früher aufzustehen um Zeit zum Frühstücken zu haben, anstatt es bei dem pauschalen Vorsatz «Ich muss entspannter werden!» zu belassen.

Das alljährliche Problem mit den Neujahrsvorsätzen, die wir uns nach den Feiertagen gerne machen, ist, dass sie in den allermeisten Fällen am Druck scheitern, den wir uns selbst auferlegen.

Am 31. Dezember nehme ich mir zum Beispiel felsenfest vor: «Nächstes Jahr darf ich nur noch an Wochenenden ein Glas Alkohol trinken!» Am ersten Januar lasse ich mich dann aber ohne großen Widerstand dazu überreden, mit den Schwiegereltern aufs neue Jahr anzustoßen. Damit ist mein guter Vorsatz schon futsch. Jetzt würde es schon ein enormes Maß an Motivation und Disziplin brauchen, um diese gewünschte Verhaltensänderung noch einmal anzukurbeln.

Ein Experiment ist etwas anderes. Es bindet mich nämlich zunächst einmal an nichts. Ich teste lediglich probeweise eine Verhaltensänderung.

Ich nehme mir beispielsweise vor, beim nächsten sozialen Anlass bewusst keinen Alkohol zu trinken, auch wenn alle um mich herum es tun. Danach evaluiere ich diese Erfahrung und stelle mir bewusst die Frage, ob ich dieses neue Verhalten öfter anwenden möchte oder nicht.

Ein Verhaltensexperiment soll also eine alternative Strategie zu dem üblichen Reaktionsverhalten testen. Dabei können auch paradoxe Strategien erprobt werden.

Technik 6: Die Symptomverschreibung

Bei der sogenannten Symptomverschreibung wird beispielsweise vorgeschlagen, ein lästiges Symptom, das man normalerweise vermeiden möchte, bewusst herbeizuführen.

Wenn Sie einer dieser Perfektionisten sind, die ständig fürchten, einen Fehler zu machen, könnten Sie sich zum Beispiel das Gegenteil vornehmen: Machen Sie doch einfach mal bewusst einen Fehler! Nehmen Sie sich zum Beispiel als Verhaltensexperiment vor, in der nächsten E-Mail, die Sie schreiben, absichtlich einen Rechtschreibfehler einzubauen. Stoßen Sie im Restaurant doch mal ein Glas Wasser um oder lassen Sie die Schnürsenkel eines Schuhs ungebunden.

Ja, Sie haben richtig gehört! Genau das, was Sie sonst krampfhaft vermeiden wollen, sollen Sie jetzt einmal ganz bewusst selbst herbeiführen. Nur als Experiment natürlich. Und testen Sie bitte auch nur ein kleines Fehlverhalten, bei dem kein realer Schaden für Sie oder andere entsteht! Sagen Sie der Polizei nicht, ich hätte Sie dazu angestiftet, wenn Sie beim Falsch-herum-im-Kreisverkehr-Fahren erwischt werden!

Wenn Sie sich getraut haben, einmal bewusst nicht perfekt zu sein, und die Welt höchstwahrscheinlich nicht wie befürchtet untergegangen ist, evaluieren Sie die Konsequenzen:

- Hat dieses «Fehlverhalten» eine nachweislich negative Konsequenz für Ihr Leben gehabt?
- Haben Ihre Mitmenschen Sie durch dieses «Fehlverhalten» tatsächlich abgewertet und weniger respektvoll behandelt?
- Ist überhaupt jemandem aufgefallen, dass etwas anders war?
- Kommen Sie zu der Schlussfolgerung, dass sich der Energieaufwand, den Ihr Perfektionismus Ihnen abverlangt, angesichts dieser eventuell nichtexistierenden Konsequenzen bei nichtperfektem Verhalten wirklich lohnt?

Manchmal eignet sich die Symptomverschreibung auch dazu, ganz unerwartete Erkenntnisse zu gewinnen. So kann es sein, dass sich eine Strategie, die wir uns zur Unterdrückung eines Symptoms angewöhnt haben, nicht nur als unwirksam, sondern eventuell sogar als kontraproduktiv herausstellt.

Das sogenannte Yerkes-Dodson-Gesetz (Yerkes u. Dodson, 1908), das bereits vor über hundert Jahren bei Ratten untersucht und später auch auf den Menschen übertragen wurde, beschreibt den Zusammenhang zwischen Erregung (Anspannung, Angst, Stress) und Leistung (Produktivität, Wirksamkeit) als umgekehrte U-Kurve:

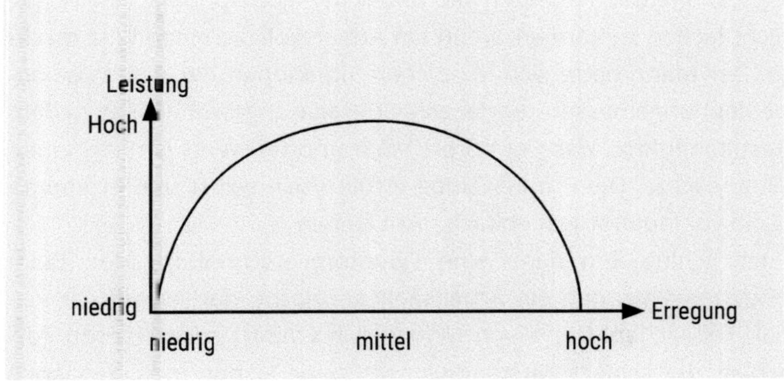

Mit zunehmender Erregung steigt zunächst auch die Leistung. Wenn die Anspannung aber einen gewissen Pegel überschreitet, nimmt die Leistung auch schnell wieder ab. Druck ist also nur bis zu einem bestimmten Grad leistungsförderlich.

Stellen Sie sich einmal vor, wie Sie auf dem Weg vom Kaffeeautomaten zurück in Ihr Büro gehen und daran denken, dass Sie sich neue Schuhe kaufen wollen. Wie hoch ist die Wahrscheinlichkeit, dass Sie Ihren Kaffee unterwegs verschütten? Nicht sehr hoch, oder?

Jetzt stellen Sie sich das Gleiche noch mal vor, nur denken Sie dieses Mal: «Ich darf jetzt auf gar keinen Fall meinen Kaffee verschütten!» Und was passiert? Dadurch, dass die Aufmerksamkeit auf ein automatisiertes Handeln gelenkt und durch den zwanghaften Vorsatz viel Druck aufgebaut wird, spannt sich der Körper an und fängt an zu zittern. Der Gang ins Büro wird auf einmal viel länger, als Sie ihn in Erinnerung hatten.

Viele Menschen haben unbewusst solche «Ich-darf-keine-Fehler-machen!»-Strategien abgespeichert. Ein übertriebener Perfektionismus ist nicht sehr sinnvoll, denn er kann sogar dafür sorgen, dass wir noch mehr Fehler machen. Manchmal kann das Symptomverschreibungsexperiment in diesem Sinne also sogar zu der Erkenntnis führen, dass weniger perfektionistische Strategien nicht nur weniger Druck auslösen, sondern oft einfach auch erfolgreicher sind.

Einer meiner Patienten litt unter der sozialphobischen Angst, nicht lachen zu können, wenn ein Arbeitskollege einen Witz machte. Der Mann hatte sich in solchen Situationen die «Ich-muss-unbedingt-angemessen-reagieren!»-Strategie angewöhnt, was zu dem Resultat führte, dass er sofort verkrampfte, wenn jemand einen Witz machte. Die Prophezeiung erfüllte sich selbst und er konnte dann vor lauter Angst einfach nicht lachen.

Ich schlug ihm dann eine Symptomverschreibung vor: Beim nächsten Witz, den ein Arbeitskollege macht, darf er auf gar keinen Fall lachen! Der Mann wehrte sich empört gegen diesen Vorschlag, der seinem Verständnis nach seine Symptomatik nur noch verstärken würde. In der nächsten Sitzung berichtete er dann aber stolz, dass er sich doch getraut habe. Das Resultat war verblüffend: Der Mann hatte in seinem Leben noch nie so ausgelassen gelacht! Seitdem war seine Blockade verschwunden.

Manchmal kann man also doch etwas erreichen, wenn man in der Grube einfach noch mehr schaufelt. Nämlich, dass die Schaufel irgendwann abbricht.

Technik 7: Urlaub vom Symptom

Eine andere Version eines Verhaltensexperiments wäre das Urlaub-vom-Symptom-Experiment.

Stellen Sie sich vor, Sie könnten einen Tag lang Urlaub machen von einer Sache, die Sie in Ihrem Leben stört. Sie könnten morgens aufstehen und sich vorstellen, der Stress mit Ihrem Chef könnte heute einfach mal auf Pause gesetzt werden. Natürlich kann es sein, dass Ihr Chef Ihnen dazwischenfunken möchte, indem er versucht, Sie auch an Ihrem «Urlaubstag» zu provozieren. Lassen Sie das aber gar nicht an sich heran – nicht heute. Morgen können Sie sich gerne wieder über den Idioten aufregen, bis Ihnen die Galle hochkocht. Aber heute haben Sie Urlaub. Das klingt zu schön, um wahr zu sein?

Natürlich können wir uns das Leben nicht schönreden. Der Chef geht nicht einfach weg, nur weil ich mir das vorstelle.

Aber sich diese Einstellung, in befristeter Form, beispielsweise nur einen Tag lang als Experiment vorzunehmen, könnte hinzubekommen sein.

Und eventuell können Sie dadurch ganz interessante Erkenntnisse gewinnen, die Ihnen auch längerfristig helfen können.

Wenn Ihnen der Vorschlag, «einfach mal etwas anders» zu machen, jetzt eventuell doch nicht mehr so bescheuert vorkommt, gibt es verschiedene Möglichkeiten, wie Sie ein Verhaltensexperiment umsetzen können.

Technik 8: Den Zufall entscheiden lassen

In verschiedenen systemischen Therapieansätzen kann vorgeschlagen werden, probeweise den Zufall entscheiden zu lassen (de Shazer u. Molnar, 1984).

- Zum Beispiel, indem eine Münze geworfen wird: Bei Zahl werde ich meiner Freundin, wie sonst auch immer, den ganzen Tag hinterher telefonieren, bis sie mir wieder vorwirft, dass ich sie ausspionieren möchte und zu anhänglich sei. Bei Kopf teste ich eine alternative Strategie. Zum Beispiel nehme ich mir dann vor, mich nur zweimal pro Tag kurz per SMS zu melden, auch wenn es mir schwerfällt.

- Oder ich teile die zwei Handlungsalternativen (altes und neues Verhalten) auf die Wochentage auf: Montags, mittwochs und freitags wird in der Familie, wie immer, vor dem Fernseher zu Abend gegessen. Dienstags, donnerstags und samstags wird die Glotze ausgeschaltet.

Durch diese Experimente wird der direkte Vergleich möglich:

- An welchen Tagen war die Kommunikation mit meiner Freundin angenehmer? An den Kopf- oder Zahltagen?

- Wann hat die Familie mehr Qualitätszeit beim Abendessen verbracht? An den geraden oder ungeraden Tagen?

Verhaltensstrategien, die zu einem besseren Resultat geführt haben, sollten logischerweise öfter wiederholt werden.

Auch bei wichtigen Fragen, bei denen man einfach zu keiner Entscheidung kommt, kann es interessant sein, den Zufall zu befragen. Keine Angst, wenn die Münze Ihnen bei Kopf sagt, dass Sie Ihren Liebsten aufs Boot schicken sollen, dann heißt das ja noch nicht, dass Sie das tun müssen. Dieses Experiment kann uns aber unserem Bauchgefühl näherbringen. Vielleicht fühlt sich Kopf ja irgendwie falsch an. Werfen Sie die Münze dann noch mal, bis Zahl rauskommt. Wie fühlt sich das jetzt an? Richtiger?

Technik 9: Das Verhaltensexperiment-Protokoll

In der kognitiven Verhaltenstherapie wird vorgeschlagen, Verhaltensexperimente zur Überprüfung von festgefahrenen Annahmen schriftlich vor- und nachzubereiten (Beck et al., 1979). Dazu könnten Sie zum Beispiel folgendes Protokoll benutzen:

Vor dem Experiment:

- Beschreiben Sie eine Annahme, die Sie in einem Verhaltensexperiment überprüfen wollen.

  Beispiel: *Wenn ich vor anderen Menschen sprechen soll, werde ich mich blamieren.*

- Beschreiben Sie das Experiment, mit dem Sie Ihre Annahme testen wollen (seien Sie dabei so konkret wie möglich).

  Beispiel: *Ich melde mich bewusst freiwillig, um die Quartalsergebnisse im nächsten Teammeeting vorzustellen.*

- Auf welches bisherige Verhalten wollen Sie dabei verzichten?

  Beispiel: *Doch noch einen Rückzieher machen und mich krankmelden, Augenkontakt vermeiden, starr Notizen ablesen, durchhechten, um es schnell hinter mich zu bekommen.*

- Was wird Ihrer Annahme nach passieren, wenn Sie das Experiment umsetzen?

  Beispiel: *Ich werde mich verhaspeln, zittern, schwitzen und mich total blamieren!*

- Woran würden Sie erkennen, dass Ihre Annahme wirklich eingetreten ist?

  Beispiel: *Meine Präsentation wäre ein einziger Reinfall. Meine Kollegen würden mich auslachen, der Chef würde mir danach eine Standpauke halten.*

- Wie sicher sind Sie, dass Ihre Annahme sich bewahrheitet? (0-100 %)

  Beispiel: *75 %*

Nach dem Experiment:

- Was haben Sie erlebt?

  Beispiel: *Ich war anfangs nervös und habe etwas zu viel in meine Notizen geschaut, dann habe ich versucht, mehr Augenkontakt einzusetzen und habe die Präsentation ohne größere Fehler halten können.*

- Hat sich Ihre Annahme bewahrheitet?

  Beispiel: *Nein. Meine Arbeitskollegen haben mich nicht ausgelacht, sie schienen sich mehr für die Zahlen auf der Leinwand oder den Social-Media-Feed auf ihrem Smartphone zu interessieren als für mich.*
  Der Chef hat mir nach der Präsentation kurz gedankt und ging dann zur Tagesordnung über.

- Wie wahrscheinlich ist es, dass Ihre Annahme in der Zukunft eintritt? (0-100 %)

  Beispiel: *10 %*

- Wie könnte eventuell eine neue, realistischere Annahme lauten?

  Beispiel: *Wenn ich vor Menschen sprechen soll, kann es sein, dass ich anfangs nervös bin. Das heißt aber nicht, dass ich mich blamieren werde!*

Wenn Sie jetzt schon keine Lust mehr haben, weil das für Sie alles zu sehr nach Schulhausaufgaben anmutet, dann erinnern Sie sich daran, dass es hierbei nicht nur um einen Smiley in Ihrem Hausaufgabenheftchen geht, sondern um Ihre Lebensqualität! Okay, das klang dann doch wieder zu schulmeisterhaft, oder? Sagen wir mal so: Schriftliche Hausaufgaben haben sich in der Verhaltenstherapie immer wieder als sehr erfolgreich herausgestellt.

Wenn Sie aber jetzt schon wissen, dass es wieder so wie mit den Neujahrsvorsätzen abläuft, dann nehmen Sie aus dem Kapitel einfach den Grundsatz mit, dass es sich lohnt, Verhaltensgewohnheiten von Zeit zu Zeit auf ihre Funktionalität hin zu überprüfen. Und ja, wenn ein Verhalten nicht funktional ist, dann machen Sie um Gottes Willen endlich etwas anders!

03 | Vamos a la playa!

Entscheidungen treffen

> **«Bevor man mit dem Kopf durch die Wand geht, sollte man sich überlegen, was man eigentlich im Nebenzimmer will.»**
>
> *– (Volksweisheit)*

Nehmen wir an, Sie haben gerade ein Problem. Vielleicht ist es ein größeres Problem, vielleicht auch nur ein ganz kleines. Zum Beispiel könnten Sie unzufrieden in Ihrer Beziehung sein. Oder Sie wissen vielleicht nicht, wie Sie die ganzen Anforderungen managen sollen, die Ihr Chef an Sie stellt. Eventuell können Sie sich auch nicht entscheiden, ob Sie heute Abend Putenbrust mit Ratatouille oder Tiefkühlpizza essen wollen. Natürlich sind das sehr unterschiedliche Beispiele, die ganz unterschiedlich große Auswirkungen auf Ihre Lebensqualität haben können. Und trotzdem: Ein Problem ist ein Problem. Und wir Menschen mögen Probleme nicht besonders gerne.

In der Regel greifen wir unabhängig von der Schwere des Problems instinktiv auf eine von zwei Reaktionsstrategien zurück: Entweder wir entscheiden uns, dass wir sofort etwas ändern müssen, oder wir ignorieren das Problem erst mal, schieben die Entscheidung auf und riskieren dadurch, immer wieder in Grübeleien zu verfallen.

Wenn wir die erste Option gewählt haben, dann hat uns allein die Entscheidung, jetzt aktiv zu werden und etwas zu ändern, oft schon sehr viel Energie gekostet. Wenn wir es geschafft haben, diese Energie zu bündeln, dann wollen wir natürlich auch schnell handeln. Lieber sofort etwas in die Tat umsetzen, solange der Motor noch warm ist – frei nach dem Motto: «Wenn nicht jetzt, wann dann?»

Dieser Tatendrang kann uns natürlich zugutekommen, wenn wir unsere Veränderungsmotivation intuitiv in eine konstruktive Bahn lenken können.

Wenn ich beispielsweise unzufrieden in meiner Beziehung bin, könnte ich eines Tages mit dem Plan: «Jetzt muss etwas geändert werden!» aufwachen und die erste Idee, die mir dazu einfällt, sofort in die Tat umsetzen. So kann ich mich zum Beispiel von heute auf morgen dazu entscheiden, meinen Traum, Kicker-Weltmeister zu werden, aufzugeben und mich vom täglichen Feierabendtraining (das sowieso mehr mit Bier trinken als mit Kicker spielen zu tun hat, wenn ich ehrlich bin) zurückziehen. So habe ich erstaunlicherweise plötzlich mehr Zeit für meinen Partner. Wenn diese Veränderung sich als wirksam herausstellt und sich meine Beziehung dadurch deutlich verbessert, dann hat sich meine Intuition bestätigt. So kann man ein Problem manchmal schnell und unkompliziert lösen.

Wenn wir die Entscheidung getroffen haben, etwas zu ändern und aktiv zu werden, können wir also in einen Aktionismus verfallen, der uns manchmal sehr erfolgreich helfen kann, uns aus unserer Veränderungsresistenz herauszumanövrieren. Oft ist es aber leider so, dass uns der erste Handlungsimpuls nicht unbedingt auf die besten Lösungswege führt.

Wenn mir das miese Wetter zu Hause gegen den Strich geht und dann auch noch mein Regenschirm kaputtgeht, kann ich natürlich theoretisch meinem ersten Impuls folgen, alles stehen und liegen lassen, zum Flughafen fahren und mir einen Flug in die Karibik buchen. Dass diese Kurzschlussreaktion eventuell nicht ganz durchdacht war, dämmert mir dann spätestens, wenn ich bei der Ankunft auf Barbados die ganzen wütenden Nachrichten von meinem Chef und meiner Familie auf meinem Anrufbeantworter abhöre. Außerdem kann es sein, dass ich bei meinem Plan, dem schlechten Wetter zu entkommen, nicht mit einkalkuliert habe, dass in der Karibik gerade Hurrikan-Saison ist.

Vielleicht kennen Sie das auch von den guten Vorsätzen, die kurz nachdem sie gefasst wurden sofort mit Taten untermauert werden wollen?

Wenn ich mich zum Beispiel in einem Anflug von Größenwahn dazu entscheide, ab heute jeden Tag Sport zu machen, kann ich natürlich sofort meine Jogging-Schuhe anziehen, meine Powersong-Playliste starten und entschlussfreudig lossprinten. Wenn ich es aus dem Stegreif schaffe, mich durch den Zehn-Kilometer-Rundlauf zu quälen, sacke ich am Ziel angekommen zwar mit einem zufriedenen Lächeln im Gesicht zusammen, brauche aber erst einmal eine Woche Bettruhe, um mich vom Muskelkater zu erholen.

Auch viele Studenten tappen in diese Aktionismusfalle. Wenn sie sich dazu entschließen, jetzt aber endlich mal anzufangen, für die Abschlussklausur zu lernen, schnappen sie sich eventuell sofort das erste Buch und büffeln Seite für Seite drauflos. Je näher der Prüfungstag rückt, desto deutlicher wird dann aber, dass sie auf diese Weise nur einen kleinen Bruchteil des Lernplans durchgearbeitet bekommen, und dass es eventuell besser gewesen wäre, selektiver zu lernen.

Bevor wir uns in die Aktion stürzen, sollten wir uns also etwas Bedenkzeit geben. Einen Schutz vor der Aktionismusfalle können ganz einfache strukturierte Methoden liefern, bei denen Sie sich schriftlich mit Ihrem Problem auseinandersetzen, bevor Sie sich Hals über Kopf an die Problembewältigung machen.

Technik 10: Die To-do-Liste nach dem Eisenhower-Prinzip

Um sich zunächst einen Überblick darüber zu verschaffen, was es zu erledigen gilt, bevor Sie mit der Arbeit beginnen, können Sie klassische To-do-Listen schreiben.

Es gibt sehr raffinierte Apps, die es Ihnen ermöglichen, verschiedene Kategorien von To-do-Listen zu erstellen. Diesen können Sie auch Unterkategorien zuordnen. Die verschiedenen To-do-Items können Sie zusätzlich sehr intuitiv mit Ihrem Terminkalender verknüpfen, um sofort Nägel mit Köpfen machen zu können.

Eventuell bevorzugen Sie aber auch eine klassische Papierversion der To-do-Liste. Vielleicht kleben Sie sich lieber die Wände mit Post-its voll oder Sie schwören sogar noch auf den Knoten im Taschentuch?

Egal, für welches System Sie sich entscheiden, es ist wichtig, dass es immer das gleiche ist. Idealerweise sollte es so niederschwellig wie möglich sein. Wenn Ihnen über den Tag hinweg ein Einfall kommt, was Sie noch zu erledigen haben, sollten Sie ihn ganz schnell und unkompliziert notieren können. Das Handy eignet sich für die meisten Menschen hierfür ganz gut, weil sie es sowieso immer dabeihaben. Wenn Ihnen die App-Idee zu kompliziert erscheint, können Sie auch mit einem Memo-Dokument auf Ihrem Handy arbeiten.

Ein Problem mit den To-do-Listen ist die Hierarchisierung. Mit welchen Aufgaben soll man anfangen? Macht es Sinn, einfach chronologisch vorzugehen? Oder sind manche To-dos nicht doch dringender zu erledigen als andere?

In der Literatur zum Zeitmanagement wird etwa das sogenannte Eisenhower-Prinzip vorgestellt, das angeblich auf den früheren Präsidenten der USA, Dwight D. Eisenhower, zurückgehen soll (Kaluza, 2015). Hierbei wird eine Auflistung von Aufgaben in zwei Dimensionen vorgeschlagen. Einerseits sollen zu erledigende Aufgaben danach beurteilt werden, ob sie eher wichtig oder unwichtig sind, andererseits soll ihre Dringlichkeit eingeschätzt werden. Die so klassifizierten Aufgaben lassen sich in vier Kategorien aufteilen:

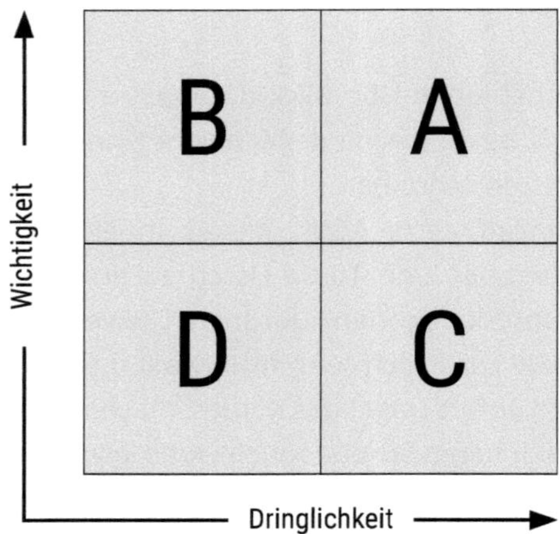

- **A**-Aufgaben sind wichtig und dringlich und sollten sofort erledigt werden.
- **B**-Aufgaben sind zwar wichtig, aber eher weniger dringlich und sollten erst angegangen werden, wenn keine A-Aufgaben mehr anstehen.
- **C**-Aufgaben sind dringlich, aber eher weniger wichtig und sollten erst unsere Aufmerksamkeit bekommen, wenn alles Wichtige abgearbeitet wurde.
- **D**-Aufgaben sind weder wichtig noch dringlich und sollten am wenigsten prioritär behandelt werden.

Wenn Sie dieses System ausprobieren wollen, dann schreiben Sie einen Buchstaben (A-D) hinter Ihr jeweiliges To-do-Item oder sortieren Sie Aufgaben von vornherein in die vier Kategorien.

Wenn Sie sich in Zukunft beim Grübeln ertappen, gehen Sie Ihre To-do-Liste durch. Wenn Ihr Unterbewusstsein erkennt, dass Sie nichts Wichtiges vergessen haben, sondern dass Sie alle noch zu erledigenden Aufgaben festgehalten haben, wird das Grübelkarussell überflüssig. Dieser Effekt wird stärker, je länger Sie mit dem immer gleichen To-do-System gearbeitet haben.

Jetzt sagen Sie: «Schön und gut, aber jetzt weiß ich immer noch nicht, ob es Tiefkühlpizza oder Putenbrust sein soll!»

Technik 11: Die Pro-Contra-Liste im Vier-Felder-Schema

Bei der Entscheidung zwischen mehreren Handlungsalternativen bieten sich einfache Pro-Contra-Listen an. Hierbei werden Argumente gesammelt, die für die eine oder andere Handlungsalternative sprechen. Da nicht jedes Argument gleich schwer wiegt, können einzelne Punkte zudem auf einer Skala (von zum Beispiel -10 bis +10) gewichtet werden.

Putenbrust mit Ratatouille

- lecker +5
- «selbst gemacht» (gibt Likes auf Instagram!) +4
- gesund +6
- aufwendiges Schnippeln -3
- muss Einkaufen fahren -4

➔Total: **8**

Tiefkühlpizza

- sehr lecker! +10
- schnell und unkompliziert +5
- nicht so gesund -6
- krieg ich Pickel von -4

➔Total: **5**

Für größere Entscheidungen kann sich auch ein Vier-Felder-Schema anbieten (angelehnt an Miller u. Rollnick, 2013). Hierbei listet man auf, welche Vor- und Nachteile sich ergeben, wenn man ein bestimmtes Verhalten verändert oder beibehält.

	Vorteile	Nachteile
Keine Veränderung	Kurzfristige und langfristige Vorteile meiner aktuellen Lebenssituation	Kurzfristige und langfristige Nachteile meiner aktuellen Lebenssituation
Veränderung	Kurzfristige und langfristige Vorteile einer Veränderung	Kurzfristige und langfristige Nachteile einer Veränderung

Durch das Beleuchten einer problematischen Situation kann man neue Erkenntnisse gewinnen. Wenn ich mir also zum Beispiel die Frage stelle, ob ich meine Arbeit kündigen soll, könnte ein Vier-Felder-Schema so aussehen:

	Vorteile	Nachteile
bleiben	Geregeltes Einkommen, nette Kollegen, gute Busverbindung, Weihnachtsfeier, auf der sich alle betrinken	Anstrengender Chef, Arbeit eintönig, kaum Karrierechancen, Weihnachtsfeier, auf der sich alle betrinken
kündigen	Dem Chef so richtig die Meinung geigen, Hoffnung auf mehr Anerkennung und Zufriedenheit	Jobsuche ist anstrengend, unsicherer Arbeitsmarkt, eventuell finanzielle Einschränkungen

Selbst wenn ich mich dafür entschieden habe, dass ich gerne etwas ändern möchte, kann es sein, dass ich mich überfordert fühle, wenn ich an den Arbeitsaufwand denke; wie wenn ich mich vor einem riesigen Berg befinde. Dies stellt meine Erfolgsaussicht aus zwei Gründen infrage: Einerseits habe ich Schwierigkeiten, mir vorzustellen, was ich überhaupt tun müsste, um diesen Berg zu besteigen, und andererseits versperrt mir der Berg die Sicht auf mein Ziel. Natürlich ist es schwierig, motiviert zu bleiben, wenn ich mein Ziel aus den Augen verloren habe.

Wenn ich es jetzt schaffen könnte, den Berg (bei gleichbleibendem Felsvolumen) in kleinere Hügel aufzuteilen, ändert sich auf einmal alles. Einerseits habe ich eine konkrete Vorstellung davon, wie ich den ersten Hügel überwinden kann, und andererseits habe ich das Ziel fest im Blick. Die einzelnen Hügel-Etappen sind überschaubar geworden.

Technik 12: Etappenpläne

Wenn Sie ein Verhalten in die Tat umsetzen möchten, das weitschauendes Planen erfordert, sollten Sie einen strukturierten Etappenplan erstellen.

Für den Studenten könnte dies zum Beispiel bedeuten, dass er sich einen detaillierten Lernplan mit klar definierten Etappenzielen anfertigt, bevor er mit dem Lernen beginnt.

- Etappen können beispielsweise lerninhaltlich (heute konzentriere ich mich nur auf Kapitel 3) oder zeitlich (heute lerne ich genau zwei Stunden) eingegrenzt sein.

- Ein guter Zeitplan sollte Raum für unvorhersehbare Störungen und Ablenkungen mit einkalkulieren und Zeitpuffer vorsehen, in denen Versäumnisse aufgeholt werden können.

- Ein Zeitplan kann zudem «progressiv» oder «retrograd» erstellt werden. Beim progressiven Planen fängt man bei dem Zeitpunkt an, an dem man mit dem Lernen anfangen möchte, und bestimmt der Reihe nach Etappen, die bis zur Prüfung erreicht werden sollen. Es bieten sich aber auch retrograde Zeitpläne an, bei denen man hinten anfängt (also beim Prüfungstag) und die einzelnen Etappen dann rückwärts festlegt.

Der Student könnte zum Beispiel zunächst den Prüfungstag auf einer Zeitlinie eintragen. Da er gerne einen Tag vor der Prüfung entspannen möchte, weiß er, dass er bis dahin mit allem fertig sein möchte. Damit das klappt, müsste er also schon zwei Tage vorher mit dem Wiederholen anfangen. Also weiß er jetzt, wie viele Tage verbleiben, auf die er den Lernstoff logisch aufteilen kann. Um sicherzugehen, möchte er einen Pausen- und einen Puffertag einbauen.

Für eine Prüfung, für die der Student in zwei Wochen vier große Kapitel vorzubereiten hat, könnte ein retrograder Zeitplan mit Pausen und Pufferzonen etwa so aussehen:

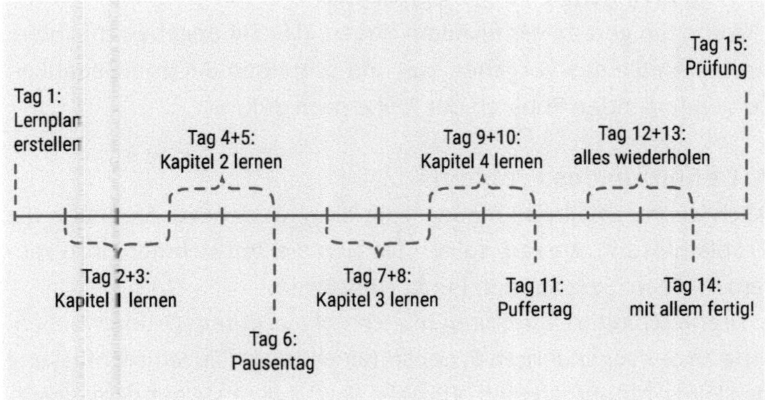

Natürlich können Sie retrograde Zeitpläne auch in anderen Lebensbereichen anwenden.

Probieren Sie es aus!

Eine andere Möglichkeit, ein Problem auf eine sehr strukturierte Weise anzugehen, bieten systematische Leitfäden. Im sogenannten Problemlösetraining (D'Zurilla u. Goldfried, 1971) wird zum Beispiel ein Vorgehen in fünf Etappen vorgeschlagen:

1. Allgemeine Problemorientierung
2. Beschreiben des Problems
3. Erstellen von Alternativen
4. Treffen einer Entscheidung
5. Anwendung und Überprüfung

Diese Methode hat sich in der Behandlung von Angst, Stress und Depressionen sehr bewährt, kann aber auch für viele Lebensbereiche sehr alltagspraktisch angewandt werden.

Technik 13: Problemlösetraining in 7 Schritten

An diese klassische verhaltenstherapeutische Technik angelehnt schlage ich Ihnen den folgenden Leitfaden in sieben Etappen vor.

Wenn Sie gerade ein Problem haben, das Sie angehen möchten, probieren Sie das Vorgehen aus und schreiben Sie Ihre Gedanken zu den folgenden Punkten der Reihe nach auf.

1. Definition des Problems

Auch wenn es vielleicht merkwürdig klingt, aber bevor Sie sich in die Problemlösung stürzen, sollten Sie sich die Zeit nehmen, Ihr Problem in einem Satz auf den Punkt zu bringen.

Drehbuchautoren arbeiten manchmal aus gutem Grund wochenlang an der sogenannten Synopsis (einer kurzen Zusammenfassung des Films, oft nur in einem einzigen Satz), bevor sie mit dem eigentlichen Drehbuch anfangen. Dadurch wird von Anfang an eine grundlegende Richtlinie festgelegt, auf die sich der Drehbuchautor immer wieder berufen kann, um Abschweifungen zu vermeiden.

Eine frühzeitige, richtige Formulierung Ihres Problems kann Ihnen also dabei helfen, später sehr viel Zeit und Energie zu sparen.

> Beispiel: *Mein Kumpel Tobi führt mich regelmäßig vor gemeinsamen Bekannten vor, indem er peinliche Details von dem Karaoke-Abend zum Besten gibt, an dem ich definitiv den einen oder anderen Mojito zu viel getrunken hatte.*
> *Ich fühle mich dann lächerlich gemacht und muss als Zielscheibe dafür herhalten, nur damit Tobi einen Lacher einfahren kann.*

2. Beschreibung des Ziels

Genauso wichtig wie eine präzise Problemdefinition ist die Ausformulierung Ihrer Ziele und Wünsche (siehe dazu Kapitel 1).

Was würden Sie gerne durch die Lösung Ihres Problems erreichen? Welchen Bedürfnissen würden Sie dadurch nachkommen? Was wäre dann anders? Auch hierbei gilt: je präziser, desto besser.

> Beispiel: *Ich möchte mich in Zukunft nicht mehr von Tobi vorgeführt fühlen.*

3. Finden von Lösungswegen

Erst in der dritten Etappe steht das Sammeln von Lösungsvorschlägen im Mittelpunkt. Hierbei sollen, im Sinne eines Brainstormings, sämtliche mögliche Lösungsalternativen aufgelistet werden.

Statt eine klassische Liste anzufertigen, in der Sie die verschiedenen Optionen bewusst oder unbewusst bereits einer Rangliste zuordnen, können Sie dies auch in Form eines Mindmaps machen.

Schreiben Sie in die Mitte eines Blattes Ihre Problem- und Zieldefinition (siehe auch Punkt 1 und 2). Von der Mitte ausgehend fangen Sie dann an, alle Einfälle niederzuschreiben.

Alle Optionen sind zunächst einmal gleichwertig. Wenn Sie wollen, können Sie gerne auch andere Menschen um Rat fragen. Oder stellen Sie sich vor, wie andere Menschen, die Sie gut kennen, in der gleichen Situation reagieren würden. Es geht darum, ein möglichst großes Spektrum an Handlungsalternativen zu erhalten.

Schreiben Sie ruhig auch Ideen auf, die Sie als unrealistisch einschätzen. Und schreiben Sie auf jeden Fall auch die Alternative «nichts tun» auf, auch wenn Ihnen dies eventuell widerstrebt.

Es ist wichtig zu erkennen, dass auch «nichts tun» eine Entscheidung ist. Man kann sich also nicht nicht entscheiden. In diese Illusion flüchten wir uns nämlich ganz oft, wenn wir anstehende Entscheidungen aufschieben und verdrängen. Wenn ich eine Entscheidung aufschiebe, habe ich, zumindest für diesen Moment, bereits eine Entscheidung gefällt, nämlich: nichts zu tun.

Beispiel:

Problem:
Tobi macht sich regelmäßig vor anderen über mich lustig.
Ziel:
Ich möchte mich nicht mehr so vorgeführt fühlen.
T. in einem ruhigen Moment darum bitten, das in Zukunft zu unterlassen
nichts tun
T. beim nächsten Mal eine in die Fresse hauen
T. die Freundschaft kündigen
T. beim nächsten Mal mitteilen, wie ich mich dabei fühle
Auftragskiller auf T. ansetzen
Mir im Voraus coole Sprüche zum Kontern zurechtlegen
T. beim nächsten Mal vor allen zusammen scheißen
Gemeinsamen Freund als Vermittler einschalten
Mitlachen und Selbstironie zeigen
Auge um Auge, Zahn um Zahn: peinliche Story über T. auspacken

4. Bewertung der einzelnen Lösungsalternativen und Erstellen einer Rangreihe

Als Nächstes sollen Sie die verschiedenen Alternativen durchgehen und bewerten. Von welcher Option glauben Sie, dass sie die größte Wahrscheinlichkeit hat, Ihr Problem zu lösen respektive Ihr Ziel zu erreichen?

Wenn Sie möchten, können Sie sogar eine Bewertungsskala nutzen. Schätzen Sie zum Beispiel die Erfolgswahrscheinlichkeit sämtlicher Alternativen auf einer Skala von 0-10 ein.

Ordnen Sie die Optionen schließlich in der entsprechenden Rangreihe an.

Beispiel:

1. Tobi in einem ruhigen Moment darum bitten, das in Zukunft zu unterlassen (8/10)
2. Tobi beim nächsten Mal mitteilen, wie ich mich dabei fühle (7/10)
3. Mitlachen und Selbstironie zeigen (6/10)
4. Mir im Voraus coole Sprüche zum Kontern zurechtlegen (6/10)
5. Gemeinsamen Freund als Vermittler einschalten (5/10)
6. Tobi beim nächsten Mal vor allen anderen zusammenscheißen (5/10)
7. Auge um Auge, Zahn um Zahn: peinliche Story über Tobi auspacken (4/10)
8. Tobi die Freundschaft kündigen (4/10)
9. Tobi beim nächsten Mal eine in die Fresse hauen (3/10)
10. Nichts tun (1/10)
11. Auftragskiller auf Tobi ansetzen (1/10)

5. Entscheidung für eine Lösungsalternative

Bei der Entscheidung für einen Lösungsweg bietet sich die erste Alternative in Ihrer Rangreihe an, also jene mit der höchsten erwarteten Erfolgswahrscheinlichkeit.

Manchmal kann es aber sein, dass diese Option gerade nicht zur

Verfügung steht oder der Aufwand dafür aktuell einfach als zu hoch eingeschätzt wird. Es ist also durchaus möglich, mit einer späteren Lösungsoption in der Rangreihe anzufangen.

Beispiel: *Ich werde zunächst Option 3 (mitlachen und Selbstironie zeigen) austesten, da ich denke, dass diese am wenigsten Konfliktpotenzial aufweist.*

6. Ausprobieren der ausgewählten Lösung

Wenn Sie sich in einem bewussten Moment für eine Alternative entschieden haben, können Sie diese jetzt in die Praxis umsetzen.

Beispiel: *Ich versuche, Tobis Stichelei beim nächsten Mal souverän mit Humor zu kontern und durch demonstrierte Selbstironie als der Coolness-Gewinner aus der Situation hervorzugehen.*

7. Bewertung des Ergebnisses

Evaluieren Sie, inwiefern die ausprobierte Handlungsalternative Ihr Problem gelöst und Ihnen dabei geholfen hat, Ihr Ziel zu erreichen.

Falls das Problem weiterhin ungelöst bleibt, gehen Sie zurück zu Schritt 5 und springen Sie zur nächsten Lösungsalternative in Ihrer Hierarchie über.

Falls Sie das Problem gelöst haben, versuchen Sie, sich ganz bewusst einzuprägen, dass sich der ausgewählte Lösungsweg als erfolgreich herausgestellt hat, damit Sie ihn auch in Zukunft in Ihrem Handlungsrepertoire aufnehmen können. Zuletzt überlegen Sie, wie Sie sich für diesen Erfolg belohnen können.

Beispiel: *Das war ja eine nette Idee mit der Selbstironie. Beeindrucken lassen hat sich Tobi davon trotzdem nicht. Also zurück auf Los!*
Ich entscheide, dass jetzt auch mal gut ist. Ich wähle Option 1 und bitte Tobi ruhig, aber bestimmt darum, die Geschichte endlich mal ad Acta zu legen. Dieses Mal klappt es! Tobi war der Gedanke, dass

mich das Geläster stören könnte, wohl einfach noch nie gekommen. Er wirkt etwas peinlich berührt und willigt sofort ein.
In Zukunft werde ich also rechtzeitig ausdrücken, wenn mich das Verhalten anderer verletzt.
Als Belohnung für diese erfolgreiche Problemlösung werde ich mir auf dem nächsten Karaoke-Abend den einen oder anderen Mojito gönnen!

Wenn wir also vor einem großen Arbeitsaufwand oder vor schwierigen Entscheidungen stehen, würde es sich ganz generell anbieten, sich Zeit zu nehmen, um sich erst einmal einen Überblick über die verschiedenen Aspekte des Problems zu verschaffen, Wichtiges zu priorisieren und strukturiert nach möglichen Lösungswegen zu suchen.

Wenn Sie dann nachher trotzdem spontan nach Barbados wollen, ist das natürlich Ihre Entscheidung. Hurrikan-Saison ist übrigens von Juni bis November.

04 | Das tauchende Klassenzimmer.

Veränderung begünstigen

«Man muss nicht immer am großen Rad drehen – meist reicht schon eine kleine Stellschraube.»

– (Helmut Glaßl)

Gibt es bestimmte Verhaltensweisen, von denen Sie wissen, dass sie Ihnen nicht guttun, und die Sie trotzdem einfach nicht abgelegt bekommen? Wie beispielsweise dieses ungesunde, und seien wir mal ehrlich, gar nicht mehr so coole Rauchen? Das unkontrollierte Verschlingen ganzer Kartoffelchipstüten vor der Glotze? Oder dieses zwanghafte Nachgucken, wie viele Likes der letzte Facebook-Post denn jetzt hat (im Vergleich zu vor zwei Minuten)?

Gibt es umgekehrt vielleicht Verhaltensweisen, von denen Sie wissen, dass sie Ihnen guttun würden, und welche Sie, aller guten Vorsätze zum Trotz, einfach nicht umgesetzt bekommen? Wie regelmäßig Sport zu machen oder ausgewogenere Mahlzeiten zu kochen? Oder einfach nur dieses kleine bisschen Zeit für sich selbst, das am Ende des Tages einfach nie übrig bleiben will?

Gibt es bestimmte Situationen, Orte oder Kontexte, in denen Sie trotz aller Bemühung nicht angepasst reagieren können? Haben Sie zum Beispiel Probleme, am Lern- oder Arbeitsplatz konzentriert zu bleiben, weil Sie sich ständig ablenken lassen? Können Sie nach Feierabend nicht richtig abschalten, weil Sie noch über ein ungeklärtes Arbeitsproblem nachdenken? Oder können Sie nachts nicht einschlafen, weil Ihr Gehirn einfach weiterrattert?

Natürlich können Sie versuchen, am Verhalten selbst etwas zu ändern oder an Ihrer Einstellung zu Ihrem Verhalten. Dazu werden Sie an anderen Stellen in diesem Buch viele Ansätze finden. In diesem Kapitel geht es aber um die Gegebenheiten der Ausgangssituation selbst. Unter Stimuluskontrolle versteht man die Beeinflussung spezifischer Situationsreize, die einem bestimmten Verhalten vorausgehen. Die vorausgehende Situation soll dabei so verändert werden, dass die Auftrittswahrscheinlichkeit eines unerwünschten Verhaltens abgebaut und die eines erwünschten Verhaltens erhöht wird.

Wenn Sie also ein bestimmtes Verhalten loswerden wollen, dann beginnen Sie mit einer Stimulusanalyse: Machen Sie sich Gedanken darüber, durch welche Aspekte in Ihrem Alltag dieses unerwünschte Verhalten üblicherweise getriggert wird. Da wir uns dieser Auslöser nicht immer bewusst sind, kann es sich lohnen, eine systematische Selbstbeobachtung durchzuführen: Dokumentieren Sie über eine Woche hinweg, wann das unerwünschte Verhalten aufgetreten ist, und notieren Sie alle möglichen vorangegangenen Situationsaspekte.

Fragen Sie sich dann in einer zweiten Phase, ob Sie diese Auslöser eliminieren, abschwächen oder verändern können. Können Sie etwas an der Ausgangssituation ändern, damit die Verhaltenswahrscheinlichkeit abnimmt? Manchmal sind es ganz kleine Veränderungen in Ihrem Alltag, die bereits eine positive Veränderung herbeiführen können.

Womöglich betreffen die negativen Verhaltensweisen, auf die ich im Folgenden beispielhaft eingehen werde (übermäßiger Konsum von Suchtmitteln, ungesundem Essen und soziale Medien), Sie selbst nicht (in dem Fall herzlichen Glückwunsch!). Dennoch können verschiedene Strategien womöglich Inspiration für die Stimuluskontrolle eines anderen Verhaltens liefern, das Sie selbst abbauen wollen.

Technik 14: Stimuluskontrolle zur Raucherentwöhnung

Wenn Sie beispielsweise finden, dass Sie weniger (gar nicht!) rauchen sollten, dann probieren Sie doch mal Folgendes aus:

- Wenn Sie meistens dann zur Zigarette greifen, wenn Sie nichts zu tun haben, auf den Bus warten oder gerade Kaffeepause ist, dann überlegen Sie sich Beschäftigungsalternativen! Laden Sie sich Handyspiele oder E-Books herunter oder besorgen Sie sich Geschicklichkeitsspiele oder einen Stressball, den Sie griffbereit mit sich herumtragen können. Wenn Ihre Hände beschäftigt sind, können sie keine Kippe zücken. Gewöhnen Sie sich an, in Leerlaufphasen Kaugummi (ohne Zucker, sonst haben Sie gleich ein anderes Problem!) zu kauen. Mit Kaugummi im Mund ist die Zigarette schon etwas weniger interessant.

- Wenn Sie erkennen, dass Sie immer dann zu viel rauchen, wenn Sie mit Freunden unterwegs sind, lassen Sie das nächste Mal Ihre Kippen bewusst zu Hause (noch besser, kaufen Sie keine mehr und verbieten Sie allen Freunden, Sie schnorren zu lassen).

- Wenn Sie ernsthaft aufhören wollen zu rauchen, dann werfen Sie nicht nur alle Zigaretten, die Sie noch zu Hause haben, weg, sondern auch alle anderen Utensilien und Gegenstände, die Sie – bewusst oder unbewusst – noch an Ihre Raucherzeit erinnern (Feuerzeug, Aschenbecher etc.), da diese Sie wie Pawlows Glocke zum Sabbern bringen (also Ihr Nikotinverlangen wecken können).

- Diese hässlichen «Rauchen-ist-tödlich»-Schockbildchen auf Ihrer Zigarettenschachtel, die Sie so zwanghaft zu ignorieren versuchen, sind übrigens auch gesundheitspolitische Versuche von Stimuluskontrolle.

Technik 15: Stimuluskontrolle zur Alkoholkonsumreduktion

Wenn Sie weniger Alkohol trinken möchten, dann testen Sie doch folgende Strategien:

- Wenn Sie merken, dass Sie dann am meisten Alkohol trinken, wenn Sie Durst haben, dann trinken Sie zum Beispiel bewusst eine Flasche Wasser, ehe Sie auf den Sektempfang gehen.

- Wenn Sie schon beim Öffnen des Kühlschranks denken «Mmh, Bier. Wieso nicht?», dann lagern Sie Ihren Alkohol außerhalb Ihres alltäglichen Sichtfeldes (zum Beispiel im Keller).

- Wenn Sie kein großer Weinkenner sind, brauchen Sie auch keinen großen Weinkeller. Wenn Sie ein großer Weinkenner sind, brauchen Sie auch keinen, denn dann wissen Sie, dass beim Weingenießen weniger mehr ist.

- Wenn Sie nicht mehr als eine Flasche Bier am Abend trinken wollen, dann holen Sie sich auch nur eine Flasche Bier aus dem Keller oder aus dem Laden.

- Wenn Sie mehr trinken, weil das halbe Glas (oder die halbe Flasche) wegschütten auch blöd wäre, kaufen Sie kleinere Flaschen/Dosen oder benutzen Sie kleinere Gläser.

- Wenn es Ihnen schwerfällt, Nein zu sagen, (Vorsicht, es gibt Nachschenk-Ninjas, die Ihr Glas immer wieder vollmachen, ohne dass Sie es mitbekommen!), dann achten Sie darauf, dass Ihr Glas vollbleibt. Verbieten Sie sich zum Beispiel in der ersten Stunde auf der Fete, einen Schluck zu nehmen (ein volles Glas kann auch ein Nachschenk-Ninja nicht voller machen). Wenn Sie dann keine Lust auf ein lauwarmes Getränk haben, können

Sie sich ja ein neues holen. Oder nehmen Sie sich bewusst vor, jedes Glas Alkohol mit einem nicht alkoholischen Getränk abzuwechseln.

Technik 16: Stimuluskontrolle zur Ernährungsumstellung

Wenn Sie weniger hochkalorisch essen oder naschen wollen, dann lassen Sie sich auf diese Strategien ein:

- Wenn Sie finden, dass Sie immer zu schnell zu viel essen, sodass das Sättigungsgefühl einfach zu spät einsetzt, dann versuchen Sie, die Essgeschwindigkeit zu reduzieren. Nutzen Sie dazu zum Beispiel kleinere Teller und Löffel oder stellen Sie sich ein großes Glas Wasser auf den Tisch, damit Sie daran erinnert werden, abwechselnd zu essen und zu trinken.

- Schalten Sie mögliche Ablenkungsquellen (Handy, Radio, Fernseher) während des Essens ab.

- Essen Sie an einem gedeckten Esstisch (ja, auch wenn Sie Single sind, seien Sie es sich doch einfach selbst wert, verdammt noch mal!), statt auf dem Teppich vor dem Großbildfernseher.

- Wenn Sie aus Langeweile, aus Gewohnheit oder aus Kummer mehr oder ungesünder essen, als Sie wollen, dann erschweren Sie sich selbst den Zugang zu den Lebensmitteln, die Sie nur in Maßen konsumieren wollen. Wenn Sie nicht mehr naschen wollen, dann brauchen Sie auch keinen Naschvorrat zu Hause. Besorgen Sie Leckereien, die Sie sonst nur zu besonderen Anlässen auf den Tisch bringen wollen, auch nur für besondere Anlässe. Kaufen Sie sich die kleinste (und feinste) Tafel Schokolade (statt der Jumbo-Familienpackung im 2-für-1-Sonderangebot).

- Erstellen Sie eine gut überlegte Einkaufsliste, bevor Sie einkaufen gehen.
- Und ganz wichtig: Kaufen Sie nur Lebensmittel ein, wenn Sie nicht hungrig sind!

Technik 17: Stimuluskontrolle zur Screenzeit-Reduktion

Wenn Sie sich selbst daran stören, dass Sie regelmäßig (zwanghaft!) Ihre Social-Media-Feeds, SMS, oder E-Mails checken müssen und bereits Entzugserscheinungen bekommen, wenn Ihr Handy-Akku sich dem Ende nähert, dann leiden Sie mit großer Wahrscheinlichkeit unter FOMO («Fear of missing out»), also der Angst, im virtuellen Leben etwas zu verpassen, wenn Sie nicht ständig nachgucken. Wenn Sie Ihre virtuelle Zeit reduzieren wollen, dann probieren Sie folgende Strategien aus:

- Stellen Sie sich bewusst die Frage, wie oft am Tag Sie wirklich E-Mails checken müssen, bevor die Welt untergeht. Wenn zum Beispiel drei Mal am Tag reichen, dann legen Sie sich drei feste Zeitpunkte fest und verbieten Sie sich, außerhalb dieser erlaubten E-Mail-Zeit nachzuschauen.
- Löschen Sie Social-Media- und E-Mail-App-Ikonen von Ihrem Startfenster.
- Reduzieren Sie Ihren mobilen Datenverbrauch oder sperren Sie Apps während bestimmten Zeiten auf Ihrem Handy.
- Wenn Sie aus Langeweile surfen, dann überlegen Sie sich im Voraus Alternativen (zum Beispiel Hörbücher, die Sie weiterhören können, wenn Sie gerade Zeit totzuschlagen haben).

- Besprechen Sie in Ihrer Paarbeziehung oder auch in der Familie handyfreie Zeiten (zum Beispiel während des Abendessens), Zonen (Wohnzimmer) oder Aktivitäten (Restaurantbesuch). Legen Sie sich eine Handybox zu, in der während der handyfreien Familienzeit alle Handys abzulegen sind.

- Machen Sie ein Spiel draus. Wenn Sie mit Freunden ausgehen, stapeln Sie alle Handys in der Tischmitte zu einem Turm. Der Erste, der zum Turm greift, muss einen ausgeben.

Technik 18: Den inneren Schweinehund austricksen

Wenn Sie die Wahrscheinlichkeit eines erwünschten Verhaltens erhöhen wollen, dann gehen Sie ähnlich vor. Stellen Sie sich die Frage, was Sie aktiv an Ihrer Situation verändern können, um Ihrem Ziel näher zu kommen.

Wenn es zum Beispiel endlich mit dem regelmäßigen Sport machen klappen soll, dann nehmen Sie Ihrem inneren Schweinehund präventiv den Wind aus den Segeln!

Schweinehund:
«Bei dem Sauwetter kannst du doch nicht ernsthaft laufen gehen!»

⬇

Besorgen Sie sich angemessene Sportkleidung, die an jede Wetterbedingung angepasst ist!

Schweinehund:
«Jetzt noch im Feierabendverkehr nach Hause fahren, umziehen und dann ins Fitnessstudio, das wirst du dir doch nicht antun!»

⬇

Bewahren Sie Ihre Sporttasche immer griffbereit im Kofferraum auf.

Schweinehund:
«Sport machen willst du? Tja, geht leider nicht, deine Jogginghose ist in der Wäsche.»

⬇

Besorgen Sie sich eine zweite Jogginghose, um Gottes willen!

Sie sehen, worauf es hinausläuft. Tragen Sie präventiv dazu bei, dass die Schwelle, um Ihr erwünschtes Verhalten in die Tat umzusetzen, so niedrig wie möglich bleibt.

Technik 19: Stimuluskontrolle zur Verhaltensbegünstigung

Wenn Sie Schwierigkeiten damit haben, sich ein neues Verhalten anzugewöhnen, weil Sie im Alltag einfach immer wieder vergessen, daran zu denken, dann versuchen Sie Folgendes:

- Arbeiten Sie mit Erinnerungshilfen. Programmieren Sie sich regelmäßige Handyerinnerungen, hängen Sie einen Kalender in der Küche auf oder kleben Sie sich Post-its an strategisch wertvolle Plätze, damit Sie immer wieder kurz daran erinnert werden.

- Auch die Erinnerung an die erwartete positive Konsequenz Ihres neuen Verhaltens kann motivieren. Wenn Sie zum Beispiel Spanisch lernen wollen, um auf der nächsten Spanienreise Ihre Tapas selbst bestellen zu können, dann hängen Sie sich ein Barcelona-Poster in die Wohnung oder ändern Sie den Bildschirmhintergrund auf Ihrem Computer oder Handy.

- In der Regel kann die Erfolgswahrscheinlichkeit zusätzlich erhöht werden, wenn Sie sich bewusst zu Ihrem Vorhaben bekennen. Wenn Sie beispielsweise Ihr Umfeld über Ihr Ziel informieren, darüber twittern oder es in einem an Sie selbst adressierten Brief aufschreiben, gehen Sie eine gewisse Verpflichtung ein.

- Wenn Sie sich ernsthaft dafür entschieden haben, ein gewisses Zielverhalten zu erreichen, dann können Sie sich bewusst den «Weg zurück» erschweren. So können Sie sich zum Beispiel für einen Wohltätigkeitslauf anmelden oder mit einem Freund eine Wette eingehen, dass Sie einen Vorsatz in die Tat umsetzen werden.

- Wenn Sie sich zusammen mit einem Bekannten ein neues Verhalten vornehmen, steigt Ihr Engagement zusätzlich. Es ist schon etwas schwieriger, auf der Couch liegen zu bleiben, wenn ich weiß, dass jemand auf mich wartet.

- Überhaupt scheint es uns schwerer zu fallen, einen vereinbarten Termin, auf den wir gar keine Lust haben (z. B. Zahnarzt oder Steuerberater), abzusagen, als einen Vorsatz zu brechen, der uns anscheinend sehr wichtig ist. Die Hemmschwelle steigt, wenn wir wissen, dass jemand anderes von unserem Verhaltensbruch betroffen ist und es nicht nur um uns selbst geht. Aber jetzt mal ehrlich: Ist das nicht bescheuert? Bin ich denn wirklich weniger wichtig als mein Zahnarzt?
  Eine Technik, die sehr wirksam ist, um ein Verhalten, von dem ich ganz allein abhänge, in die Tat umzusetzen, ist der «Termin mit mir selbst». Wenn Sie zum Beispiel neben Arbeit und/oder Familie auch etwas mehr Zeit und Energie für sich selbst übrighaben wollen, dann planen Sie einen Termin mit sich selbst – so, wie Sie auch einen Zahnarzttermin planen würden. Auch wenn es Ihnen merkwürdig vorkommt, schreiben Sie Ihren eigenen Namen in Ihren Terminkalender! Noch besser, tragen Sie einen regelmäßigen Termin mit sich selbst in Ihrem Handy ein! Wenn ein Terminslot regelmäßig besetzt bleibt, kann auch nichts anderes dazwischenkommen. So, wie Sie Ihrem Partner oder den

Kindern sagen würden: «Ich kann jetzt leider nicht, ich muss zum Zahnarzt!», können Sie sich auch erlauben, zu sagen: «Ich kann jetzt leider nicht, ich habe einen Termin mit mir selbst!»

In einem zugegebenermaßen etwas merkwürdigen Experiment (Godden u. Baddeley, 1975) konnte nachgewiesen werden, dass Taucher, die sich unter Wasser eine Liste mit Begriffen merkten, diese besser unter Wasser wiedergeben konnten als an Land. Taucher, die die Begriffe an Land gelernt hatten, erzielten jedoch bessere Ergebnisse, wenn sie ihr Wissen an Land abrufen sollten als unter Wasser, was nachfolgende Grafik veranschaulicht.

	Gruppe 1:	Gruppe 2:	Gruppe 3:	Gruppe 4:
Lernen:				
Prüfen:				

beste Ergebnisse (Gruppe 1) — beste Ergebnisse (Gruppe 3)

Verantwortlich für dieses Phänomen sind die sogenannten Kontexteffekte. Wir können Wissen viel besser aus unserer Erinnerung abrufen, wenn wir uns in einem ähnlichen Kontext befinden wie jener, in dem wir uns das Wissen eingeprägt haben. Aus diesem Grund erschließt sich, wieso Studenten idealerweise in einem Kontext lernen sollen, der dem späteren Prüfungsraum ähnlich ist. Also zum Beispiel besser in einem ruhigen Raum an einem Schreibtisch sitzend als auf dem Bett liegend oder auf einer Technoparty.

Damit wir in Leistungsphasen konzentriert arbeiten und in der Freizeit bestmöglich entspannen können, sollte ein deutlicher Unterschied zwischen den beiden Kontexten bestehen, die sich idealerweise so wenig wie möglich überschneiden sollten.

Technik 20: Kontexttrennung Konzentrationsförderung

Wenn Sie sich besser auf das Lernen oder Ihre Arbeit konzentrieren wollen, dann achten Sie darauf, dass Sie Ihre Umgebung bewusst so gestalten, dass sie dem Kontext «konzentriert arbeiten» entspricht

- Arbeiten Sie idealerweise in einem Raum, den Sie nur mit dem gewünschten Kontext assoziieren (nicht in der Küche oder auf der Couch, die Ihr Unterbewusstsein unter dem Kontext «entspannen» abgespeichert hat).

- Auch Familienfotos, Kinderzeichnungen oder andere Gegenstände in Ihrem Büro, auf dem Schreibtisch oder Desktop, die Sie mit Freizeit verbinden, erschweren es Ihrem Unterbewusstsein, in den Kontext «Arbeit» hineinzuschlüpfen.

- Schalten Sie alle möglichen Ablenkungsquellen aus. Wenn Sie Ihr Handy nicht für die Arbeit brauchen, dann lassen Sie es in einem anderen Raum.

- Beschäftigen Sie sich mit Ergonomie – der Wissenschaft, die beschreibt, wie das Arbeitsumfeld optimal an den jeweiligen Arbeitnehmer und dessen Gesundheit angepasst werden kann. Überprüfen Sie, ob Sie Ihre Sitzposition, die Distanz zum Bildschirm, die Höhe des Bildschirms etc. optimieren können.

 Technik 21: Kontexttrennung Work-Life-Balance

Wenn Sie nach Feierabend richtig abschalten wollen, dann achten Sie darauf dass die Arbeit Ihren Freizeitkontext nicht kontaminiert:

- Halten Sie wenn möglich feste Arbeitszeiten ein. Machen Sie keine unnötigen Überstunden.

- Nehmen Sie keine Arbeit mit nach Hause. Das bedeutet auch: keine Gegenstände, die Sie direkt oder indirekt mit Ihrer Arbeit verbinden (also nicht nur Ordner, Arbeitshandy, Laptop, sondern auch Schlüsselbund, Badge, Arbeitskleidung etc.). Wenn möglich, lassen Sie alles, was Sie nicht nach Hause mitnehmen müssen, am Arbeitsplatz.

- Oder deponieren Sie alle Gegenstände, die Sie mit Arbeit verbinden, in einer Box in der Garage oder im Wohnungseingang.

- Wenn Sie nicht drum herumkommen, Ihren persönlichen Laptop oder Ihr Handy für die Arbeit zu benutzen, dann richten Sie sich einen zweiten User-Account ein (mit einem anderen Bildschirmhintergrund), auf dem Sie keine privaten Daten speichern.

- Wenn Sie für Ihre Arbeit nicht 24 Stunden erreichbar sein müssen, dann schalten Sie E-Mail-Benachrichtigungen nach Feierabend aus. Viele Handys erlauben die Nutzung einer zweiten SIM-Karte, sodass Sie Ihre Arbeits-SIM zum Beispiel nur zu bestimmten Zeitpunkten aktivieren können. Wenn Sie denken, dass Ihr Arbeitgeber von Ihnen verlangt, 24 Stunden erreichbar zu sein, dann tun Sie sich bitte einen Gefallen und suchen Sie sich einen neuen Job!

- Um Ihrem Unterbewusstsein dabei zu helfen, erfolgreicher zwischen dem Arbeits- und dem Freizeitkontext hin- und her zu wechseln, bieten sich Übergangsrituale an:
  - Auf dem Nachhauseweg kurz Bilanz zum Arbeitstag ziehen und dann bewusst umswitchen
  - Ihre Lieblingsfeierabendmusik laut mitgrölen
  - Eine kurze Entspannungsübung machen, bevor Sie in den Feierabend starten (vielleicht sogar, bevor Sie ins Haus eintreten; zum Beispiel noch im Auto in der Garage)
  - Sich den Arbeitstag abwaschen (duschen oder sich wenigstens das Gesicht waschen)
  - Die Wie-war-dein-Tag-Unterhaltung mit dem Partner oder in der Familie führen

Die Stimuluskontrolle hat sich auch im Bereich der Schlafstörungen als sehr erfolgreich erwiesen. Der Kontext «Bett» sollte hierbei natürlich idealerweise nur mit Schlaf und Erholung verbunden sein. Oft ist es aber so, dass das Bett auch der Ort ist, an dem man E-Mails checkt, Handyspiele spielt, chattet, telefoniert, isst, arbeitet, lernt, fernsieht, Gruselthriller oder komplexe Fachliteratur liest, sich liebt, sich streitet oder man einfach nur grübelt, weil man nicht schlafen kann. Für all diese Aktivitäten muss unser Gehirn sich körperlich, intellektuell oder emotional anstrengen. Der Kontext «Bett» wird also nach einiger Zeit mit einem Zustand von Anspannung gekoppelt. Sobald wir uns dann ins Bett legen, springt unser Unterbewusstsein automatisch in diesen Zustand, auch wenn wir gerade schlafen wollen. Bei Patienten, die unter Schlafstörungen leiden, steigt der Blutdruck dann schon allein beim Anblick des Bettes an.

Technik 22: Kontexttrennung Schlafhygiene

Der wirksamste Ansatz in der Schlaftherapie verfolgt das Ziel, ungünstige Konditionierungen aufzubrechen und das Bett wieder zu dem Ort zu machen, an dem auch das Unterbewusstsein verstanden hat, dass es abschalten kann. Wenn Sie Ihre Schlafqualität verbessern wollen, dann könnten die folgenden Regeln interessant sein.

- Gehen Sie erst dann schlafen, wenn Sie sich müde fühlen und nicht, wenn Sie denken, dass Sie sich müde fühlen müssten.
- Stehen Sie zu regelmäßigen Zeiten auf, auch am Wochenende und im Urlaub.
- Vermeiden Sie tagsüber Nickerchen, auch wenn Sie sehr müde sind.
- Ihr Schlafzimmer sollte idealerweise ganz abgedunkelt, gut durchlüftet und nicht zu warm sein.
- Nutzen Sie Ihr Bett (oder noch besser, Ihr Schlafzimmer) zu nichts anderem als zum Schlafen.
- Wenn Sie schlafen gehen wollen, dann schalten Sie das Licht aus, sobald Sie sich ins Bett gelegt haben.
- Wenn Sie vor dem Schlafen noch lesen wollen, dann machen Sie das eventuell nicht im Bett, sondern auf der Wohnzimmercouch oder an einem anderen Ort.
- Kein Fernseher, Computer, Handy, Wecker mit Lichtanzeige im Schlafzimmer. Die Helligkeit dieser Geräte kann unser Gehirn überfordern, sodass es Zeit braucht, um wieder runterzufahren. Ideal wäre also sogar, bis zu einer Stunde vor dem Schlafengehen ganz auf Bildschirme zu verzichten oder zumindest die Helligkeit stark zu reduzieren.

- Wenn Sie Ihr Handy als Wecker benutzen, dann legen Sie es weiter weg, sodass Sie in der Nacht nicht so leicht die Uhrzeit prüfen können. Wenn Sie nicht schlafen können und dann auf die Uhr schauen, fängt Ihr Gehirn an zu rechnen («Jetzt habe ich noch drei Stunden und 22 Minuten, bevor der Wecker klingelt. Oh nein, jetzt sind es nur noch drei Stunden und 21 Minuten!»). Rechnen ist nicht kompatibel mit schlafen! Es ist unwichtig, ob Sie nun wissen, ob Sie noch fünf oder nur noch eine Stunde schlafen können.

- Wenn Sie nach einer gefühlten Viertelstunde (nicht auf die Uhr gucken!) noch nicht eingeschlafen sind, stehen Sie wieder auf, decken Sie Ihr Bett ab (damit es wieder abgekühlt ist, wenn Sie später zurückkommen) und gehen Sie in einen anderen Raum.

- Überlegen Sie sich im Voraus eine Aktivität, die Sie ausführen können, wenn Sie nachts nicht schlafen können. Also zum Beispiel Wäsche zusammenlegen oder einfach zum Fenster rausschauen und sich selbst beschreiben, was Sie sehen. Klingt nicht sehr spannend? Genau! Gerade Aktivitäten, die Ihnen nicht zu viel Konzentration abverlangen und eher beruhigend (und gerne sogar etwas langweilig) sind, eignen sich besonders gut. Gehen Sie dann erst wieder ins Bett, wenn Sie sich schläfrig fühlen. Wiederholen Sie diesen Vorgang so oft wie nötig, wenn Sie nachts nicht schlafen können, auch wenn es schwerfällt.

Wenn es uns also ernst ist mit einer gewünschten Verhaltensänderung, dann sollten wir auch wirklich alles in die Wege leiten, um die Erfolgswahrscheinlichkeit zu erhöhen. Überlegen Sie also in Zukunft bewusst, an welchen Rädchen Sie drehen können, um die besten Ausgangschancen zu schaffen, um Ihr Zielverhalten erreichen zu können.

Bereiten Sie sich also zum Beispiel auf Ihre nächste Prüfung oder Ihr nächstes Vorstellungsgespräch unter Wasser vor und treten Sie im Neopren und Taucherbrille an!

05 | Der Sturm im Cocktailglas.

Gefühle verstehen

«Das Problem ist nicht das Problem. Das Problem ist deine Einstellung zum Problem.»

– (Captain Jack Sparrow in Fluch der Karibik)

Wieso haben wir eigentlich diese ständigen Gefühle? Und wieso verhalten wir uns so, wie wir uns verhalten, und nicht anders?

Intuitiv hat jeder von uns sein eigenes Erklärungsmodell für seine emotionalen und handlungsbezogenen Reaktionen. Oft ähnelt dieses Modell dem physikalischen Gesetz «Actio und reactio» von Sir Isaac Newton. Eine Reaktion ist demzufolge immer die Reaktion auf eine vorangehende Aktion.

Auf Psychologisch übersetzt könnte man dies also so formulieren:

A	→	**C**
Activating Event	→	Consequence
Auslösendes Ereignis	→	Gefühls- und Verhaltensreaktion

Wenn wir zum Beispiel eine dunkle Verfärbung eines Muttermals im Spiegel feststellen, bekommen wir Angst und googeln sofort: «Muttermal» + «Hautkrebs» + «Wie lang habe ich noch?»

A	→	**C**
Activating Event	→	Consequence
Muttermalverfärbung entdeckt	→	Angst, panische Internetrecherche

Eigentlich logisch, oder? Wir fühlen etwas und verhalten uns auf eine bestimmte Art – als Reaktion auf einen vorangehenden Auslöser.

Dem Psychologen Albert Ellis, einem der Urväter der Kognitiven Verhaltenstherapie, reichte dieses Modell jedoch nicht aus. Auf exakt die gleichen auslösenden Ereignisse reagieren verschiedene Menschen nämlich oft mit ganz unterschiedlichen Gefühls- und Verhaltensreaktionen (Ellis, 1957).

Es muss also noch einen dritten Faktor zwischen «A» und «C» geben, der genau das erklären kann. Haben Sie eine Idee, welcher Buchstabe da ganz gut hinpassen könnte? Überlegen Sie jetzt nicht zu weit (Psychologen mögen es einfach)!

Die Antwort ist «B». Und «B» steht für «Belief System» (Bewertungssystem). Ellis hat also das ABC-Modell vorgeschlagen:

A	→	**B**	→	**C**
Activating Event	→	Belief System	→	Consequence
Auslösendes Ereignis	→	Bewertungs- system	→	Gefühls- und Verhaltensreaktion

Das Bewertungssystem kann als ein individuelles Set an Gedanken, Überzeugungen, Regeln und Schemata darüber, wie die Welt, die Gesellschaft, aber auch wir selbst und andere Menschen zu funktionieren haben und wie wir uns die Zukunft vorstellen, verstanden werden.

Stellen Sie sich einen Filter zwischen «A» und «C» vor, der das Erlebte erst einmal durch die farbige Sonnenbrille des eigenen Weltbildes betrachtet.

Informationen, die nicht mit dem eigenen Bewertungssystem kompatibel sind, werden ganz schnell ausgefiltert. Als Resultat dieser subjektiven Interpretation kommen dann am Ende entsprechende Gefühle und Verhaltensweisen heraus.

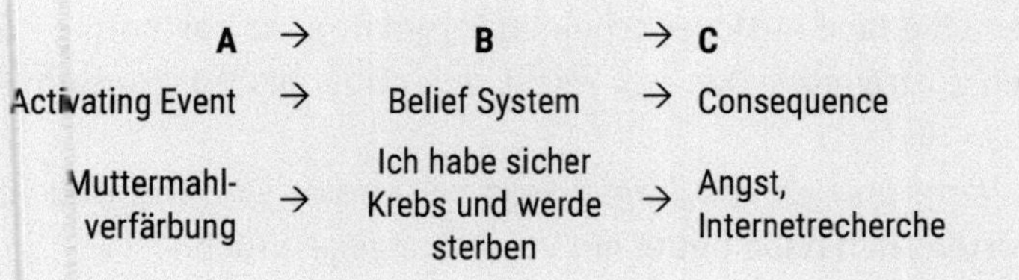

«Nicht die Dinge selbst beunruhigen die Menschen, sondern die Meinungen und die Urteile über die Dinge.» Dies wusste bereits der antike Philosoph Epiktet.

Unser Bewertungssystem wird im Verlauf unseres Lebens durch unsere Erziehung, Sozialisierung und die vielen Lebensereignisse, die uns auf irgendeine Weise geprägt haben, geformt. Auch die Bücher, die wir lesen, die Filme, die wir sehen, und der Facebook-Algorithmus, der mir immer wieder Posts zu koreanischem Einhorn-Fetisch vorschlägt, nur weil ich mich einmal beim Liken verklickt habe, können dieses Bewertungssystem beeinflussen.

Nun ist es aber so, dass uns unsere eigenen Bewertungen nicht unbedingt bewusst sein müssen. Stattdessen kommen uns unsere Gefühle und Verhaltensweisen oft wie automatisierte Reflexreaktionen vor.

Wenn ich zum Beispiel merke, dass die Facebook-Fotos meines Partners plötzlich ganz viele Likes und Kuss-Smileys von der gleichen, mir unbekannten Person bekommen, werde ich eifersüchtig und klicke schon fast wie selbstverständlich und automatisch auf das Profil dieser fremden Person.

Wenn ich mitkriege, wie der talentfreie Arbeitskollege auf seiner Schleimspur auszurutschen droht, während er dem Chef Komplimente zu seiner Krawattenwahl macht, werde ich automatisch ganz hibbelig. Wenn der Chef dann vor lauter Freude über die Anerkennung seiner modischen Stilsicherheit auch noch darüber hinwegschaut, dass der Kollege wieder mal einen Auftrag vergeigt hat, kommt mir die Galle hoch und ich muss zur Toilette, um eine Tür knallen zu können.

Verschiedene Auslöser scheinen instinktiv ganz bestimmte Reaktionen zu triggern. Das «A» reicht uns dabei als Erklärung meistens aus.

Wenn uns jemand fragt, wieso wir nervös sind, werden wir antworten: «Ich habe heute ein Vorstellungsgespräch.»

Wenn wir zutiefst traurig und am Boden sind, reicht die Erklärung: «Weil ein guter Freund mir gerade mitgeteilt hat, dass er nach Mauritius zieht.»

Und wenn wir wütend sind, genügt der Satz: «Jemand hat mir die Vorfahrt genommen.»

Unser Gesprächspartner wird in den meisten Fällen verständnisvoll nicken. Die Erklärung ist ausreichend im Sinne des A-C-Modells.

Wir haben also, sowohl in unserer eigenen Selbstreflexion wie auch in unserem Verständnis für das Erleben anderer, einen blinden Fleck dafür, worauf unsere Gefühle und unser Verhalten im Endeffekt tatsächlich zurückzuführen sind.

Es ist nämlich nicht das Vorstellungsgespräch an sich, das mich nervös macht. Wie könnten wir uns sonst erklären, dass es tiefenentspannte Menschen gibt, die sogar völlig entspannt in ein Vorstellungsgespräch gehen (ja, die gibt es wirklich!)? Es sind sehr wahrscheinlich viel mehr negative Bewertungen, die mir Angst machen, im Sinne von: «Die werden sofort durchblicken, dass ich nichts kann», oder: «Wenn ich diesen Job nicht kriege, ist das der Beweis dafür, dass ich wertlos bin!» Angst ist die natürliche Reaktion auf eine Gefahrensituation und Vorstellungsgespräche sind an sich relativ ungefährlich. Wenn ich aber in Gedanken meinen ganzen Wert als Mensch davon abhängig mache, ob ich jetzt diesen Job kriege, besteht auf einmal tatsächlich eine Gefahr. Vielleicht nicht für mein Leben, aber für mein Selbstbild. Dadurch bekomme ich Angst oder werde zumindest nervös.

Ich bin auch nicht zutiefst traurig und total am Boden, weil mein Freund umzieht, sondern weil ich eventuell Bewertungen im Kopf habe wie: «Jetzt werde ich ihn nie wiedersehen!» oder: «Ich werde nie wieder einen so guten Freund finden!» Dabei habe ich im einundzwanzigsten Jahrhundert die technischen Möglichkeiten, genauso viel (und manchmal sogar mehr) Kontakt mit einem Freund zu haben, der tausend Kilometer entfernt wohnt, wie mit jemandem, der um die Ecke lebt. Außerdem soll Mauritius ja gar nicht mal so hässlich sein, was ja auch ein Anreiz sein kann, ihn dort zu besuchen. Und auch wenn ich wirklich den Kontakt zu ihm verlieren sollte, woher kann ich jetzt schon wissen, dass ich keine neuen Freundschaften knüpfen werde?

Ich bin schließlich auch nicht wütend, weil mir jemand die Vorfahrt genommen hat. Ich bin wütend, weil ich mir sage: «Der Arsch möchte mich provozieren!» Vielleicht sitzt am Steuer aber eine sehr freundliche ältere Person, die einfach nicht aufgepasst hat. Eventuell hat es der Fahrer auch nur eilig, weil bei seiner schwangeren Frau auf dem Beifahrersitz gerade die Fruchtblase geplatzt ist. Fakt ist, dass «Der Arsch möchte mich provozieren!» kein Fakt ist. Wut ist die passende Reaktion auf die Bewertung, dass jemand anderes mir willentlich Schaden zugefügt hat, ob diese Bewertung jetzt objektiv zutrifft oder nicht.

Irgendwie frustrierend, dass wir so oft, so instinktiv und beschränkt reagieren, oder?

Die gute Nachricht ist, dass Sie jetzt das ABC-Modell kennen! Auf den Auslöser, also die eigentliche Situation selbst, haben wir oft nur eingeschränkte Einflussnahme. Unser Bewertungssystem können wir aber ganz bewusst beeinflussen. Dafür müssen wir uns unserer automatischen Gedanken aber erst einmal bewusst werden.

Wenn wir von negativen Emotionen überschwemmt werden, kann sich das anfühlen wie ein dickflüssiger Cocktail, in dem sich alles miteinander vermischt. Auslösende Ereignisse, Gedanken und Gefühle verfließen in einem undurchsichtigen Brei. In unserem Gehirn leuchtet dann vor allem das sogenannte limbische System auf, das für eine diffuse emotionale Verarbeitung des Erlebten verantwortlich ist.

Wenn wir es aber schaffen, in unserer eigenen Situationsanalyse die Gedanken, auf welche die negativen Gefühle zurückzuführen sind, bewusst zu identifizieren, dann stimulieren wir den präfrontalen Cortex. Das ist jene Region im Gehirn, in der – vereinfacht ausgedrückt – eine rationale Einordnung von Emotionen in ein Gesamtbild erfolgt.

Eine solche Gefühlsverarbeitung ermöglicht es uns, konstruktiver und realistischer an Probleme heranzugehen.

Technik 23: Das ABC-Modell

Wenn Sie also selbst etwas dafür tun wollen, in emotionalen Situationen besser gewappnet zu sein, dann testen Sie das ABC-Modell als Form der strukturierten Selbstanalyse bei Gelegenheit gedanklich aus!

Versuchen Sie, sich das ABC dafür als Eselsbrücke einzuprägen. Lernen Sie es auswendig. Laminieren Sie sich als Erinnerungshilfe ein Kärtchen und bewahren Sie es in Ihrer Brieftasche auf oder kleben Sie sich ein Post-it auf den Kühlschrank.

Geben Sie sich in Zukunft bei unangenehmen Gefühlen oder ungünstigen Verhaltensreaktionen nicht mehr mit dem Auslöser (A) als Erklärung für Ihre Reaktionen zufrieden, sondern trainieren Sie sich als Reflex an, sofort nach der Bewertung (B) zu suchen.

Identifizieren Sie den automatischen Gedanken, der Ihre Reaktion erklären kann, und machen Sie sich bewusst, dass ein Gedanke nicht in Stein gemeißelt ist.

Oder noch besser: Schreiben Sie alles auf! Beim strukturierten Schreiben wird unser rationales Denkzentrum nämlich noch stärker gefordert.

Dadurch, dass ich meine eigenen Gedanken schwarz auf weiß vor mir sehe, kann ich mich zudem stärker von ihnen distanzieren. Der ganze ungefilterte Mist, der mir sonst ganz automatisiert durch den Kopf schwirren kann, wird auf einmal zu etwas Fassbarem und Überschaubarem.

Technik 24: Das Drei-Spalten-Protokoll

In den kognitiven Therapieansätzen werden strukturierte Gedankenprotokolle vorgeschlagen. Ein einfaches Drei-Spalten-Protokoll, das sich an dem ABC-Schema orientiert, könnte beispielsweise so aussehen:

Situation	**Gedanken**	**Gefühle**
Ich erhalte telefonisch die Nachricht, dass ich den Job, für den ich mich vorgestellt habe, nicht bekomme.	Ich habe versagt! Ich bin für nichts zu gebrauchen! Ich bin ein Hochstapler, der in Wirklichkeit gar nichts kann! Ich werde nie einen Job finden! Ich werde verarmen und in der Gosse landen!	Enttäuschung Traurigkeit Minderwertigkeit

Natürlich können Sie diese Übung auch auf Ihrem PC oder Handy tippen. Der Lerneffekt kann auf Papier aber eventuell stärker sein.

Wenn ich nämlich meine dysfunktionalen Gedanken in meiner eigenen Handschrift aufgeschrieben habe, mache ich mir umso deutlicher bewusst, dass der ganze Quatsch meiner eigenen Feder, also meinem eigenen Unterbewusstsein, entsprungen ist.

Wenn es Ihnen in der belastenden Situation nicht sofort möglich ist, Ihr Erleben niederzuschreiben, dann können Sie das auch retrospektiv machen.

Versuchen Sie dafür in Ihrer Vorstellung eine Situation, in der Sie ein unangenehmes Gefühl empfunden haben, hochkommen zu lassen und rückblickend folgende drei Fragen zu beantworten:

- Was ist passiert?
- Was haben Sie gedacht?
- Was haben Sie gefühlt?

Der Cocktail, in dem sich in belastenden Situationen Fakten, Bewertungen und Emotionen miteinander vermischt haben, soll also wieder in seine Einzelbestandteile aufgeschlüsselt werden.

Das klingt auf den ersten Blick viel leichter, als es ist. So können wir bei dem Versuch einer objektiven Situationsbeschreibung in subjektive Interpretationen verfallen. Zum Beispiel gibt es einen Unterschied zwischen der sachlichen Aussage: «Mein Chef hat mich auf einen Schreibfehler in meinem Bericht hingewiesen» und der subjektiv verfärbten Interpretation: «Die Sau will mich mal wieder fertigmachen!»

Der Unterschied zwischen Gedanken und Gefühlen ist dabei gar nicht immer so selbstverständlich. «Ich habe das Gefühl, dass die anderen mich komisch anschauen», ist nämlich zum Beispiel gar kein Gefühl, sondern ein Gedanke. Das dazugehörige Gefühl könnte in dem Fall eventuell Angst oder Scham sein. Achten Sie also bei Ihrer Selbstbeobachtung auf Ihre Formulierung und trennen Sie bewusst Gedanken von Gefühlen.

Auch ist es gar nicht so einfach, den passenden Begriff für eine Emotion zu finden. So gibt es beispielsweise subtile, aber wichtige Unterschiede zwischen den Adjektiven «gereizt», «verärgert» und «sauer» oder auch noch «unruhig», «nervös» und «gestresst». Wenn wir im Alltag gefragt werden, wie es uns so geht, geben wir meistens die gleiche Antwort (zum Beispiel «prima» oder «geht so»).

Natürlich entspricht dies aber nicht der Vielschichtigkeit emotionalen Erlebens.

Oft hört man, dass es in den Eskimosprachen mehr als 20 Wörter für «Schnee» geben soll. Diese Aussage geht zwar auf einen weit verbreiteten Irrglauben zurück, trotzdem kann uns das einleuchtend erscheinen. Wenn ich, sehr stark vereinfacht ausgedrückt, viel mit Schnee zu tun habe, wäre es auch logisch, mich sprachlich differenzierter ausdrücken zu müssen, um den Schnee besser zu verstehen, und mit anderen besser darüber kommunizieren zu können.

Dort, wo Sie und ich über einen Wein sagen würden: «Er schmeckt!», würde ein Weinliebhaber eventuell «reife, leicht warme Fruchtaromen mit subtiler Vanille, nussige, zarte holzige Noten sowie feinsandiges, mürbes Tannin mit salzigen Spuren» feststellen. In der Önologie gilt wie in den meisten Leidenschaften: Je besser ich mich sprachlich ausdrücken kann, desto nuancierter kann ich auch Unterschiede feststellen.

 Technik 25: Das Emotionsvokabular

Mit unseren Gefühlen verhält es sich ähnlich. Je mehr Vokabular ich mir aneignen kann, um meine eigenen Gefühle zu verbalisieren, desto besser verstehe ich sie und kann sie besser unterscheiden.

Eine weitere therapeutische Technik besteht daher darin, eine Vokabularliste für Emotionen zu erstellen. Schreiben Sie alle Gefühlsbegriffe nieder, die Ihnen einfallen, und versuchen Sie, diese thematisch zu ordnen. Im Internet finden Sie viele Beispiellisten, an denen Sie sich orientieren können.

Geben Sie sich also in Zukunft bei der Beschreibung Ihrer Gefühle nicht mehr mit «prima» oder «geht so» zufrieden, sondern versuchen Sie, das Gefühl ab jetzt beim Namen zu nennen!

Unangenehme Gefühle fühlen sich oft diffus an. So, als ob man sich im Nebel verläuft. Realität, Interpretation und Erleben sind verschwommen und nicht greifbar. Nebel ist im Endeffekt aber auch nur Wasser im Gaszustand. Versuchen Sie also, den Nebel zu kondensieren und in drei verschiedenen Wasserbehältern zu sammeln.

Füllen Sie von nun an jedes Mal ein Spaltenprotokoll aus, wenn negative Emotionen Sie belasten. Achten Sie dabei darauf, objektive Fakten von automatischen Gedanken und den daraus resultierenden Gefühlen zu trennen, und wählen Sie die passendste Emotion aus Ihrer Gefühlsliste aus.

Verinnerlichen Sie das ABC-Modell oder tätowieren Sie sich «ABC» aufs Handgelenk. Egal, wie Sie es machen, denken Sie von nun an bewusst daran, dass sich zwischen dem A und dem C stets ein dickes, fettes B befindet.

06 | Schluss mit Pingpong!
Konstruktives Denken

«Unser Kopf ist rund, damit das Denken die Richtung wechseln kann.»

– (Francis Picabia)

«Alles wird gut!»
«Das schaffst du sicher!»
«Es kann nichts Schlimmes passieren!»

Kennen Sie solche Aussagen aus Ihrem Umfeld oder von sich selbst, wenn Sie sich in schwierigeren Momenten Mut zusprechen wollen? Die einfache, scheinbar allgemeingültige Maxime lautet dabei: Man muss einfach nur positiv denken!

Dieser Ratschlag, der auch vielen Selbsthilfebüchern und Coachingansätzen als Leitsatz dient, ist bestimmt immer gut gemeint und sicher manchmal auch hilfreich. Haben Sie aber auch schon die Erfahrung gemacht, dass genau solch ein Satz das Letzte ist, was Sie hören möchten, wenn es Ihnen wirklich nicht so gut geht?

Vielleicht versuchen Sie auch selbst gelegentlich, Ängsten und Sorgen mit einem pauschal-positiven «Alles-wird-gut»-Mantra zu kontern? Geht es Ihnen in dem Fall dann aber auch so, dass sich die Angstgedanken trotzdem immer wieder einschleichen?

Wir Menschen mögen es, wenn das Leben einfach und überschaubar erscheint. Aus diesem Grund haben wir Schubladen erfunden. Alles, was uns im Leben widerfährt, würden wir am liebsten in eine von zwei Schubladen einordnen: «Gut» oder «schlecht». «Alles» oder «nichts». «Winner» oder «Loser».

So, wie die komplizierteste informatische Programmierung auf einen simplen binären Code reduziert werden kann («0» oder «1»), würden wir intuitiv auch unser Erleben am liebsten auf zwei Kategorien reduzieren.

Das Leben ist aber viel komplexer und differenzierter. In der Natur gibt es nicht nur «schwarz» oder «weiß», sondern ein ganzes Farbspektrum. In unsere Sicht der Dinge schleicht sich also automatisch ein Verzerrungsprozess ein, bei dem ein ganzes Spektrum des Erlebens auf seine zwei gegenüberliegenden Pole reduziert wird. Dieser automatische Filter ist in der kognitiven Psychologie als «dichotomer Denkfehler» bekannt. Eigentlich soll uns diese Denkweise dabei helfen, die Komplexität des Lebens greifbarer und verständlicher zu machen, sie kann uns aber auch ganz leicht zum Verhängnis werden.

Die Perfektionisten unter uns haben eine besonders starke Tendenz zur Dichotomie. Auch für sie existieren nur zwei Kategorien: «perfekt» und «nicht gut genug» (der kleine Bruder von scheiße»). Wenn ein Perfektionist mit seiner Leistung nicht die 100 Prozent erreicht, die er sich vorgenommen hat, dann bewertet er sie automatisch als unzureichend.

Ein Perfektionist kann also in einer Leistungssituation immer nur eines von zwei möglichen Ergebnissen erzielen: Entweder erreicht er die 100 Prozent und ist zufrieden, oder er ist unzufrieden, weil er sie nicht erreicht hat.

unzufrieden	**zufrieden**
weniger als 100 %	100 %

Weniger perfektionistische Menschen erkennen, dass eine 90-prozentige Leistung zwar nicht perfekt ist, aber beispielsweise besser als 20 Prozent, 85 Prozent oder 89,999 Prozent. Sie können also verschiedene Zustände der Zufriedenheit erreichen, abhängig vom erzielten Ergebnis.

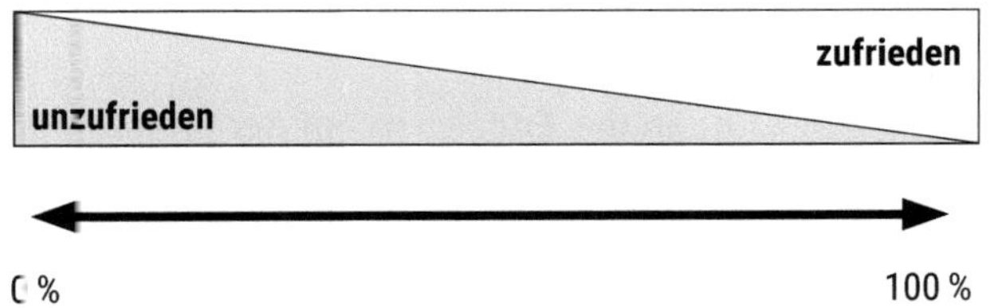

Diese Differenzierung bleibt beim Perfektionisten auf der Strecke. Der Nicht-Perfektionist, der sich vielleicht nur 90 Prozent vorgenommen hat, kann zudem nicht nur unzufrieden (wenn er die 90 Prozent nicht erreicht) oder zufrieden (wenn er die 90 Prozent erreicht) aus einer Leistungssituation hervortreten, er kann die anvisierten 90 Prozent ja vielleicht auch noch übertreffen! Diese Erfahrung, dass wir über unsere Erwartungen hinauswachsen können, ist sehr aufbauend für unser Selbstwertgefühl und wichtig für unsere Weiterentwicklung. Perfektionisten fehlen diese Erfahrungswerte.

Die Sache mit dem negativen und positiven Denken gestaltet sich ähnlich. In Momenten, in denen wir uns überfordert fühlen, schleichen sich ganz gerne negativ verzerrte Verallgemeinerungen in unseren Denkapparat.

Wenn mich mein Chef zum zweiten Mal in Folge auf einen Fehler hinweist, der mir unterlaufen ist, kann es sein, dass ich mir reflexartig selbst sage: «Ich kriege aber wirklich gar nichts hin, ich Null!»

Wenn ich in meiner Beziehung von der einen Person, der ich grenzenlos vertraut habe, hintergangen worden bin, kann sich mir der Gedanke: «Man kann echt niemandem trauen!» aufdrängen oder auch: «Männer sind Schweine!» (respektiv ein äquivalent generalisierender Pauschalsatz zum anderen Geschlecht).

Macht man dann auch noch den großen Fehler und schaut sich täglich die Nachrichten an, kann man ganz schnell zu der Schlussfolgerung kommen, die Menschheit bestehe ausschließlich aus hirnlosen Kamikaze-Lemmingen, die fröhlich Schmollmund-Selfies vor tickenden Zeitbomben machen, bis die Welt zu grunde geht.

Ganz schön düster, oder? Fast so wie in den Comics, wenn ein kleines, rotes Teufelchen auf der Schulter der Hauptfigur dieser ins Ohr flüstert, dass sie echt gar nichts könne oder dass aber auch wirklich alles schlecht sei.

Zum Glück gibt es dann das Engelchen auf der anderen Schulter, das dem Teufelchen lautstark widerspricht und der Hauptfigur, begleitet von sanften Harfenklängen, «das Leben ist schön» ins andere Ohr sülzt.

So ähnlich ergeht es uns, wenn wir selbst oder unser wohlmeinendes Umfeld schon fast instinkthaft versuchen, unseren verzerrten negativen Gedanken mit pauschalen «Alles-wird-gut»-Floskeln zu kontern. Das Problem dabei ist, dass diese positiven Verallgemeinerungen sich meistens als genauso irrational erweisen wie die negativen.

Falls Sie aus irgendeinem Grund dieses Buch im Stehen lesen, dann setzen Sie sich lieber hin. Ich muss Ihnen jetzt nämlich etwas mitteilen, was Sie eventuell erschüttern wird:

Das... Leben... ist... nicht... gerecht!

Es gibt viel Leid und Unglück auf der Welt! Es kann auch in der Tat sein, dass Sie (oder ich) gerade Krebs haben, und vielleicht sind wir beide auch wirklich nicht ganz so unfehlbar, wie wir es denken. Wir haben also leider keine Garantie, dass alles gut wird, und das kann schon ganz schön beängstigend sein.

Sind Sie noch da oder habe ich Sie jetzt vergrault? Natürlich hören wir diese unangenehmen Wahrheiten nicht gern. Bestimmt haben Sie jetzt gerade auch in Ihrem Unterbewusstsein ein kleines Engelchen parat stehen, das Ihnen wieder beruhigende Positivfloskeln eintrichtern möchte. Das Problem ist, Ihr inneres Teufelchen wird jedes Mal kontern können, weil die Beweislage gegen die «Alles-wird-sicher-gut»-Hypothese einfach zu groß ist.

Wenn ich unter Gesundheitsängsten leide, kann ich noch so oft versuchen, mir zu versichern, dass ich kerngesund bin, das Teufelchen wird immer recht haben, wenn es mich darauf hinweist, dass ich das doch gar nicht hundertprozentig wissen kann. Sogar dann, wenn ich gerade den fünften Spezialisten aufgesucht habe, der mich erneut als gesund erklärt hat, kann es argumentieren, dass sich eventuell just in dem Moment Krebszellen gebildet haben, in dem ich die Praxis verlassen habe.

Der Wunsch nach einer hundertprozentigen Garantie, dass ich im Moment gesund bin, dass das nächste Flugzeug, das ich nehmen werde, nicht abstürzt, oder dass Belgien uns morgen nicht den Krieg erklärt, ist und bleibt eine Illusion. Wir haben nämlich für nichts im Leben eine hundertprozentige Garantie. Es ist zum Beispiel noch nicht einmal ausgeschlossen, dass Ihnen in den nächsten fünf Sekunden ein Meteorit auf den Kopf fällt. Bislang gibt es weltweit nur einen dokumentierten Fall, bei dem ein Mensch von einem Meteoriten erschlagen wurde (Unsalan et al., 2020). Es ist also extrem unwahrscheinlich, dass das passiert. Und doch nicht unmöglich.

Solange wir der Illusion nachtrauern, dass wir das Unkontrollierbare kontrollieren, oder zumindest das Unvorhersehbare vorhersehen können, werden wir in einem endlosen Pingpong-Spiel zwischen Engelchen und Teufelchen gefangen bleiben. Also Schluss damit! Schicken Sie nicht nur Ihr kleines Teufelchen, sondern gleich auch das Engelchen mit aufs Schiff!

Viel wichtiger und effektiver als zu versuchen, Ihren negativen Gedanken mit positiven zu kontern, ist nämlich die Strategie, Ihre irrationalen und dysfunktionalen Gedanken durch hundertprozentig realistische und konstruktive Bewertungen zu ersetzen.

Versuchen Sie, die Dinge in Ihrer Selbstanalyse weder zu dramatisieren noch schönzureden. Wählen Sie Ihre Worte bei der Neuformulierung Ihrer Gedanken sorgfältig. Die rationale Neuformulierung sollte unanfechtbar sein, um Ihrem Teufelchen von vornherein den Wind aus den Segeln zu nehmen.

Natürlich ist es toll, wenn Ihre neuen realistischen Gedanken auch noch positiv sind. Dies ist aber keine notwendige Voraussetzung. Auch ein negativer Gedanke kann realistisch und konstruktiv sein. Wenn mir zum Beispiel gerade einfällt, dass die Deadline für ein wichtiges Projekt morgen ansteht und ich zur Schlussfolgerung komme, dass ich heute lange Überstunden machen werde, um fertig zu werden, so ist das natürlich kein besonders schöner Gedanke. Trotzdem ist er in der Situation realistisch und konstruktiv.

Das klingt alles leichter gesagt als getan, kann aber mit etwas Training ganz schnell zu einer neuen Gewohnheit werden.

Technik 26: Zwei Kriterien der kognitiven Umstrukturierung

Der Ansatz der sogenannten kognitiven Umstrukturierung bietet im Sinne eines Trainingsprogramms eine ganze Reihe Strategien und therapeutische Werkzeuge zur Veränderung dysfunktionalen Denkens.

Vereinfacht kann diese Methode auf die folgenden Etappen reduziert werden:

1. Selbstbeobachtung der eigenen Gedanken
2. Identifizierung der dysfunktionalen Gedanken
3. Realistische und konstruktive Umformulierung
4. Weiterüben, auch wenn die neuen Formulierungen sich anfangs noch etwas fremd und künstlich anfühlen können
5. Nach einiger Zeit stellt sich eine neue Gewohnheit ein

Falls Sie sich also wieder einmal dabei ertappen, wie Sie zwischen den beiden extremen Schubladen «Alles gut!» und «Alles schlecht!» hin- und herpendeln, schnappen Sie dem Engelchen und Teufelchen den Pingpong-Ball weg und stellen Sie sich folgende zwei Fragen:

1. Ist mein Gedanke wahr? Ist dieser negative (oder positive) Gedanke, so wie er mir Wort für Wort durch den Kopf gegangen ist, wirklich hundert Prozent realistisch?
2. Ist dieser Gedanke hilfreich? Trägt die Tatsache, dass ich genau diesen Gedanken in diesem Moment denke, dazu bei, dass meine Lebensqualität erhalten oder vielleicht sogar verbessert werden kann?

Falls die Antwort auf eine oder vielleicht sogar beide Fragen «Nein» lauten sollte, dann sind Sie wieder einmal dem Engelchen oder Teufelchen auf den Leim gegangen. In dem Fall heißt es: Neuformulieren!

 Technik 27: Das Fünf-Spalten-Protokoll

In den kognitiven Therapien werden zu diesem Zweck unter anderem verschiedene schriftliche Protokolle angewandt (Beck et al., 1979). Die Fünf-Spalten-Technik stellt zum Beispiel einen Leitfaden zur kognitiven Umstrukturierung in fünf Etappen dar.

Situation	Automatische Gedanken	Gefühl (0-10)	Neue Gedanken	Gefühl (0-10)
Ich erhalte telefonisch die Nachricht, dass ich den Job, für den ich mich vorgestellt habe, nicht bekomme.	Ich habe versagt! Ich bin für nichts zu gebrauchen! Ich bin ein Hochstapler, der in Wirklichkeit gar nichts kann! Ich werde nie einen Job finden! Ich werde verarmt in der Gosse landen!	Enttäuschung (9/10) Traurigkeit (8/10) Minderwertigkeit (10/10)	Die Absage kann evtl. nichts mit mir zu tun haben. Ich habe Qualitäten, die mich auszeichnen. Auch aus einem Misserfolg kann ich lernen. Die Vorstellung, «in der Gosse zu landen», ist unwahrscheinlich. Beim nächsten Mal kann es klappen!	Enttäuschung (6/10) Traurigkeit (3/10) Zuversicht (5/10)

Die ersten drei Etappen kommen Ihnen sicher bekannt vor, wenn Sie das vorangegangene Kapitel nicht übersprungen haben. Die kognitive Umstrukturierung stellt das ABC-Modell für Fortgeschrittene dar.

1. Versuchen Sie zunächst, eine bestimmte Situation so objektiv wie möglich zu beschreiben: Was ist genau wann, wo, wie passiert?

2. Formulieren Sie anschließend Ihre automatischen Gedanken: Was ist Ihnen in dem Moment durch den Kopf gegangen? Schreiben Sie alles auf, egal, wie blöd es Ihnen im Nachhinein vielleicht vorkommt. Es sind gerade die offensichtlich irrationalen Gedanken, die Sie auf Papier festhalten sollen.

3. Versuchen Sie, Ihre Gefühle in dieser Situation so genau wie möglich zu beschreiben und ihre jeweilige Intensität auf einer Skala von 0-10 einzuschätzen. Achten Sie dabei bewusst auf die Unterscheidung zwischen Gedanken und Gefühlen und gehen Sie erst zur nächsten Etappe über, wenn es Ihnen nachvollziehbar erscheint, wie die automatischen Gedanken in der analysierten Situation zu den beschriebenen Gefühlen geführt haben.

4. Wenn Sie zu der Schlussfolgerung kommen, dass die automatischen Gedanken, die Sie in der analysierten Situation hatten, irrational und/oder nicht konstruktiv waren, dann gehen Sie zur eigentlichen kognitiven Umstrukturierung über. Versuchen Sie jetzt alternative (realistische und konstruktive) Gedanken für die gleiche Situation zu formulieren.

5. Beschreiben Sie dann erneut Ihre Gefühle. Wenn Sie das Protokoll retrospektiv ausfüllen, stellen Sie sich die Situation noch einmal so bildlich wie möglich vor und lassen Sie die neuen Gedanken auf sich wirken. Haben Sie immer noch die gleichen Gefühle? Wenn nein, welche anderen Gefühle bemerken Sie jetzt? Wenn ja, ist die Intensität (0-10) immer noch die gleiche?

In einer Situation, in der Sie starke unangenehme Gefühle erleben, können Sie also in Zukunft Ihre eigene Selbstanalyse durchführen. Um diese rationale und konstruktive Art des Denkens zu trainieren und langfristig zu verinnerlichen, können Sie sich auch vornehmen, eine Zeit lang täglich eine Situation zu protokollieren.

Wenn Sie in der Situation selbst keine Gelegenheit dazu bekommen oder die Emotionen einfach noch zu stark sind, dann können Sie auch später jederzeit auf die Situation zurückkommen und das Protokoll rückblickend ausfüllen.

Technik 28: Die Selbstverbalisation

Einen anderen Ansatz der kognitiven Umstrukturierung liefert das sogenannte Stressimpfungstraining, das von Donald Meichenbaum (1977), einem der Begründer der kognitiven Verhaltenstherapie, entwickelt wurde und auf dem Ansatz der «Selbstverbalisation» aufbaut. Für einen besseren Umgang mit Stress werden dabei bestimmte Selbstverbalisationen (also Sätze, die man sich ganz bewusst selbst sagt) erarbeitet und immer wieder eingeübt, damit sie irgendwann auch in Stresssituationen erfolgreich abgerufen werden können.

Meichenbaum unterscheidet dabei vier verschiedene Ebenen, auf denen Selbstverbalisationen entwickelt werden können:

- Vor der Stresssituation: Sätze, die beruhigen und bei der Orientierung helfen

  Beispiel: *Ich bleibe ruhig. Was ist jetzt zu tun? Ich stelle einen Plan auf und konzentriere mich auf die erste Etappe. Ich kann das schaffen!*

- Während der Konfrontation mit der Stresssituation: Sätze, die dabei helfen, im Hier und Jetzt zu bleiben.

Beispiel: *Ich atme durch und bewahre die Ruhe. Immer eins nach dem anderen! Ich halte mich an meinen Plan und schaffe das!*

- Bei überwältigenden Gedanken und Gefühlen: Sätze, die im Worst-Case-Szenario hilfreich sein könnten.

  Beispiel: *Ich habe Angst, aber ich kann sie aushalten. Ich werde diese Situation überstehen.*

- Nach einer bewältigten Stresssituation: Sätze, die erzielte Erfolge positiv verstärken.

  Beispiel: *Ich habe es geschafft! Das war gar nicht so schlimm, wie ich dachte. Ich mache Fortschritte.*

Wenn Sie sich also selbst gegen zukünftigen Stress impfen wollen, können Sie sich diese Strategien präventiv aneignen. Versuchen Sie, eigene Beispielsätze auf den verschiedenen Ebenen zu formulieren. Schreiben Sie sich Ihre Selbstverbalisationen auf ein Karteikärtchen, das Sie laminiert mit sich herumtragen können. Lernen Sie sie auswendig, sprechen Sie sie sich als Audiodatei aufs Handy, hören Sie sie auf dem Weg zur Arbeit oder rufen Sie sie sich vor dem Spiegel laut zu.

Probieren Sie schließlich, Ihre Selbstverbalisationen in zukünftigen Stresssituationen bewusst anzuwenden.

Einer meiner Patienten, der diese Technik sehr erfolgreich anwenden konnte, um seine soziale Angst zu überwinden, verglich die formelhaften Selbstverbalisationen später mit den Zaubersprüchen von Harry Potter. Sie ermöglichten es ihm, sich seiner Angst gewappnet entgegenzustellen.

Andere Methoden der kognitiven Verhaltenstherapie bedienen sich der Kraft der Imagination.

Um den Zusammenhang zwischen Vorstellung und Körperreaktionen zu verdeutlichen, bietet sich das sogenannte Zitronenexperiment an:

Wenn Sie wollen, dann stellen Sie sich so deutlich wie möglich vor, wie Sie in Ihrer Küche eine Zitrone in die Hand nehmen. Schauen Sie sich die Zitrone an und riechen Sie daran. Drücken Sie die Frucht etwas zusammen und spüren Sie, wie das Fruchtfleisch in der Zitrone Saft freigibt. Der Geruch wird stärker. Neben Ihnen liegen ein Schneidebrett und ein Messer. Schneiden Sie die Zitrone in zwei Hälften. Der Zitronensaft läuft Ihnen dabei über die Hand. Riechen Sie noch einmal an der Zitrone und nehmen Sie den intensiven, säuerlichen Geruch auf. Bringen Sie die Zitronenhälfte dann näher zu Ihrem Mund und beißen Sie herzhaft hinein!

Was konnten Sie beobachten? Bei vielen Menschen verzieht sich das Gesicht bei dieser Übung zu einer Grimasse. Andere geben an, dass mehr Speichel im Mund produziert wird. Unser Körper reagiert also bereits bei der alleinigen Vorstellung einer Situation so ähnlich, wie er es auch in Wirklichkeit tun würde.

Kentzler und Richter (2010) unterscheiden die Begriffe «Problemdusche» und «Lösungsdusche». Gedanken können wie der Schwall einer Dusche wirken, deren Tropfen von oben auf uns einprasseln und unser Fühlen beeinflussen.

Stellen Sie sich vor, wie Sie in Ihrer Dusche stehen und den «Problemhahn» aufdrehen. Statt Wasser strömen die folgenden Problemgedanken auf Sie herab:

«Mit mir kann man's ja machen!»
«Das pack' ich nie!»
«Selbst schuld!»
«Die wollen's mir zeigen!»
«Ich werde gemobbt!»

Wie fühlen Sie sich nun?

Stellen Sie sich jetzt vor, dass Sie den «Lösungshahn» aufdrehen. Jetzt werden Sie von Lösungsgedanken überschüttet:

«Das habe ich schon öfter gepackt!»
«Ich beziehe die Kollegen mit ein!»
«Ich mach's so gut ich kann!»
«Morgen sieht's wieder anders aus!»
«Auch ich schaffe mal was nicht. Das ist nicht schlimm!»

Wie geht es Ihnen jetzt?

Technik 29: Die Lösungsdusche

Allein die Vorstellung, wie wir von typischen Problemgedanken überflutet werden, kann uns bereits verzweifeln lassen. Die Vorstellung konstruktiver Gedanken kann dagegen eine konstruktivere Sichtweise und das Gefühl der Selbstwirksamkeit stärken.

Mit der Lösungsdusche-Imagination können Sie sich in stressigen Situationen zur Ruhe bringen und zuversichtlich stimmen. Das nächste Mal, wenn der Chef Sie stresst, versetzen Sie sich gedanklich also in Ihre Dusche und drehen Sie den Lösungshahn voll auf.

Auch als Vorbereitung auf eine anstehende Stresssituation kann die Lösungsdusche-Imaginationsübung Ihnen dabei helfen, Ihre Ressourcen zu mobilisieren und Sie selbstsicherer zu machen.

Ein weiteres Beispiel, wie der Zusammenhang zwischen Vorstellung und psychischen Reaktionen für Lerneffekte benutzt werden kann, liefert das sogenannte Visualisierungstraining aus der Sportpsychologie.

Vielleicht erinnern Sie sich an den Film *Cool Runnings*, in dem vier jamaikanische Bobfahrer zusammen in einer Badewanne sitzen und den Streckenverlauf im Kopf durchspielen? Auch wenn diese Szene sehr lustig ist, zeigt sie eine Technik, die von vielen Sportlern zur Vorbereitung auf Wettkämpfe genutzt wird.

Durch das wiederholte Durchlaufen der Bewegungsabläufe in der Vorstellung entsteht ein wichtiger Lerneffekt, der für den späteren Wettkampf Zuversicht geben und Leistungsängste reduzieren kann.

 Technik 30: Die kognitive Probe

Wenn Sie sich mit problematischen Situationen in der Vorstellung auseinandersetzen wollen, um in Zukunft gefestigter reagieren zu können, bietet sich die Methode der «kognitiven Probe» an. Diese Technik basiert auf der Tatsache, dass allein durch die intensive Vorstellung einer problematischen Situation emotionale und physiologische Reaktionen ausgelöst und verändert werden können. In der Vorstellung können dabei alternative Selbstverbalisationen ausprobiert und bei positivem Effekt eintrainiert werden.

- Entscheiden Sie sich zunächst für eine konkrete Situation, die Sie in der Vorstellung bearbeiten wollen. Dies kann ein vergangenes Ereignis darstellen, in der negative Gedanken Sie belastet haben. Es kann aber auch eine anstehende Situation sein, die Sie unter Druck setzt.

- Überlegen Sie sich eine rationale und konstruktive Selbstverbalisation oder eine alternative Verhaltensstrategie, die Ihnen dabei helfen könnte, in der Situation so zu reagieren, wie Sie es sich wünschen.

- Nehmen Sie sich dann etwas Zeit, in der Sie sich ungestört konzentrieren können. Stellen Sie sich die Situation so deutlich wie möglich vor (was sehen, hören, riechen, fühlen Sie?) und durchlaufen Sie sie vom Anfang bis zum Schluss.

- Achten Sie auf automatische negative Gedanken und beobachten Sie ihre Wirkung auf sich.

- Stellen Sie sich dann so deutlich wie möglich vor, wie Sie in der Situation mit den festgelegten alternativen Strategien reagieren und achten Sie darauf, wie sich Ihr Erleben dadurch verändert.

Technik 31: Das idealisierte Selbstbild

Eine Methode, die die Imagination als Mittel zur Selbstwertstärkung nutzt, ist das sogenannte idealisierte Selbstbild, das die Psychotherapeutin Dorothy Susskind (1970) entwickelt hat. Allein durch die Vorstellung eines idealen zukünftigen Ichs kommt es dabei zu einer positiven selbsterfüllenden Prophezeiung. Klingt zu schön, um wahr zu sein? Versuchen Sie es!

- Schließen Sie jetzt Ihre Augen und stellen Sie sich Ihr ideales Selbstbild vor (Persönlichkeit, Kompetenzen, Qualitäten, Erscheinungsbild, Verhalten etc.). Versuchen Sie, dieses ideale Ich so detailliert wie möglich zu beschreiben. Bleiben Sie dabei aber im Rahmen des objektiv Erreichbaren.

- Stellen Sie sich dann vor, dass Sie bereits jetzt Ihrem idealen Selbstbild entsprechen könnten. Ist das eine Vorstellung, die Ihnen gefällt? Wenn ja, dann nehmen Sie sich ganz bewusst vor, aktiv darauf hinzuarbeiten, dieses ideale Selbstbild zu erreichen.

- Lassen Sie hierfür die Erinnerung an ein aktuelles Erfolgserlebnis hochkommen. Versuchen Sie, das Gefühl der Zufriedenheit und des Stolzes, das Sie in dem Moment erfüllte, noch einmal wahrzunehmen.

- Stellen Sie sich jetzt vor, wie sich dieses angenehme Gefühl auf Ihr derzeitiges Ich ausweitet. Lassen Sie es weiterwachsen und sich über Ihre aktuellen und zukünftigen Ziele und Vorhaben ausdehnen. Sagen Sie sich selbst, dass Sie Erfolg haben können, und dieser Erfolg Sie trotz möglicher Rückschläge zu Ihrem idealen Selbst führen kann.

Versuchen Sie sich ab jetzt mit Ihrem idealisierten Selbstbild zu identifizieren. Betrachten Sie Alltagssituationen von nun an durch die Augen Ihres idealen Selbst. Fragen Sie sich, wie Ihr ideales Selbst in problematischen Situationen denken, handeln und fühlen würde und reagieren Sie entsprechend.

So wie Sie sich selbst durch die Augen Ihres idealen Selbst sehen, werden Sie auch von außen wahrgenommen, und so werden Sie schließlich auch selbst reagieren können.

Wenn Sie langfristig rationaler und konstruktiver denken wollen, dann füllen Sie eine Zeit lang regelmäßig Gedankenprotokolle aus, verinnerlichen Sie sich rationale und konstruktive Selbstverbalisationen oder testen Sie alternative Reaktionsweisen oder ein idealisiertes Selbstbild in der Imagination aus.

Mit jeder Bearbeitung und Infragestellung eines dysfunktionalen Gedankens erlangen Sie mehr Distanz dazu. Neue funktionalere Bewertungen werden mit jeder kognitiven Umstrukturierung stärker im Gehirn abgespeichert.

Auch wenn Sie anfangs vielleicht denken: «Schön und gut, das ergibt ja alles irgendwo Sinn, aber vom Bauchgefühl her fühlt sich das noch nicht richtig an», machen Sie trotzdem weiter. Wenn Sie eine neue Sprache lernen, müssen Sie auch anfangs Vokabeln auswendig lernen und regelmäßig wiederholen. Auch wenn Sie sich nicht vorstellen können, irgendwann einmal ein Gespräch mit einem Muttersprachler zu führen, so wird jede neue Lernerfahrung Ihnen trotzdem mehr Sicherheit geben, bis es sich auf einmal natürlich anfühlt.

Erinnern Sie sich an die Nebelmetapher aus dem letzten Kapitel? Wenn Sie das kondensierte Wasser in den verschiedenen Behältern gesammelt haben, können Sie jetzt überprüfen, ob die Behälter die richtige Form haben. Ersetzen Sie die dysfunktionalen Behälter durch rationale und konstruktive Formen und frieren Sie das Wasser schließlich ein.

Kognitive Umstrukturierung hat sich als sehr wirksam bei Depressionen und Angststörungen erwiesen, sie kann uns aber allen dabei helfen, rationales und konstruktives Denken zu trainieren und uns in belastenden Situationen einen Wegweiser aus dem diffusen Emotionssumpf bieten.

Also schicken Sie Ihren Engel zum Teufel und zücken Sie Ihren Zauberstab! Expecto patronum!

07 | Die Macht der «Musturbation».

Muss-Gedanken infrage stellen

«Kein Mensch muss müssen! »

– (Gotthold Ephraim Lessing)

«Der Wecker klingelt. Jetzt muss ich schnell unter die Dusche. Dann muss ich noch kurz einen Espresso runterkippen. Schließlich muss ich rechtzeitig los und mich wie jeden Tag durch den Stau kämpfen. Ich muss nun mal pünktlich auf der Arbeit sein. Dort muss ich dann alles schnell abarbeiten und darf auf keinen Fall trödeln. Ich muss ja schon um Viertel nach zwölf zum Lunch mit Tina. Ich muss dann aber auf die Uhr schauen, denn ich darf auf keinen Fall zu spät zurück im Büro sein. Ich muss schließlich noch alles für meine Präsentation heute Nachmittag vorbereiten. Und die muss dieses Mal auf jeden Fall perfekt sein. Ich muss aber auch rechtzeitig Feierabend machen, weil ich ja um neunzehn Uhr noch Jan und Lars im Kino treffen muss. Danach muss ich aber auch rechtzeitig wieder nach Hause. Ich muss schließlich früh genug ins Bett, weil ich morgen wieder früh raus muss. Oh, ich muss den Wecker noch stellen.»

Kommt Ihnen das bekannt vor? Läuft Ihr Alltag meistens auch so oder zumindest in etwa so ab?

Vielleicht ist Ihnen aufgefallen, dass ein kurzes Wort diesen Abschnitt dominiert hat. Es ist das Wort «muss». Ganze fünfzehn Mal hat unser Ich-Erzähler dieses Wörtchen in seine Schilderung eingefädelt.

Vier Buchstaben, die unseren Alltag bestimmen. Dabei merken wir aber meistens selbst gar nicht, wie oft sich dieses Wort in unser

Sprechen und Denken einschleicht. Aus der Leistungsgesellschaft, in der wir leben, ist das Verb «müssen» gar nicht mehr wegzudenken. Wir werden von unseren Eltern, Lehrern und nicht zuletzt auch von talentierten Werbepsychologen zu mehr oder weniger gewissenhaften und pflichtbewussten Gesellschaftsmitgliedern und Konsumenten herangezogen.

Von Geburt an wird uns eingetrichtert, was wir alles «müssen»: Kohlrabi essen, Zähne putzen, gerade sitzen, Hausaufgaben machen, Geld verdienen, Auto(s) kaufen, im Winter Skiurlaub machen, Cola trinken, Steuern sparen, Rasen mähen, im Sommer Strandurlaub machen, gut aussehen, Helene Fischer-Songs mitgrölen können, Smartphone-Abo abschließen, 1,5 Kinder kriegen, Facebook-Beziehungsstatus updaten etc.

Diese ganzen «Muss»-Regeln, die wir uns im Verlauf des Lebens eintrichtern, prägen unser Bild von uns selbst, der Gesellschaft und unserer Zukunft und können als Kernschemata abgespeichert werden. Albert Ellis, einer der Urväter der kognitiven Verhaltenstherapie, spricht in diesem Kontext von den «Musturbations». Gemeint sind «Muss»-Gedanken, die als dysfunktionale Grundüberzeugungen unser emotionales Erleben beeinflussen und unser Verhalten steuern: «Ich muss immer stark sein», «Das Leben muss gerecht sein!», «Ich muss Großes leisten!», «Ich muss mein Umfeld stolz machen!»

Das Wort «muss» ist Ausdruck eines Regelwerks, das wir Menschen im Rahmen unserer Sozialisierung mehr oder weniger bewusst verinnerlicht haben. Im Endeffekt hat sich gesellschaftliches Zusammenleben erst durch eine Verabschiedung von allgemeingültigen Regeln, Normen und Gesetzen entwickeln können. Die «Top Ten» des Müssens finden sich bereits in der Bibel. Eine systematische Gesetzesregelung hat sich in der gesellschaftlichen Entwicklung also durchaus als nützlich erwiesen, damit wir uns nicht (oder zumindest weniger oft) gegenseitig die Köpfe einschlagen, auf Behindertenparkplätzen parken oder Bier nach Wein trinken. Gut also, dass es das Wort «muss» gibt. Oder?

Doch was bedeutet dieses Verb eigentlich? Auf der Suche nach Synonymen stößt man auf Duden online unter anderem auf folgende Formulierungen:

«die Pflicht/Verpflichtung haben, keine andere Wahl haben, keinen anderen Weg sehen, nicht anders können, nicht umhinkönnen…»

Die Bedeutung des Verbs «müssen» beinhaltet also die Vorstellung, dass es keine Ausnahme von der Pflicht gibt, von der ich ausgehe, dass sie eingehalten werden «muss». Entweder ich komme der Pflicht nach oder… Oder was eigentlich? Wenn es keine Wahl gibt, wenn keine Alternativvorstellung zu dem Einhalten des Gesetzes, um das es geht, zugelassen werden kann, würde das doch bedeuten, dass es kein «oder» gibt, … oder? Wenn ich einer Pflicht nachkommen «muss», wenn ich ein Gesetz einhalten «muss», würde dies wortwörtlich also bedeuten, dass ausnahmslos jeder dies auch tut. Entweder das oder die Welt hört auf zu existieren.

Wenn ich Patienten – zugegebenermaßen etwas provokativ – frage, ob man sich denn an Gesetze halten «muss», ist die Antwort meistens ein empörtes «Ja, natürlich!» Wenn die Aussage: «Man muss sich an Gesetze halten» zumindest im wortwörtlichen Sinne zutreffen würde, würde dies aber auch bedeuten, dass wir keine Gefängnisse mehr bräuchten, da es keine Straftäter mehr gäbe. Es würde auch bedeuten, dass niemand von uns die Geschwindigkeitsbegrenzungen auf der Autobahn überschreitet, noch nicht einmal um einen Stundenkilometer. Noch mal: Wenn man ein Gesetz einhalten «muss», kann es im wortwörtlichen Sinn keine Ausnahme davon geben. Ausnahmen von der Regel gibt es aber ganz offensichtlich mehr als genug! Es ist sogar so, dass wohl die Mehrheit der Menschen in ihrem Leben bereits wenigstens ein Gesetz gebrochen hat (auch wenn es in den meisten Fällen zum Glück eher um den einen Stundenkilometer zu viel geht als um einen Banküberfall mit Geiselnahme).

Auch wenn ich mich naiv stelle und frage, ob man denn arbeiten gehen «muss», ernte ich oft verständnislose Blicke. «Natürlich muss man arbeiten gehen!», würden Sie mir vielleicht auch reflexartig entgegnen wollen. Hierbei haben wir es doch mit etwas ganz anderem zu tun! Wenn ich mit 200 km/h über die Autobahn rase, bekomme ich eventuell einen Strafzettel, wenn ich erwischt werde. Wenn ich aber nicht mehr arbeiten gehe, verliere ich meinen Job, lande auf der Straße und verhungere. In dem Fall hat die Welt (zumindest für mich) dann tatsächlich aufgehört zu existieren. Die Logik ist nachvollziehbar. Allerdings stellt sich die Frage: Ist das wirklich so?

Was passiert – zumindest in der Gesellschaft, in der wir leben –, wenn ich ab morgen nicht mehr zur Arbeit erscheine? Wird mir dann sofort gekündigt? Okay, Sie haben recht, wenn Sie es darauf ankommen lassen, und sich lange genug nicht mehr auf der Arbeit blicken lassen, ist die Wahrscheinlichkeit, dass man Ihnen irgendwann kündigt, gar nicht mal so klein. Aber was dann? «Habe ich nicht das Recht auf Arbeitslosengeld?», fragen Sie sich womöglich. Klar, haben Sie. «Aber das ist ja auch befristet. Und was, wenn ich keine neue Arbeit finde?», sagen Sie jetzt vielleicht. Stimmt! Aber in diesem Fall gäbe es ja auch noch Sozialhilfen.

Ich habe viele Jahre lang mit Obdachlosen gearbeitet. Dabei habe ich sowohl Menschen kennengelernt, die ohne Eigenverschulden ihre Arbeit verloren haben, als auch solche, die noch nie in ihrem Leben gearbeitet haben und bewusst entschieden haben, dass sie von Sozialhilfen leben wollen. Manche dieser Menschen beschrieben sich selbst als «unglücklich», andere als «glücklich». Auf jeden Fall hatte die Welt für keinen von ihnen einfach aufgehört zu existieren. Wenn man arbeiten gehen «muss», dann kann es diese Menschen doch eigentlich nicht geben, oder?

Im Leben muss man also nichts außer Steuern zu zahlen! Erinnern Sie sich noch an die Panama Papers? Wenn der Satz «Man muss Steuern zahlen» stimmen würde, gäbe es keine Steuerhinterziehung. Punkt! Sie haben, glaube ich, verstanden, worauf ich hinauswill.

In seinem Roman *Jenseits von Eden* bezieht sich der amerikanische Schriftsteller John Steinbeck auf das hebräische Wort *timschal*, das in der Bibel mit «du sollst»/«du musst» übersetzt wird. Die Tatsache, dass dieser Begriff allerdings auch «du kannst»/«du darfst» bedeuten kann, macht ihn für Steinbeck zum «wichtigsten Wort der Welt». Der Mensch wird durch diesen entscheidenden Unterschied zu einem freien Wesen, das frei wählen kann, ob es «über die Sünde herrschen» will oder nicht. Sogar das biblische «Muss» kann also in Frage gestellt werden.

In der Sprachwissenschaft werden Bedeutungen von Wörtern und ihre Assoziationen zu anderen Wörtern in einer Wissensstruktur dargestellt, die als semantisches Netz bezeichnet wird. Wörter, die stark miteinander assoziiert werden können, werden in dieser visuellen Darstellung als geografisch nahe abgebildet. Das Wort «Auto» kann z. B. mit den Wörtern «Straße», «Bus» oder «Tankstelle» in Verbindung gebracht werden, wahrscheinlich aber eher weniger mit dem Wort «Apfel». Der Begriff «Apfel» wiederum wird aber mit großer Wahrscheinlichkeit mit den Wörtern «Birne», «Baum» oder «grün» assoziiert.

Auch in der Neurologie gehen wir davon aus, dass Wortbedeutungen in Form von semantischen Netzen repräsentiert werden. Begriffe, die stark miteinander in Verbindung gesetzt werden, speichert das Gehirn in unmittelbarer Umgebung ab. Das bedeutet: Wenn Sie zum Beispiel an den Begriff «Auto» denken, erfolgt in Ihrem Gehirn an einem bestimmten Ort eine Aktivierung, die man heute anhand von bildgebenden Verfahren nachweisen kann. Denken Sie im Anschluss an einen Bus, ist sehr wahrscheinlich, dass eine Region in unmittelbarer Nähe zu dem ersten Areal in Ihrem Gehirn aufleuchtet. Falls Sie aber an den Begriff «Apfel» denken, ist es eher wahrscheinlich, dass eine ganz andere Region aktiviert wird. Forscher konnten auf diese Weise einen regelrechten Atlas der Wortbedeutungen im Gehirn erstellen (Huth et al., 2016).

Der Psychologe Donald Hebb (1949) formulierte in der Neurologie den Grundsatz: «Neurons that fire together wire together», was so viel bedeutet wie: «Wenn ich verschiedene Assoziationen regelmäßig aktiviere, werden sich die neuronalen Regionen, in denen die assoziierten Begriffe repräsentiert sind, miteinander vernetzen.»

Umgekehrt gilt dieser Zusammenhang aber auch: Wenn bestimmte Begriffe bereits in einem semantischen Netzwerk miteinander assoziiert wurden, werden sie zumindest auf unterbewusster Ebene aktiviert, wenn ich auch nur an einen Begriff aus dem jeweiligen semantischen Netz denke. Wenn ich an «Auto» denke, denke ich automatisch also auch ein bisschen an «Bus», «Straße», «Tankstelle» und so weiter.

Mit dem Verb «müssen» verbinden wir zum Beispiel die folgenden Assoziationen: Zwang, Obligation, keine Wahl haben, Pflicht, Druck, Stress, keine Freiheit haben etc. Diese Assoziationen könnte man zum Beispiel folgendermaßen in Form eines semantischen Netzes vereinfacht darstellen:

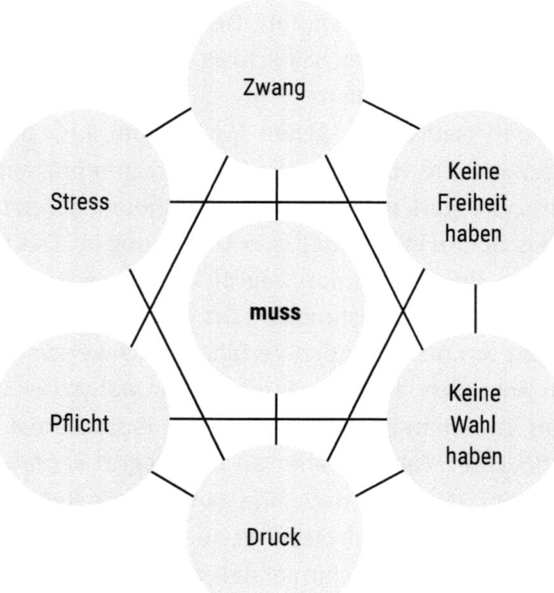

Wenn ich also ausspreche, dass ich etwas tun «muss» oder es auch nur denke, werden alle assoziierten Repräsentationen auch aktiviert. Sie können sich das so vorstellen, als würden Sie einen Stein in einen Teich werfen. Der Stein landet in der Mitte, genau auf dem Wort «muss». Die kreisförmige Welle, die der Stein im Wasser auslöst, aktiviert alle umliegenden Assoziationen. Mit anderen Worten: Jedes Mal, wenn ich «muss» sage oder denke, denke ich auch an Zwang, Obligation, keine Wahl zu haben, Pflicht, Druck, Stress und keine Freiheit zu haben. Lassen Sie diese Begriffe kurz auf sich wirken. Wie fühlen Sie sich dabei?

In seinem Buch *Neuropsychotherapie* beschreibt der Psychotherapieforscher Klaus Grawe (2004) die sogenannten Vermeidungsziele, denen wir nachgehen, um Unangenehmes zu vermeiden. Bildgebende Verfahren konnten nachweisen, dass die Vermeidungsziele in einer bestimmten Region im Gehirn (dem dorsolateralen Teil des rechten präfrontalen Cortexes, wenn Sie es genau wissen wollen) repräsentiert werden.

Jedes Mal, wenn wir darüber nachdenken, was wir alles machen «müssen», um keine negativen Konsequenzen zu riskieren, wird diese Region aktiviert. Der rechte präfrontale Cortex ist unter anderem mit der Amygdala vernetzt. Die Amygdala ist unsere Alarmzentrale, die das Stresssystem des Körpers bei Bedrohung hochfährt, um ihn besser auf potenzielle Gefahren vorzubereiten.

Auf subliminaler Ebene aktivieren Sie also jedes Mal, wenn Sie zu sich selbst oder anderen sagen: «Ich muss noch kurz E-Mails checken» nicht nur das entsprechende semantische Netz, sondern auch die dazugehörige emotionale und physiologische Stressreaktion, was nachfolgende Grafik veranschaulicht.

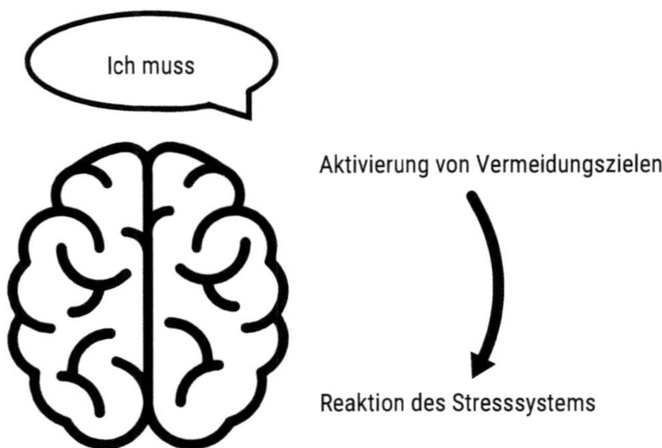

Im Sinne der beiden Kriterien der kognitiven Umstrukturierung (siehe Kapitel 6) kommen wir also zu der Schlussfolgerung, dass die vielen Muss-Sätze einerseits rational gesehen überhaupt nicht zutreffen und andererseits nicht konstruktiv sind, sondern uns lediglich stressen.

Es drängt sich also die Frage auf, ob wir nicht besser dran täten, in unserem Sprachgebrauch auf das Verb «müssen» zu verzichten. Doch wodurch würden wir dieses Wort dann ersetzen? Wenn wir nicht arbeiten müssen, uns nicht an Gesetze halten müssen und auch keine Steuern zahlen müssen, wieso tun wir all das dann?

Auch wenn ich nicht unbedingt jeden Tag Lust habe, arbeiten zu gehen, tue ich es im Endeffekt eventuell doch, weil ich einer (mehr oder weniger) sinnvollen Beschäftigung nachgehen, meine Familie versorgen, einfach nur aus dem Haus kommen, mein Immobiliendarlehen abbezahlen oder mir den noch größeren Flachbildschirm leisten möchte.

Auch wenn ich den Sinn nicht verstehe, bei Rot stehen zu bleiben, wenn ich die leeren Straßen der Kreuzung kilometerweise hinabblicken kann, tue ich es eventuell doch, weil ich in Einklang mit dem Gesetz stehen, das gesparte Geld lieber für was Sinnvolleres als einen Strafzettel ausgeben oder ein Vorbild für meine Kinder auf dem Rücksitz sein möchte.

Wenn ich also nichts von alldem tue, weil ich es muss, dann kann die einzige Erklärung nur sein, dass ich das alles will.

Dem Verb «wollen» lässt sich auch ein semantisches Netz zuordnen. Vorstellbare Assoziationen wären hier zum Beispiel die Begriffe «Wille», «Wunsch», «Freiheit», «Ziel», «Traum», «Wahl» etc.:

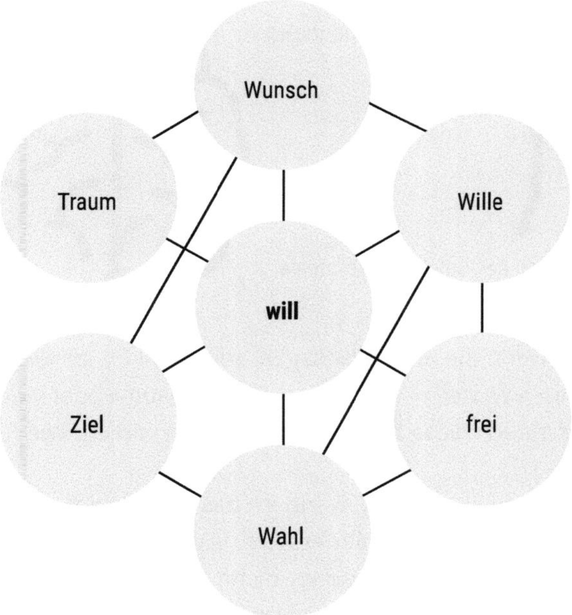

Wenn dieses Netzwerk aktiviert wird, geschieht dies mit großer Wahrscheinlichkeit in einer Region des linken präfrontalen Cortexes, in der die sogenannten Annäherungsziele repräsentiert werden. Mit anderen Worten denken wir in diesem Gehirnareal darüber nach, was wir im Leben erreichen wollen, und wie wir uns diesen Zielen annähern können.

Diese Gehirnregion ist unter anderem sehr stark mit unserem Motivations- und Belohnungssystem verschaltet, das uns beim Erreichen eines Ziels durch die Ausschüttung des Hormons Dopamin ein Glücksgefühl verschafft und uns in der Aussicht auf eine

Zielerreichung bereits motivieren kann, was nachfolgende Grafik veranschaulicht:

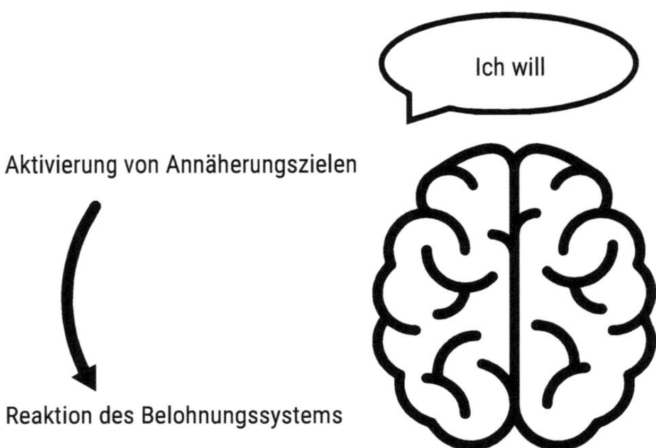

Jedes Mal, wenn Sie «ich will» sagen oder denken, denken Sie also auch «Wille», «Wunsch», «Freiheit», «Ziel», «Traum» oder «Wahl». Lassen Sie jetzt auch diese Begriffe kurz auf sich wirken. Wie fühlen Sie sich dabei?

So einfach es klingen mag, wenn ich das kurze Wort «muss» durch das genauso kurze Wort «will» ersetze, liege ich also semantisch gesehen in den allermeisten Fällen nicht nur viel richtiger, sondern werde an stelle meines Stresssystems mein Belohnungssystem aktivieren. Unser Ich-Erzähler vom Anfang hätte sein Tagesprogramm also besser mal so resümiert:

«Der Wecker klingelt. Jetzt will ich schnell unter die Dusche. Dann will ich noch einen Espresso trinken. Ich will schließlich rechtzeitig los, um den Stau zu vermeiden. Ich will nun mal pünktlich auf der Arbeit sein. Dort will ich dann alles schnell abarbeiten und will am besten keine Zeit verlieren. Ich will ja um Viertel nach zwölf Tina zum Lunch treffen. Ich will danach dann aber auch rechtzeitig wieder im Büro sein, weil ich noch alles für meine Präsentation heute Nachmittag vorbereiten will. Und die will ich dieses Mal wirklich gut hinkriegen. Ich will

aber auch rechtzeitig Feierabend machen, weil ich ja um neunzehn Uhr noch Jan und Lars im Kino treffen will. Danach will ich aber auch rechtzeitig wieder nach Hause. Ich will schließlich früh genug ins Bett, weil ich morgen wieder früh raus will. Oh, ich will dafür lieber noch den Wecker stellen.»

Zugegeben, bei vielem, was wir im Leben tun, ist es sehr schwer, sich zu sagen: «Ich will das jetzt unbedingt.» Sätze wie: «Ich will jetzt nichts lieber als zur Zahnwurzelbehandlung», «ich kann mir nichts Schöneres vorstellen, als Steuern nachzuzahlen!» oder «ich bin überglücklich, auf dem Familienfest wieder neben dem peinlichen Großonkel sitzen zu können!» kommen einem doch eher schwerlich über die Lippen, weil man denkt, keine Wahl zu haben. Aber jetzt mal im Ernst: Es geht nicht darum, sich das Leben schönzureden, sondern sich von dysfunktionalen und irrationalen Gedankenfiltern zu befreien. Wenn es Ihnen anfangs schwerfällt, die Ich-will-Formulierung zu benutzen, dann versuchen Sie, das Verb «müssen» in Ihrem Sprachgebrauch so oft es geht zu vermeiden:

«Der Wecker klingelt. Jetzt ab unter die Dusche! Danach gönne ich mir noch einen Espresso. Ich nehme mir aber vor, rechtzeitig loszukommen. Ich versuche, pünktlich auf der Arbeit zu sein. Dort gebe ich mir Mühe, so effizient wie möglich zu arbeiten. Ich habe mich ja um Viertel nach zwölf zum Lunch mit Tina verabredet. Ich nehme mir vor, danach auch rechtzeitig wieder im Büro zu sein, um noch etwas Zeit zu haben, um alles für meine Präsentation heute Nachmittag vorzubereiten. Ich versuche, wirklich mein Bestes zu geben. Danach denke ich daran, rechtzeitig Feierabend zu machen, weil ich ja um neunzehn Uhr noch Jan und Lars im Kino treffen werde. Anschließend fahre ich auch rechtzeitig wieder nach Hause. Ich werde früh genug zu Bett gehen, weil der Tag morgen wieder früh losgeht. Ich stelle am besten noch den Wecker.»

 Technik 32: Muss-Gedanken in Frage stellen

Ich lade Sie ein, einen Test zu machen. Beobachten Sie sich die nächste Zeit selbst. Jedes Mal, wenn Sie sich dabei ertappen, wie Sie das Wort «muss» aussprechen oder auch nur denken wollen, halten Sie inne und versuchen Sie, Ihren Gedanken rational und konstruktiv umzuformulieren.

Vielleicht gibt es andere Wörter, Sätze, Überzeugungen, die Sie als dysfunktional erkennen? Gehen Sie in diesem Fall ähnlich vor. Wenn Sie merken, dass ein Gedanke weder rational noch konstruktiv ist, dann versuchen Sie, ihn in Zukunft bewusst zu verändern.

Wenn Sie also Ihre Lebensqualität nachhaltig mit einem einfachen Trick verbessern wollen, müssen Sie ganz einfach auf das Verb «müssen» verzichten. Richtig?

NEIN! Gar nichts müssen Sie!

08 | Raus aus der Kiste, rauf auf den Tisch.

Perspektivenwechsel

«Gerade wenn man glaubt, etwas zu wissen, muss man es aus einer anderen Perspektive betrachten, selbst wenn es einem albern vorkommt oder unnötig erscheint.»

– (John Keating in Der Club der toten Dichter)

Ein Glas ist zu 50 Prozent mit Flüssigkeit gefüllt. Ist es nun halb voll oder halb leer? Hängt dies nicht sehr stark davon ab, ob Sie gerade Durst haben oder nicht? Oder ist es vielleicht wichtiger, zu wissen, ob dieses Glas ein eisgekühltes oder ein heißes Getränk beinhaltet? Vor allem dann, wenn dies davon abhängt, ob Sie es in der Wüste oder auf einem Gletscher serviert bekommen. Alles eine Frage des Blickwinkels, oder?

Machen wir ein kurzes Experiment: Verbinden Sie folgende neun Punkte durch vier gerade Linien, ohne den Stift abzusetzen.

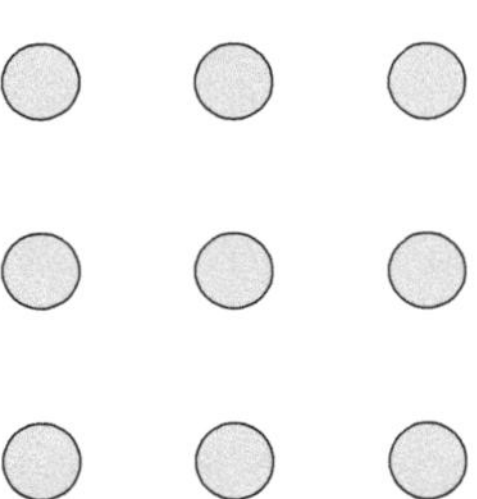

Geben Sie schon auf? Keine Angst, dieses Rätsel ist für die meisten Menschen unlösbar.

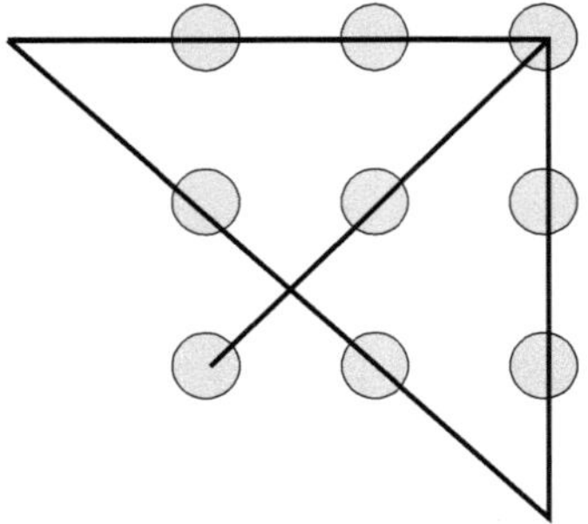

Eigentlich ganz leicht, oder? Wieso kommen wir dann nicht darauf? Unser Gehirn scheint sich bei der Analyse dieses Rätsels auf den quadratischen Rahmen zu beschränken, der durch die Anordnung der Punkte entsteht. Wir sind also in dieser «Kiste» gefangen, während die Lösung «out of the box» liegt.

Wollen Sie noch mal?

In Ihrem Keller befinden sich drei Schalter, die drei Glühbirnen im Erdgeschoss bedienen. Sie dürfen nur einmal runter in den Keller und sollen dann, wenn Sie zurück im Erdgeschoss sind, bestimmen, welcher Schalter welche Glühbirne aktiviert.

Die Lösung lautet:

Im Keller lassen Sie Schalter 1 angeschaltet, Schalter 2 lassen Sie aus und Schalter 3 schalten Sie an, warten zehn Minuten und schalten ihn dann wieder aus. Oben wissen Sie dann, dass die Glühbirne, die leuchtet, von Schalter 1 betätigt wurde, die Glühbirne, die aus und kalt ist, zu Schalter 2 gehört, und die Glühbirne, die aus und warm ist, mit Schalter 3 verbunden ist.

Uns wird ein Rätsel mit Glühbirnen aufgegeben, also denken wir automatisch auf der visuellen Dimension (Licht an oder aus), während die Lösung aber in einer anderen Sinnesdimension (Temperatur) liegt.

Dämmert Ihnen schon, worauf dieses Kapitel hinauslaufen wird? Kommt es uns im Alltag nicht auch immer wieder so vor, als würden wir in irgendwelchen Kisten festsitzen und versuchen, etwas Rundes durch eine eckige Form zu pressen oder umgekehrt? Dabei genügt manchmal ein Blick über den Tellerrand, um die Lösung zu finden.

Das kann uns aber ganz schön schwerfallen. Unser Gehirn versucht nämlich ständig, uns auszutricksen. Das fängt schon beim Sehen an. Der Test des blinden Flecks verdeutlicht dies eindrücklich:

Schließen Sie das rechte Auge und fixieren Sie mit dem linken Auge das Kreuz. Bewegen Sie das Buch dann langsam nach vorne und hinten, bis der Kreis auf einmal verschwindet. (Oder linkes Auge zuhalten, den Kreis fixieren, bis das Kreuz verschwindet).

Der blinde Fleck ist die Stelle, an der sich der Sehnerv auf der Netzhaut bündelt. Hier befinden sich keine Sehzellen. Das Gehirn nutzt die Information aus den umliegenden Sehzellen, um die fehlende Bildinformation zu kompensieren. Deshalb wird der blinde Fleck nicht als leer wahrgenommen. Das umliegende Blatt ist weiß, also geht das Gehirn davon aus, dass die fehlende Stelle mit großer Wahrscheinlichkeit ebenfalls weiß sein muss.

Unsere Erziehung, unsere Sozialisierung, unsere Prägung hat uns mit vorgefertigten Schablonen ausgestattet, die wir bei der Analyse unseres Erlebens anwenden – ob sie nun gerade passen oder nicht. Wenn wie beim blinden Fleck fehlende Informationen eingefügt werden sollen, stützt sich unser Gehirn auch hier auf das, was es aufgrund seiner Erfahrungen als wahrscheinlich richtig empfindet.

Wenn ich Ihnen jetzt eine dreistündige Geschichte von einem kleinen Hoppelhasen namens Hansi erzählen würde, und Sie dann frage, was Sie in dem folgenden bekannten Kippbild sehen, dann sind Sie mit großer Wahrscheinlichkeit derart geprägt von meiner Geschichte (ob jetzt positiv oder negativ spielt keine Rolle), dass Sie sofort «Hase» sagen.

Wenn aber Eddy, der Enterich, der Held der Geschichte gewesen wäre, würden Sie mit höherer Wahrscheinlichkeit zuerst eine Ente sehen.

In Problemsituationen können wir uns ganz schnell überfordert fühlen, wenn wir unser Leben aus dem immer gleichen eingeschränkten Blickwinkel betrachten. Wenn Sie sich im Wald verlaufen haben, dann sehen Sie sprich- und wortwörtlich den Wald vor lauter Bäumen nicht mehr. Also klettern Sie auf einen Baum! Von oben sieht alles anders aus.

In dem Film *Der Club der toten Dichter* lädt der unorthodoxe Literaturprofessor Keating (gespielt von Robin Williams) seine Schüler dazu ein, sich auf ihren Tisch zu stellen, um einen anderen Blickwinkel auf das Leben einzunehmen.

Wieso sollten Sie das nicht auch in Ihrem Alltag tun? Wenn Sie wollen, probieren Sie es aus und stellen Sie sich auf den Stuhl, auf dem Sie gerade sitzen. (Wenn Sie dieses Kapitel gerade in der Bibliothek, im Flugzeug oder im Vatikan lesen, machen Sie mich bitte nicht für mögliche Konsequenzen verantwortlich).

Aber gerade dann, wenn Sie sich an einem Ort befinden, den Sie gut kennen, ist es manchmal erstaunlich, wie dieser einfache Perspektivenwechsel Ihnen ungeahnte Erkenntnisse bieten kann.

Vielleicht wird Ihnen beim Blick auf die Staubschicht über dem

Türrahmen bewusst, dass die Putzfrau doch gar nicht so gründlich putzt, wie Sie immer dachten.

Vielleicht finden Sie oben auf dem Schrank Ihre alten Panini-Fußball-Heftchen wieder, die Ihre Frau heimlich aus dem Blickfeld verschwinden lassen wollte.

Vielleicht haben Sie auch keine bahnbrechende Erkenntnis, aber zumindest haben Sie sich in Erinnerung gerufen, dass Sie jederzeit bewusst entscheiden können, einen anderen Blickwinkel einzunehmen.

In der systemischen Familientherapie wird mit dem Begriff «Reframing» (Umdeutung), der auf die Therapeutin Virginia Satir zurückgeht, die Zuweisung einer anderen Bedeutung oder eines anderen Sinns beschrieben. Wie bei einem Bilderrahmen, der nur einen eingeschränkten Ausschnitt eines dargestellten Gesamtbildes umschließt, ist auch unser Blickwinkel auf die Realität von einem subjektiven Kontext abhängig.

Durch Perspektivenwechsel können wir ein Bild neu rahmen. Ein oft zitiertes Reframing-Beispiel stammt von den Begründern des Neuro-Linguistischen Programmierens, Richard Bandler und John Grinder (1982):

Workshopteilnehmer:

> *Meine Frau braucht ewig, um sich für etwas zu entscheiden. Sie muss sich sämtliche Kleider im Laden anschauen und miteinander vergleichen, bevor sie eins auswählt.*

Workshopleiter:

> *Sie entscheidet sich also sehr sorgfältig. Ist es nicht ein tolles Kompliment, dass sie von allen Männern ausgerechnet Sie gewählt hat?*

Ein weiteres Beispiel für ein Reframing findet sich in der Geschichte *Ich bin genauso kräftig wie vor vierzig Jahren*, die der Neurologe und

Psychiater Nossrat Peseschkian in seinem Buch *Der Kaufmann und der Papagei* schildert:

Drei befreundete alte Männer saßen zusammen und sprachen von den Freuden der Jugend und der Last des Alters. «Ach», stöhnte der eine: Meine Glieder wollen nicht mehr, wie ich will. Was bin ich doch früher gelaufen, wie ein Windhund, und jetzt lassen mich meine Beine so im Stich, dass ich kaum mehr einen Fuß vor den anderen setzen kann.» «Du hast recht», pflichtete ihm der zweite bei. «Ich habe das Gefühl, meine jugendlichen Kräfte sind versickert wie das Wasser in der Wüste. Die Zeiten haben sich geändert, und zwischen den Mühlsteinen der Zeit haben wir uns geändert.» Der dritte, ein Mullah, ein Laienprediger, kaum weniger klapprig als seine Gefährten, schüttelte den Kopf: «Ich verstehe euch nicht, liebe Freunde. Ich kenne all das, worüber ihr klagt, von mir nicht. Ich bin genauso kräftig, wie vor vierzig Jahren.» Das wollten ihm die anderen nicht glauben. «Doch, doch», ereiferte sich der Mullah. «Den Beweis dafür habe ich erst gestern erbracht. Bei mir im Schlafgemach steht schon seit Menschengedenken ein schwerer eichener Schrank. Vor vierzig Jahren hatte ich versucht, diesen Schrank zu heben, aber was glaubt ihr, Freunde, was geschah? Ich konnte den Schrank nicht heben. Gestern kam mir die Idee, einmal den Schrank anzuheben. Ich versuchte es mit allen Kräften, aber wieder schaffte ich es nicht. Damit ist doch eines klar bewiesen: Ich bin genauso kräftig wie vor vierzig Jahren.»

(Peseschkian, 2008, S.120-121)

In der Psychotherapie werden verschiedene Techniken des Perspektivenwechsels vorgeschlagen, die in schwierigen Situationen einen Ausweg aus der Gedankensackgasse liefern können. Diese Techniken funktionieren am besten, wenn Sie sich die verschiedenen Szenarien so bildlich wie möglich vorstellen. Versuchen Sie sich einen kurzen Moment zu verschaffen, in dem Sie sich ungestört mit den folgenden Übungen beschäftigen können:

Technik 33: Die Zukunftsprojektion

Wenn Sie aktuell mit einem Problem hadern, können Sie sich vorstellen, wie Sie in Zukunft darüber nachdenken werden. Stellen Sie sich vor, Sie springen zehn Jahre in die Zukunft. Vielleicht können Sie sich Ihr Zuhause vorstellen? Egal, ob Sie noch in Ihrer jetzigen Wohnung oder schon in der Luxusvilla wohnen, von der Sie gerade träumen, erlauben Sie sich in Ihrer Vorstellung der Zukunft, kurz innezuhalten. Vielleicht setzen Sie sich auf Ihren Lieblingsplatz, vielleicht lassen Sie Ihren Blick über die eingerahmten Fotos an Ihrer Wand schweifen und sinnieren etwas über Ihr Leben. Erinnern Sie sich noch an dieses Problem, das Sie vor genau zehn Jahren hatten? Wenn ja, wie sehen Sie das Ganze denn heute (also in dem Moment in der Zukunft, in dem Sie zurückdenken)? Wie viel Platz hat dieses Problem im Buch Ihres Lebens eingenommen? Ein Kapitel von vielen? Oder vielleicht nur eine Seite? Einen Absatz? Kann diese Perspektive Ihr heutiges Problem etwas relativieren?

Technik 34: Was würde mir eine andere Person raten?

Stellen Sie sich vor, wie Sie Ihr Problem einer Person Ihres Vertrauens schildern. Dies kann ein guter Freund, ein Familienmitglied oder Ihr Therapeut sein. Da Sie diese Person wahrscheinlich gut kennen, haben Sie bestimmt auch eine Vorstellung davon, welchen Rat sie Ihnen in Ihrer Situation geben würde. Stellen Sie sich dies so deutlich wie möglich vor und schreiben Sie den Ratschlag danach auf. Auch wenn es praktisch vielleicht gerade nicht möglich ist, sich einer anderen Person anzuvertrauen, oder wenn wir andere nicht mit unseren Sorgen belasten wollen, können wir uns auf diese Weise jederzeit in unserer Vorstellung Rat und Trost holen.

Technik 35: Was würde ich einer anderen Person raten?

Stellen Sie sich vor, eine Person Ihres Vertrauens leidet unter dem gleichen Problem, das Ihnen gerade das Leben schwer macht. In Ihrer Vorstellung bittet Sie diese Person nun um Rat. Versuchen Sie, sich so weit wie möglich in die Situation hineinzuversetzen und achten Sie darauf, was Sie der Person intuitiv raten würden. Schreiben Sie den Ratschlag sofort danach auf. Es ist erstaunlich, aber wir sind kreativer in unseren Lösungsvorschlägen, wenn wir eine andere Person beraten, als wenn wir selbst mit einem Problem hadern. Dies können wir uns durch diese einfache Imaginationstechnik zunutze machen.

Technik 36: Ihr Held des Alltags

In der Dialektisch-Behavioralen Therapie, die von der Psychologin Marsha Linehan (2015) entwickelt wurde, wird ein sogenannter Skill (eine Fähigkeit) beschrieben, der es Ihnen erlauben kann, Distanz zu überfordernden Gefühlen zu erlangen (Bohus u. Wolf-Arehult, 2013). Wählen Sie dazu zunächst eine Person aus, die Sie bewundern. Dies kann jemand aus Ihrem Umfeld sein, es kann aber auch eine bekannte oder eine fiktive Person sein (zum Beispiel der Dalai-Lama, Barack Obama oder Spiderman). Versuchen Sie in belastenden Situationen daran zu denken, wie Ihr «Held des Alltags» handeln würde, wenn er in Ihrer Haut stecken würde. Spiderman würde das Geläster der Arbeitskollegen zum Beispiel mit einem coolen Spruch abtun oder sie in einem Spinnennetz kopfüber von der Decke baumeln lassen. Der erste Teil dieser Vorstellung kann Ihnen vielleicht einen Lösungsansatz bieten; der zweite Teil kann Ihnen zumindest ein Schmunzeln auf die Lippen zaubern und Ihnen etwas emotionale Distanz verschaffen.

Technik 37: Die Methode der unlösbaren Probleme

Zur Förderung der Perspektivenübernahmefähigkeit arbeitet die sogenannte Weisheitstherapie (Linden et al., 2006) mit einer Methode, bei der Probleme fiktiver Personen aus verschiedenen Perspektiven betrachtet werden. Stellen Sie sich das folgende Beispiel vor:

Herr Schmidt führt seit 25 Jahren erfolgreich eine Abteilung. Nach einem längeren Krankenhausaufenthalt wegen eines Arbeitsunfalls verliert er seine Führungsposition. Als Abteilungsleiter wird ihm ein junger Uniabsolvent vorgesetzt.

Stellen Sie sich die Situation vor und versetzen Sie sich in Herrn Schmidt, den Abteilungsleiter und den Personalchef.

Dadurch, dass man fiktive Belastungssituationen abwechselnd aus den Blickwinkeln aller beteiligten Personen betrachtet, werden die Perspektivenübernahme und Frustrationstoleranz im Falle eigener Belastung trainiert. Beispiele für fiktive Szenarien finden Sie in Filmen, Büchern, Zeitungsartikeln etc.

Technik 38: Die Funktion des Problems

Durch die Reframing-Brille können Probleme auch dahingehend hinterfragt werden, ob sie eventuell eine unbewusste Funktion erfüllen. Kann es sein, dass der erhöhte Alkoholkonsum die Dämpfung unangenehmer Gefühle ermöglicht? Führt der depressive Rückzug eines Partners in der Ehe dazu, dass er vom anderen mehr Zuwendung erhält? Entwickelt sich ein Schüler zum Klassenclown, um die eigene Unsicherheit zu verbergen? Es kann sich lohnen, ein Problem unter dem Blickwinkel folgender Fragen zu betrachten:

- Was würden Sie verlieren, wenn Ihr Problem sich plötzlich auflösen würde?

- Was würden Sie mit der freien Zeit/Energie anfangen, die Sie zur Verfügung hätten, wenn Sie sich nicht mehr mit Ihrem Problem beschäftigen müssten?
- Kommt es gelegentlich vor, dass Sie Ihr Problem als Ausrede nutzen?
- Macht Ihr Problem Sie eventuell auf eine Überforderung aufmerksam?

Technik 39: Die Screen-Technik

In verschiedenen Traumatherapie-Ansätzen werden Versionen der sogenannten Bildschirmtechnik vorgeschlagen, um die Aufarbeitung traumatischer Erinnerungen zu erleichtern. Diese Übung kann uns aber auch in alltäglichen Problemsituationen dabei helfen, etwas Distanz zu belastenden Situationen zu erlangen.

Stellen Sie sich einen Bildschirm oder eine Leinwand vor, auf die Sie Bilder projizieren können. Wenn Sie wollen, können Sie sich eine belastende (vergangene, gegenwärtige oder zukünftige) Situation als Film auf Ihrem Screen anschauen. Sie sehen sich dabei selbst von außen zu, wie Sie in der Situation wirken und handeln. Sie können den Film jederzeit pausieren, stoppen, schnell vor- oder zurücklaufen lassen oder in Zeitlupe abspielen. Sie können die Helligkeit und die Farben verändern, den Ton lauter oder leiser drehen.

Der imaginierte Blick von außen kann Distanz verschaffen und gleichzeitig neue Perspektiven aufzeigen.

Das nächste Mal, wenn Ihr Chef Ihnen eine scheinbar unlösbare Aufgabe stellt, klettern Sie also auf Ihren Stuhl, machen eine gedankliche Zeitreise oder rufen in Ihrer Vorstellung Spiderman herbei. Ihre Arbeit ist doch schließlich auch nur eine Kiste von vielen.

09 | Schlimmer geht immer!

Relativieren

**«Oh, das ist nur ein Kratzer!
Ein Kratzer? Euer Arm ist ab!
Ist er nicht!
Und was ist das da?
Oh, macht nichts, es gibt Schlimmeres!»**

– (Monty Python - Die Ritter der Kokosnuss)

Denken Sie bitte kurz an Haifische und beobachten Sie, welche Assoziationen Ihnen dazu kommen. Sehen Sie vor Ihrem inneren Auge schon die riesige Rückenflosse auf Sie zukommen? Stellen Sie sich vielleicht das aufgerissene Maul mit den blutigen, messerscharfen Zahnreihen vor? Hören Sie vielleicht sogar die Musik aus Spielbergs *Der weiße Hai*?

Und jetzt lassen Sie das Bild einer Kokosnuss auf sich wirken. Sehen Sie sich dabei nicht auch mit einer Piña Colada in einer Hängematte am Karibikstrand? Im Schatten von Palmen, deren Blätter in der leichten Meeresbrise über Ihnen wippen?

Bei welcher Vorstellung haben Sie sich angespannter gefühlt? Blöde Frage, oder? Aber was ist denn nun im Endeffekt gefährlicher? Haifische oder Kokosnüsse?

Glaubt man einer oft zitierten Statistik, sind es wirklich die Kokosnüsse! Während es im Jahr weltweit nur eine Handvoll tödlicher Haifischangriffe gibt, sollen Kokosnüsse im Durchschnitt 150 Menschen töten, wenn sie ihnen auf den Kopf fallen. Jetzt sind die wippenden Kokospalmen plötzlich doch nicht mehr so entspannend, oder?

Dieses Beispiel zeigt, wie unbegabt wir Menschen darin sind, reale Risikowahrscheinlichkeiten einzuschätzen. So leiden zum Beispiel viel mehr Menschen unter Flugangst als unter der Angst, Auto zu fahren. Je nachdem, auf welche Statistik man sich beruft, ist Autofahren aber zwischen 100- und 2000-mal gefährlicher als das Fliegen. Auch die Angst, einem Terroranschlag zum Opfer zu fallen, ist sehr weit verbreitet. Wissen Sie, was aber objektiv gesehen viel tödlicher ist? So ziemlich alles. Beispielsweise in der Dusche auszurutschen, von einer Leiter zu fallen oder an einer Fischgräte zu ersticken. In den USA laufen Sie statistisch gesehen eher Gefahr, von einem Kleinkind erschossen zu werden. Auch die Wahrscheinlichkeit, durch einen Blitzschlag zu sterben, ist höher. Und wissen Sie, was 25-mal wahrscheinlicher ist, als vom Blitz getroffen zu werden? An verschluckten Kugelschreiberteilchen zu sterben (Balthasar u. Wiese, 2014). Wovor fürchten Sie sich aber mehr? Vor Terrorismus oder Ihrem Kugelschreiber?

Eine Erklärung für diese kognitive Verzerrung ist in der medialen Berichterstattung zu suchen. Ein Flugzeugunglück irgendwo auf der Welt schafft es mit großer Sicherheit in die Nachrichten. Wenn zwanzig Menschen bei einem Absturz in Neuseeland sterben, kriegen wir das mit. Wissen Sie aber, wie viele Menschen gestern in unseren Nachbarländern bei Autounfällen gestorben sind? Nein? Ich auch nicht. Wir überschätzen Risikowahrscheinlichkeiten von Ereignissen, wenn wir sie öfter und eindrücklicher präsentiert bekommen.

Ein zweiter Grund ist der emotionale Faktor. So ähnlich wie der Gedanke an einen Weißen Hai lösen auch die Bilder eines Flugzeugabsturzes oder eines Terroranschlags starke emotionale Reaktionen aus, auch wenn vor unserem Fernseher natürlich keine reale Gefahr besteht. Das Ziel von Terroranschlägen ist es schließlich auch, na ja, Terror zu verbreiten, und darin sind Terroristen im Allgemeinen sehr erfolgreich.

Neutrale Alltagsgegenstände wie Kugelschreiber assoziieren wir hingegen – wenn überhaupt mit etwas – dann eher mit einem praktischen Nutzen als mit der Vorstellung von Gefahr. Wissen Sie übrigens, welcher der gefährlichste Ort der Welt ist? Ihr Bett. Die meisten Menschen sterben nämlich im Bett.

Bei dem Phänomen der Wahrscheinlichkeitsvernachlässigung (probability neglect) führt die Angst vor bedrohlichen Ereignissen nicht nur zu einer Überschätzung der Eintrittswahrscheinlichkeit, sondern auch zu einer Überbewertung von Maßnahmen, von denen man denkt, dass sie vor einer Gefahr schützen können (Sunstein, 2002). So haben viele Amerikaner nach den Anschlägen des 11. Septembers aus Angst vor dem Fliegen lange Autoreisen in Kauf genommen. Das hat dann schließlich aber zu einem starken Anstieg der Todeszahl im Straßenverkehr geführt.

Technik 40: Statistik

Sollten Sie sich also gelegentlich dabei ertappen, wie Sie in die Probabilty-Neglect-Falle rutschen, dann appellieren Sie an den Statistiker in Ihnen. Statt zu dramatisieren oder zu verharmlosen, beziehen Sie sich auf Wahrscheinlichkeiten. Wir haben leider keine hundertprozentige Garantie dafür, dass wir heute nicht einem Haiangriff, einem Flugzeugabsturz oder einem Terroranschlag zum Opfer fallen. Unzählige Ereignisse, vor denen wir uns in der Regel nicht fürchten, sind objektiv gesehen viel gefährlicher. Und trotzdem ist die Wahrscheinlichkeit, dass uns heute nichts Schlimmes passiert, objektiv gesehen sehr, sehr (!) hoch. Das ist doch schon mal beruhigend, oder? Und jetzt hören Sie endlich auf, an Ihrem Kugelschreiber herumzukauen!

Wir sind als Menschen nicht nur sehr unbegabt darin, die Eintrittswahrscheinlichkeiten von bedrohlichen Ereignissen richtig einzuschätzen, sondern reagieren auch oft sehr undifferenziert auf belastende Ereignisse.

Stellen Sie sich folgende Situation vor: Sie sind begeisterter Hobbybastler und haben gerade Ihren Nachbau der Apollo-13-Rakete aus 2342 mühsam einzeln zusammengeklebten Zahnstochern abgeschlossen. Obwohl Sie Ihrem Sprössling schon tausend mal gesagt haben, dass er nicht im Haus Fußball spielen soll, zerschmettert er Ihr Meisterwerk mit einem schlecht ausgeführten Fallrückzieher.

Versuchen Sie, ohne zu lange darüber nachzudenken, die emotionale Reaktion in dem Moment, in dem Sie die totale Bruchlandung Ihrer Zahnstocherrakete realisieren, auf einer Skala von 0-10 einzuschätzen. Versuchen Sie dann mit etwas Distanz, das tatsächliche objektive Schwereausmaß dieser Situation (wie schlimm ist das wirklich auf einer Skala von 0-10) zu erfassen. Dies könnte zum Beispiel so aussehen:

Situation	Emotionale Reaktion	Objektiver Schweregrad
Zerstörte Zahnstocherrakete	10/10	5/10

Stellen Sie sich jetzt eine andere Situation vor: Sie kommen von der Arbeit nach Hause. Ihre Familie steht im Vorgarten und starrt ratlos Ihr Haus an, das gerade mit all Ihren Habseligkeiten (inklusive Ihrem Apollo-13-Modell) abbrennt. Wiederholen Sie bitte Ihre Einschätzungen für emotionale Reaktion und Schweregrad.

Eventuell könnten diese dann folgendes Ausmaß annehmen:

Situation	Emotionale Reaktion	Objektiver Schweregrad
Das Haus brennt ab	10/10	10/10

Und jetzt stellen Sie sich das Gleiche noch einmal vor – nur ist Ihre Familie diesmal nicht im Vorgarten, sondern im brennenden Haus (zusammen mit Ihrem Apollo-13-Modell).

Situation	Emotionale Reaktion	Objektiver Schweregrad
Familie im brennenden Haus	10/10	10/10

Würden Sie jetzt im Nachhinein den objektiven Schweregrad der ersten beiden Situationen vielleicht sogar noch anpassen wollen? Womöglich würde das Resultat dann eher so aussehen:

Situation	Emotionale Reaktion	Objektiver Schweregrad
Zerstörte Zahnstocherrakete	10/10	1/10
Das Haus brennt ab	10/10	5/10
Familie im brennenden Haus	10/10	10/10

Fällt Ihnen etwas auf? Irgendetwas stimmt hier doch nicht mit unserer Fähigkeit, verhältnismäßig auf Stress- und Belastungssituationen zu reagieren, oder? Natürlich könnte man noch einen draufsetzen und Familie und Haus (und Rakete) beispielsweise nicht durch einen Brand, sondern durch einen nuklearen Holocaust auslöschen. Aber ich glaube, Sie haben verstanden, worauf es hinausläuft.

Objektiv geht schlimmer also immer. Unser Stresssystem scheint aber schnell an seine Grenzen zu stoßen, wenn es darum geht, emotional verhältnismäßig zwischen unterschiedlich belastenden Situationen zu differenzieren. Der gemessene Stresshormonspiegel kann gleich hoch liegen, wenn ich mir gerade Kaffee über meine Tastatur geschüttet habe oder mir jemand ein Messer an die Kehle hält.

Kann man diese Schlimmer-geht-immer-Erkenntnis denn nun als Relativierungsstrategie nutzen? Die Antwort lautet natürlich ja! Aber vorweg: Es gibt dabei einen kleinen Haken, was nachfolgende Beispiele verdeutlichen:

Sie haben verschlafen und fürchten sich vor dem kritischen Blick Ihres Chefs, wenn Sie eine halbe Stunde zu spät, außer Atem und mit zerzaustem Haar ins Büro gehechtet kommen?

Sie sacken in sich zusammen, nachdem Sie sich nach Jahren endlich getraut haben, Ihren Schwarm auf einen Kaffee einzuladen und dann eine Abfuhr erhalten?

Sie ärgern sich, wenn Sie zur Schule gerufen werden, weil Ihr herzallerliebster Satansbraten schon wieder ein anderes Kind vermöbelt hat?

Alles halb so schlimm! First World Problems! Denken Sie doch nur an die hungernden Kinder in Afrika oder an die armen Menschen auf der Flucht vor Verfolgung, Folter und Krieg!

Also reißen Sie sich gefälligst zusammen, anderen Menschen geht es viel schlechter!

Kommt Ihnen diese Antwort bekannt vor? Haben Sie diese so oder so ähnlich vielleicht schon mal erhalten, wenn Sie Ihren Eltern, Ihrem Partner oder Bekannten von Ihren Sorgen und Problemen erzählt haben?

Oder geben Sie solche Antworten gelegentlich vielleicht selbst, zum Beispiel wenn Ihre Kinder sich darüber beschweren, wieso sie nicht die neue Playstation und die Nintendo Switch haben können? Vielleicht haben Sie auch – wie viele von uns – einen einprogrammierten und anerzogenen Glaubenssatz, der Ihnen immer wieder verbietet, sich zu sehr zu beschweren («Ich darf nicht klagen. Ich habe doch alles, mir muss es doch gut gehen!»)?

Diese Art der Relativierung ist ganz schön billig und effekthascherisch. Sie funktioniert immer (denn schlimmer geht immer) und löst Scham und ein schlechtes Gewissen aus. «Ich habe kein Recht, mich zu beklagen» bedeutet, dass ich mir verbiete, negatives Befinden zu äußern oder gar zuzulassen, nur weil andere Menschen, zumindest objektiv gesehen, mehr Leidensgrund haben.

Zurecht kann sich ein Widerstand gegen diese Art der Argumentation aufbauen. Die Wahrscheinlichkeit, einen Schüler, der keinen Bock auf die Schule hat, mit dem Satz «andere Kinder wären froh, überhaupt zur Schule gehen zu können!» zu motivieren, ist wahrscheinlich nicht sehr hoch.

Genauso schnell können wir solche pauschalen Vergleiche abwehren, wenn wir spüren, dass eine andere Person oder unser eigener moralischer Kompass versucht, an unser schlechtes Gewissen zu appellieren. Natürlich ist es ein Privileg, eine gute Krankenversicherung zu haben. Nur wird die Zahnwurzelbehandlung wahrscheinlich keine angenehmere Erfahrung, nur weil ich dabei an die Menschen auf dieser Welt denke, die keine private Zusatzversicherung mit Rundumpaket haben.

Und trotzdem ist die einfache Logik hinter diesem Ansatz natürlich unleugbar. Wenn ich mir den Fuß gebrochen habe und ein paar Wochen lang mit Gips und Krücken herumhumpeln muss, ist das natürlich ganz schön nervig. Noch blöder wäre es aber natürlich, wenn ich mir beide Füße gebrochen hätte. Wenn man dies bedenkt, müsste der eine gebrochene Fuß doch viel weniger schlimm wiegen, oder? Die Antwort lautet unmissverständlich: Jein! Leidensdruck ist nämlich hochgradig subjektiv.

Trotzdem kann uns die Schlimmer-geht-immer-Strategie vor Augen führen, wie undifferenziert wir in emotionalen Momenten reagieren können.

Technik 41: Die Reaktionsrelativierung

Wenn Sie die Relativierungsstrategie optimal nutzen wollen, um Ihre Lebensqualität zu verbessern, ist es wichtig, nicht die Schiene des schlechten Gewissens zu fahren, um eigenen Abwehrmechanismen vorwegzugreifen.

Beobachten Sie Ihre eigenen Reaktionen stattdessen wertfrei. Erlauben Sie sich Ihre negativen Emotionen und stellen Sie sich trotzdem immer wieder die Frage, ob Ihr Stresssystem gerade wirklich angepasst reagiert oder ob der Unterschied zum objektiven Schweregrad der Situation nicht doch etwas zu groß ist.

Es ist einer der Klassiker der Fernsehwerbung: Zwei Männer treffen sich nach vielen Jahren wieder. Stolz zeigt der Erste protzige Fotos von seinen Besitztümern («mein Haus, mein Auto, mein Boot»). Seine Freude erstickt jedoch schnell im Keim, als er die Fotos des anderen sieht: Dessen Haus ist luxuriöser, das Auto schneller und das Boot länger! Der Wert des eigenen Besitzes scheint in dem Moment abzunehmen, in dem wir uns mit anderen vergleichen, die noch mehr haben. Auch im direkten Vergleich mit unseren Mitmenschen können wir also kognitiven Verzerrungen auf den Leim gehen: «Der Nachbarsrasen ist immer grüner als meiner.»

Soziale Vergleichsprozesse prägen unser Selbstbild (Festinger, 1954). Sie können uns dabei helfen, unsere Stärken und Schwächen besser einzuschätzen, und unsere Motivation steigern, uns ständig weiterentwickeln zu wollen. Dies nennt man dann auch «konstruktiven Neid». Soziale Vergleichsprozesse können aber sehr unterschiedlich erfolgen. Wir können uns mit Menschen vergleichen, die uns ähnlich sind («horizontaler Vergleich»), zum Beispiel mit anderen Sportlern, die in der gleichen Leistungsklasse rangieren.

Der soziale Vergleich kann aber auch «abwärtsgerichtet» sein. In dem Fall vergleichen wir uns eher mit Menschen, die uns in einem bestimmten Aspekt unterlegen sind oder denen es schlechter geht als uns.

Beim «aufwärtsgerichteten» Vergleich ist das Gegenteil der Fall. Wir ziehen dann vor allem die Personen als Messlatte für unseren eigenen Selbstwert heran, die wir zum Beispiel als erfolgreicher, talentierter oder attraktiver erleben.

Menschen mit niedrigem Selbstwertgefühl tendieren im Allgemeinen eher zum aufwärtsgerichteten sozialen Vergleich. In diesem Fall ist der Vergleich aber nicht konstruktiv. Er dient nicht der eigenen Selbstverbesserung, sondern führt meistens zur Selbstabwertung.

Natürlich kann ein Student nach einem vermasselten Abschlussexamen frustriert auf seine Kommilitonen blicken, die ihr Diplom jetzt in der Tasche haben. Der soziale Vergleich führt dann zu folgender Bewertung: «Ich habe weniger erreicht/ich bin weniger schlau als alle anderen.» Diese Schlussfolgerung hat einen offensichtlichen Haken: Der Student hat akademisch gesehen nicht weniger erreicht als «alle anderen», sondern lediglich als jene Mitstudenten, die die Abschlussklausur beim ersten Anlauf bestanden haben.

Es ist normal, dass wir uns mit den Menschen vergleichen, mit denen wir im Alltag zu tun haben. Wenn ich als Akademiker den ganzen Tag nur mit Akademikern herumhänge, die furchtbar schlaue Sachen von sich geben, kann ich mich intellektuell minderwertiger fühlen, als ich es womöglich als Nichtakademiker im Gespräch mit anderen Nichtakademikern täte. Ich kann mich mit meinem (objektiv gesehen) leichten Übergewicht ganz okay finden, wenn ich mich mit den anderen Teilnehmern in meiner Aquagym-Gruppe vergleiche, während professionelle Models, die unter (objektiv gesehen) starkem Untergewicht leiden, sich als fett erleben, wenn sie täglich mit anderen Models zu tun haben.

Beim Konsum von Alkohol und anderen Suchtmitteln kann dieser Sachverhalt zu einer problematischen Verzerrung führen. Ich erlebe meinen Alkoholkonsum eventuell gar nicht als so übertrieben oder gar problematisch, wenn ich mich mit meinen Freunden vergleiche, die mindestens genauso viel trinken wie ich. Dass meine Tresenkumpels in dem Fall aber eventuell keinen repräsentativen Querschnitt der Bevölkerung darstellen und dass es in Wirklichkeit viel mehr Menschen gibt, die weniger trinken, blende ich aus.

Eine Möglichkeit, solche verzerrten Vergleiche aufzulockern und zu relativieren, besteht in einer objektiven Skalierung. Wenn Sie sich dabei erwischen, dass Sie sich im Vergleich mit anderen abwerten oder ein problematisches Verhalten bagatellisieren, dann versuchen Sie, das Merkmal, um das es geht, anhand objektiver Kriterien zu erfassen und auf einer Skala zu verorten.

Beim Beispiel Intelligenz könnte man sich etwa auf den IQ-Wert beziehen. Dieser ist «normalverteilt». Das bedeutet, dass ganz viele Menschen einen mittleren Wert haben (der einem IQ von 100 entspricht), und nur wenige Menschen einen sehr niedrigen oder sehr hohen Wert haben:

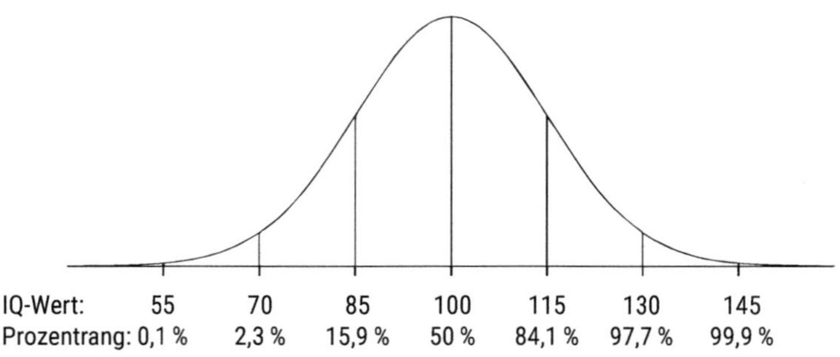

Sollten Sie also Ihren IQ-Wert kennen, könnten Sie sich zumindest in Bezug auf die Art von Intelligenz, die mit dem IQ-Test erfasst wird, besser einschätzen. Sollte Ihr Wert beispielsweise um 100 herum liegen, würde das bedeuten, dass Sie genauso intelligent bzw. intelligenter sind als die Hälfte aller Menschen. Ab 115 sind Sie bereits intelligenter als 84,1 Prozent aller Menschen.

Einen anderen Maßstab für Intelligenz liefern die schulischen Erfolge. In Deutschland liegt die Zahl der Studienberechtigten bei knapp 50 Prozent (Statistisches Bundesamt). Dies bedeutet in dem Beispiel vom Studenten, dass er in dem Moment, als er sein Studium begann, akademisch bereits mehr erreicht hatte als die Hälfte seiner Altersgenossen. Wenn wir schulische Erfolge also als Maß für Intelligenz nehmen, dann können wir den automatischen Gedanken des Studenten nach der vermasselten Abschlussklausur («ich bin weniger schlau als alle anderen») verwandeln in: «Ich bin schlauer als die Hälfte aller anderen.» Die Zahl der Deutschen, die ein Studium abschließen, liegt übrigens bei knapp 30 Prozent. Ein

Uniabschluss macht mich (zumindest auf dem Papier) also sogar schlauer als 70 Prozent meiner Mitmenschen.

Wenn ein Uniabsolvent sich jetzt aber nur mit den Überfliegern in seinem Bekanntenkreis vergleicht, die nach dem Studium auch noch promoviert haben, dann kann er plötzlich zur gleichen Schlussfolgerung kommen wie der Student ohne Abschluss: «Ich habe weniger erreicht/ich bin weniger schlau als alle anderen.»

Alles ganz schön bescheuert, oder? Und davon, dass ein Uniabschluss oder eine Promotion auch nicht als das ultimative Maß für Intelligenz herangezogen werden kann, reden wir jetzt einfach mal nicht.

Wenn Sie jetzt wie die meisten Menschen nicht zu der «Elite» der Uniabsolventen gehören sollten, und Sie vielleicht auch keinen Schulabschluss haben, dann weiß ich doch eines über Sie, dass Sie zumindest «schlauer» macht als viele Ihrer Mitmenschen: Sie können lesen!

«Das ist aber jetzt nichts Besonderes, das kann doch wirklich jeder!», wollen Sie mir jetzt entgegnen? Falsch! Der Prozentsatz der 18- bis 64-Jährigen in Deutschland, die nicht richtig lesen können, liegt bei etwa 12 Prozent (Grotlüschen u. Buddeberg, 2020). Mehr als die Hälfte davon sind deutsche Muttersprachler. Nehmen Sie also die Kompetenzen, über die Sie verfügen, nicht für selbstverständlich.

Ein anderes (hochgradig subjektives) Merkmal, hinsichtlich dessen wir uns ständig mit anderen vergleichen, ist das Körperbild.

Wenn ich mein Strandtuch zufälligerweise neben die geölte Bodybuildergruppe mit den Tippex-Zähnen ausgelegt habe, kann sich schnell ein pauschaler abwertender Gedanke zum Selbstbild aufdrängen: «Ich bin aber auch wirklich die hässlichste Socke auf diesem Planeten.»

Okay, vielleicht weiß ich rational gesehen, dass es eher unwahrscheinlich ist, dass die anderen sieben Milliarden Menschen auf der Erde alle attraktiver sind als ich und dass es sicherlich auch Menschen gibt, die den Bodybuilder-Typus nicht als oberstes Maß der Attraktivität angeben würden, trotzdem können solche automatischen Gedanken mein Selbstwertgefühl sehr negativ prägen.

Sollten Sie sich also dabei ertappen, wie Sie sich im sozialen Vergleich abwerten, dann hüten Sie sich vor Generalisierungen.

Technik 42: Die visuelle Analogskala

Haben Sie in Bezug auf ein Merkmal keine objektiven Instrumente wie die IQ-Skala zur Hand, dann versuchen Sie, selbst eine Vergleichsskala zu erstellen. Eine Technik, die Sie hierfür anwenden können, ist die sogenannte visuelle Analogskala: Zeichnen Sie eine Linie, die das Merkmal darstellt, hinsichtlich dessen Sie sich mit anderen vergleichen wollen. Suchen Sie zunächst Beispiele für die beiden Extreme des Spektrums und markieren Sie dann durch Kreuze auf der Linie andere Personen und sich selbst.

Beim Beispiel Attraktivität könnte das so aussehen:

Als negatives Extrem der Skala wählen Sie zum Beispiel Quasimodo aus Disneys *Der Glöckner von Notre-Dame*. Als positives Extrem könnten Sie zum Beispiel den «Sexiest Man Alive» 2019, John Legend, oder die «Sexiest Woman Alive» 2019, Olivia Culpo, eintragen:

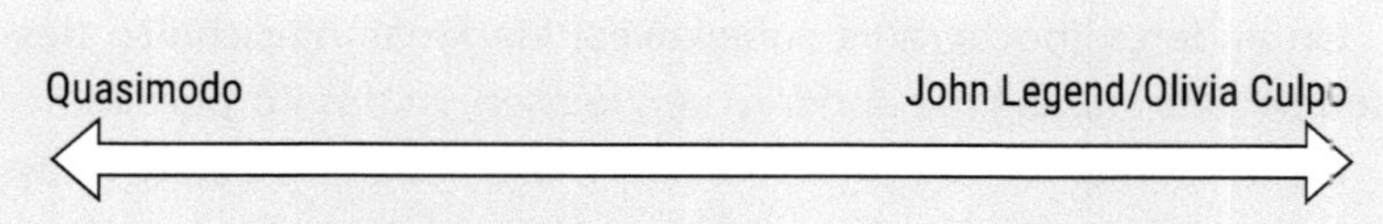

Gehen Sie jetzt wahllos durch Ihren Bekanntenkreis und versuchen Sie, möglichst viele Bekannte auf dieser Linie richtig einzuordnen. Notieren Sie dafür immer nur ein X auf Ihrer Linie. Vielleicht könnte das in etwa so aussehen:

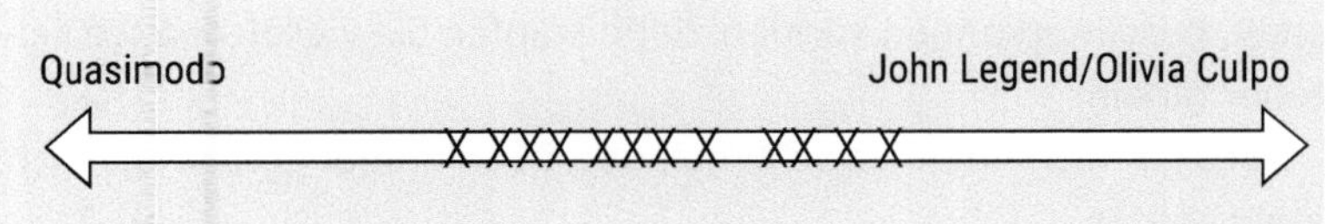

Wo befinden Sie sich in diesem Spektrum? Setzen Sie sich wirklich auf eine Stufe mit Quasimodo?

Falls Sie sich auch durch diese Übung nicht von Ihrer Überzeugung abbringen lassen, die hässlichste Socke auf diesem Planeten zu sein, dann denken Sie daran, dass Attraktivität auch nur eine von unendlich vielen Dimensionen darstellt, hinsichtlich derer man sich mit anderen vergleichen kann. Vielleicht kann Quasimodo beispielsweise viel besser Schach spielen als John Legend.

Und noch viel wichtiger: Attraktivität ist natürlich eine enorm subjektive Eigenschaft. Die von einer Zeitschrift gekürte «sexiest person of the year» entspricht allenfalls einem stereotypisierten gesellschaftlichen Schönheitstrend.

Schlimm genug, dass wir unseren Selbstwert so bedingungslos abhängig davon machen, mit wem wir uns vergleichen. Wir übersehen dabei auch ganz schnell, dass nicht alles Gold ist, was glänzt. Durch den medialen Sog aus Werbung, Casting-Shows und Influencer-Accounts werden wir pausenlos mit einer Scheinwelt konfrontiert, die uns vorgaukelt, dass alle anderen schöner, stärker und besser sind als wir. Würden sich Außerirdische unsere Facebook-Profilfotos anschauen, dann würden sie wohl davon ausgehen, dass die meisten Menschen Multimillionäre mit Photoshop-Bodys sind.

Zusammenfassend können wir festhalten: Wir Menschen sind unfähig, die Wahrscheinlichkeiten von Gefahren richtig einzuschätzen, emotional differenziert auf Belastungssituationen zu reagieren und unverzerrte soziale Vergleiche aufzustellen.

Aber das ist kein Grund, das Handtuch zu werfen! Schlucken Sie nicht jeden Brei, den Ihr unfähiger Denkapparat Ihnen im Alltag vorsetzt, einfach so herunter. Wenn Sie die Fallen, die das Leben Ihnen stellt, besser erkennen können, dann stapfen Sie vielleicht auch seltener hinein.

Alles gar nicht mehr so schlimm, oder? Schlimmer geht schließlich auch immer.

10 | Das letzte Stück Torte.

Ursachen zuschreiben

«Der Mörder war wieder der Gärtner
Und der plant schon den nächsten Coup
Der Mörder ist immer der Gärtner
Und der schlägt erbarmungslos
Der schlägt erbarmungslos
Der schlägt erbarmungslos zu»

– (Reinhard Mey)

Wie gehen Sie mit Verantwortung um? Gehören Sie eher zu den Menschen, die bei Misserfolg den Fehler schnell bei sich selbst suchen? Oder schieben Sie lieber anderen die Schuld in die Schuhe? Und umgekehrt: Winken Sie bei Erfolg eher bescheiden ab? Oder lieben Sie es, die Lorbeeren zu ernten (egal, ob Sie Ihnen zustehen oder nicht)?

Abhängig von unserer Persönlichkeit, unserer Erziehung und prägender Vorerfahrungen können wir ein Erfolgs- oder Misserfolgsereignis sehr unterschiedlich bewerten.

In der Sozialpsychologie versuchen die sogenannten Attributionstheorien (Theorien der Ursachenzuschreibung) aufzudecken, wie wir uns das eigene Verhalten sowie das Verhalten anderer selbst erklären. Es werden dabei verschiedene Dimensionen unterschieden, anhand derer wir intuitiv nach Erklärungen suchen (Weiner, 1986).

Einerseits unterscheiden wir zum Beispiel, ob die Ursache für einen Erfolg oder Misserfolg bei uns selbst (internal) oder bei den Umständen der Situation oder anderen Menschen (external) zu suchen ist.

Andererseits stellt sich die Frage, ob die Ursache auf feststehende Tatsachen (stabil) oder veränderbare Faktoren (variabel) zurückzuführen ist.

Es ergibt sich also ein Vier-Felder-Schema:

	intern	extern
stabil	Fähigkeit	Feste Begebenheiten der Situation/Umwelt
variabel	Anstrengung	Zufall (Glück/Pech)

Wenn ich in einer Prüfung durchfalle, kann ich das also beispielsweise darauf zurückführen, dass ich nun mal einfach eine hohle Nuss bin (intern stabil), ich diesmal zu wenig gelernt habe (intern variabel), durch Pech gerade die Fragen drankamen, die ich beim Lernen am meisten vernachlässigt habe (extern variabel), oder mein Prüfer ein sadistisches Sackgesicht ist (extern stabil).

	intern	extern
stabil	Ich bin nicht schlau genug.	Dieser Prüfer ist immer zu streng.
variabel	Ich habe nicht genug gelernt.	Es kamen die falschen Fragen.

Auch ein Erfolgserlebnis kann unterschiedlich bewertet werden: Ich habe die Telefonnummer der hübschen Bedienung bekommen, weil ich einfach ein unwiderstehlicher Hengst bin (intern, stabil), weil ich zufällig genau die richtigen Worte gefunden habe, als ich sie angesprochen habe (intern, variabel), weil sie eine freundliche Person ist, die niemanden direkt abblitzen lässt (extern stabil), oder sie müde war und dachte, sie würde mich schneller loswerden, wenn sie mir eine (falsche?) Nummer aufschreibt (extern variabel).

	intern	extern
stabil	Ich bin attraktiv.	Sie ist freundlich.
variabel	Ich bin gut aufgetreten.	Sie war müde.

Die Art und Weise, wie wir uns unsere Erfolge und Misserfolge erklären, hat einen großen Einfluss auf unser Selbstwertgefühl.

Wenn zum Beispiel Erfolge fast schon reflexartig extern und Misserfolge immer nur stabil intern attribuiert werden, ist das nicht sehr selbstwertdienlich. So wird ein Selbstbild gefördert, das bei Misserfolg lediglich negative Persönlichkeitseigenschaften und Dispositionen beleuchtet und Erfolge außerhalb unserer Kontrolle rückt.

Wenn es schiefläuft, ist das der Beweis dafür, dass ich ein Loser bin. Wenn es gut läuft, kann es nicht an mir gelegen haben (zumindest nicht an stabilen Eigenschaften).

Misserfolg:

	intern	extern
stabil	x	/
varia-bel	/	/

Erfolg:

	intern	extern
stabil	/	x
varia-bel	x	x

In der Depressionsforschung wird angenommen, dass dieser pessimistische Attributionsstil mit dem Phänomen der «gelernten Hilflosigkeit» (Seligman u. Maier, 1967) zusammenhängt, das als wichtiger Faktor für die Entstehung und Aufrechterhaltung depressiven Erlebens gilt. Es kann eine tiefgreifende Überzeugung entstehen, dass ich wenig bis keinen Einfluss auf das nehmen kann, was mir das Leben in den Weg stellt. Dadurch gebe ich jegliche Versuche, etwas an meiner Situation zu ändern, auf und ziehe mich immer mehr zurück.

Wenn man dieser Logik folgt, wird auch das Verhalten mancher Studenten und Schüler nachvollziehbar, die es bevorzugen, lieber gar nicht für eine schwierige Prüfung zu lernen (oder zumindest ihren Mitschülern gegenüber zu beteuern, wie wenig sie gelernt haben), als zu versuchen, ihr Bestes zu geben. Sollten sie die Prüfung in dem Fall nämlich erfolgreich bestehen, muss die Erklärung wohl sein, dass man einfach ein schlaues Kerlchen ist (intern/stabil). Wird sie aber versemmelt, kann die Ursache bei externen oder internen-variablen Faktoren gesucht werden. Es lag dann zwar vielleicht immer noch an einem selbst, aber halt nicht an mangelnder Intelligenz, sondern daran, dass man dieses Mal einfach nicht genug gelernt hat, frei nach dem Motto: lieber faul als dumm. Ob das jetzt eine sinnvolle Strategie ist oder nicht, lassen wir einfach mal offen.

Wenn ich mir nun aber in Erfolgssituationen immer erst einmal selbst auf die Schulter klopfe und bei Misserfolg ganz schnell die Schuld bei anderen, dem Wetter oder dem Universum suche, ist dies zwar in diesem Moment selbstwertdienlicher, es ermöglicht mir aber nicht, aus vergangenen Fehlern zu lernen und mich weiterzuentwickeln.

Erfolg:

	intern	extern
stabil	x	/
variabel	/	/

Misserfolg:

	intern	extern
stabil	/	x
variabel	x	x

Stellen Sie sich vor, Sie sind seit einiger Zeit auf Jobsuche. Die Resonanz auf Ihre bisherigen Bewerbungen ist leider nicht so rosig ausgefallen. Natürlich können Sie jetzt dem Arbeitsmarkt die Schuld geben, auf dem Sie immer leer ausgehen werden, egal, wie sehr Sie sich auch bemühen:

	intern	extern
stabil	/	Arbeitsmarkt
variabel	/	/

Diese Schlussfolgerung wäre zwar menschlich und nachvollziehbar, würde aber zu einem Gefühl der Machtlosigkeit führen, was Ihre Motivation, weitere Bewerbungen zu schreiben, eher weiter senken würde.

Eine spezifischere Analyse, die auch interne-stabile, interne-variable und externe-variable Faktoren berücksichtigt, könnte eventuell Ansätze liefern, wie Sie die Jobsuche in Zukunft etwas spezifischer angehen könnten.

Auch in Paarbeziehungen können sich unterschiedliche Attributionsstile zeigen. In glücklichen Beziehungen werden angenehme Verhaltensweisen des Partners zum Beispiel eher auf Persönlichkeitsmerkmale zurückgeführt (Bradbury u. Fincham, 1990).

Positive Interaktion:

	intern	extern
stabil	Er/sie hat mir Blumen geschenkt, weil er/sie einfach ein liebenswürdiger Schatz ist.	/
variabel	/	/

Unangenehmes Verhalten wird allerdings eher auf Aspekte der Situation attribuiert.

Negative Interaktion:

	intern	extern
stabil	/	/
variabel	/	Er/sie hat mir nicht zugehört, aber er/sie hat auch wirklich viel Stress auf der Arbeit.

Bei unglücklichen Paaren scheint es dagegen genau umgekehrt zu sein.

Positive Interaktion:

	intern	extern
stabil	/	/
variabel	/	Er/sie hat mir Blumen mitgebracht, weil die auf der Tanke gerade im Angebot waren.

Negative Interaktion:

	intern	extern
stabil	Er/sie hört mir nicht zu, weil er/sie ein selbstverliebter Arsch ist.	/
variabel	/	/

Menschen mit niedrigem Selbstwertgefühl und unglückliche Paare haben also einen anderen Interaktionsstil als Menschen mit einem höheren Selbstwertgefühl beziehungsweise glückliche Paare. Wenn wir diesen Zusammenhang andersrum betrachten, kann eventuell eine Veränderung der Attributionen zu einer Stärkung des Selbstwertgefühls führen und für eine Zunahme von Empathie und Verständnis in Paarbeziehungen sorgen. In kognitiven Therapieansätzen kann auf diese Weise auch das Phänomen der «gelernten Hilflosigkeit» in Frage gestellt werden – ein wirksamer Ansatz bei der Behandlung von Depressionen.

 Technik 43: Attributionsdimensionen

Zur Stärkung Ihres Selbstwertgefühls, zur Vorbeugung von Depression und zur Förderung eines differenzierteren Ursachenverständnisses Ihres eigenen Verhaltens und jenem anderer Menschen bietet sich also folgendes Training an: Analysieren Sie in Zukunft Erfolgs- und/oder Misserfolgssituationen systematisch nach dem Vier-Felder-Schema der Attributionstheorie.

Versuchen Sie, mögliche Erklärungen nicht nur in einem, sondern immer in den vier verschiedenen Feldern zu finden. Es kann nie nur eine Erklärung geben!

Auch Schuldgefühle hängen in diesem Sinne maßgeblich von unserem wahrgenommenen Verantwortungsanteil an bestimmten Ereignissen ab. Sehen wir uns ein Beispiel an:

Herr T., der bei strömendem Regen an einer Haltestelle auf seinen Bus wartet, wird Zeuge eines schweren Autounfalls: Ein jugendlicher Radfahrer, der keinen Fahrradhelm trägt, überfährt eine rote Ampel und wird von einem Fahrzeug erfasst. Der PKW-Fahrer begeht Fahrerflucht. Herr T. und ein weiterer Fußgänger eilen zu dem Radfahrer, der mit einer blutenden Kopfwunde reglos auf dem Boden liegt. Während der andere Passant den Notdienst alarmiert, versucht Herr T. vorsichtig, Erste Hilfe zu leisten. Er kann sich aber nur noch vage an den Kurs erinnern, den er vor über zehn Jahren belegt hat. Auch der andere Passant ist ratlos und gibt an, überhaupt nichts über Erste Hilfe zu wissen. Wegen des schlechten Wetters und des Feierabendverkehrs braucht der Krankenwagen sehr lange, bis er am Unfallort ankommt. Das Unfallopfer wird schließlich abtransportiert. Herr T. wird daraufhin von starken Schuldgefühlen heimgesucht. Er ist überzeugt davon, allein schuld daran zu sein, falls der Junge den Unfall nicht überlebt. Obwohl der Junge mit viel Glück davonkommt und seine Eltern sich kurze Zeit später bei Herrn T. melden, um ihm zu danken, wird er seine Schuldgefühle nicht los.

Eine Technik aus der kognitiven Verhaltenstherapie besteht in der Darstellung des wahrgenommenen Schuldanteils in Form eines Tortendiagramms. Das kennen Sie vielleicht aus Fernsehübertragungen, wenn beispielsweise Wahlresultate verkündigt werden. Die Partei mit den meisten Stimmen kriegt dann das größte Tortenstück.

Herr T. ist überzeugt davon, dass er zu 100 Prozent schuld war. Er bekommt also die ganze Torte für sich allein:

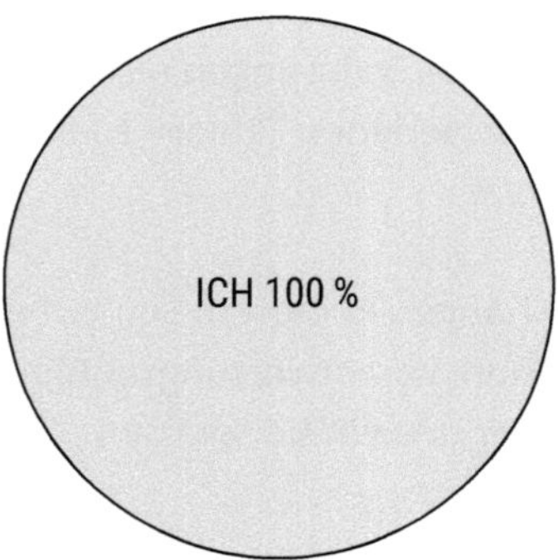

Natürlich könnten wir versuchen, Herrn T. mit einem pauschalen «du bist nicht schuld!» zu trösten. Schuldgefühle haben aber die Macht, alles andere auszublenden. Da Herr T. zumindest emotional fest davon überzeugt ist, dass er schuld ist, wird er auf die gegenteilige Behauptung wahrscheinlich mit großer Resistenz reagieren.

Ein erfolgreicher Schritt könnte sein, zunächst einmal die anderen Tortenstücke zu verteilen. Vielleicht wäre Herr T. bereit dazu, zusammen mit uns zu erarbeiten, welche anderen Aspekte der Situation einen Teil der Verantwortung tragen.

Dabei könnte man zum Beispiel das schlechte Wetter erwähnen sowie die Tatsache, dass der Junge keinen Helm trug und über Rot gefahren ist. Auch die Fahrerflucht des Fahrers, der zweite Passant, der genauso ratlos war, und der verspätete Krankenwagen haben vielleicht eine Rolle gespielt.

In einem zweiten Schritt könnten wir Herrn T. vorschlagen, dass er der Reihe nach den Anteil an der Verantwortung aller Aspekte in Prozent einschätzt. Dabei wird sein eigener Schuldanteil ganz zum Schluss bewertet. Das könnte dann beispielsweise so aussehen:

- Schlechtes Wetter: 3 %
- Junge trug keinen Helm: 30 %
- Junge fuhr über rote Ampel: 40 %
- Fahrer beging Fahrerflucht: 20 %
- Zweiter Passant hat keine Erste-Hilfe-Kenntnisse: 2 %
- Krankenwagen war verspätet: 4 %
- Herr T. hat seinen Erste-Hilfe-Kurs nie aufgefrischt: 1 %

Es ist gar nicht so einfach, mithilfe des Bauchgefühls zu einer richtigen Verteilung zu kommen. Deshalb müssen die Prozente oft hin- und hergeschoben werden, bis ein passendes Bild entsteht. Visuell könnte das dann zum Beispiel folgendermaßen aussehen:

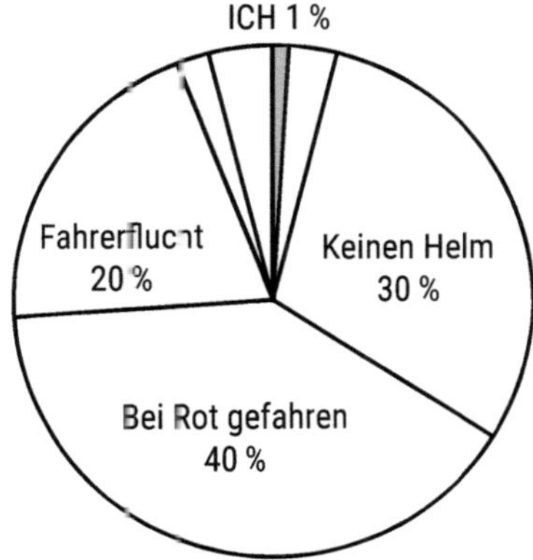

Es kann natürlich sein, dass Herr T. sich auch gegen diese Analyse wehren wird und seinen Schuldanteil höher einstufen möchte.

Auch wenn er sich nachher ein 10 Prozent großes Tortenstück abschneidet oder vielleicht sogar eines von 80 Prozent: Das ist trotzdem immer noch besser als 100 Prozent.

Technik 44: Das Tortendiagramm

Wenn Sie selbst einmal unter starken Schuldgefühlen oder übertriebenen Verantwortungsgefühlen leiden sollten, dann wenden Sie das Tortendiagramm an:

1. Benennen Sie zunächst die Überzeugung, die Ihrem Schuldgefühl zugrunde liegt (zum Beispiel: «Ich trage allein die Schuld daran»).
2. Bewerten Sie die Stärke dieser Überzeugung in Prozent.
3. Erstellen Sie eine Liste mit allen anderen möglichen Ursachen, die ebenfalls einen Teil der Schuld am Ausgang dieses Ereignisses ausmachen.
4. Wenn diese Liste vollständig ist, teilen Sie das Tortendiagramm in Prozentsätze auf.
5. Beurteilen Sie Ihre ursprüngliche Überzeugung neu.

Schlucken Sie Ihre instinktiven Schuldzuweisungen (gerade dann, wenn Sie sich den ganzen Schuldkuchen wieder einmal auf Ihren eigenen Teller schieben wollen) in Zukunft also nicht einfach so runter. Schauen Sie genauer hin. Die eine Ursache, die wir für alles verantwortlich machen können, gibt es in der Regel nicht.

Sogar in Reinhard Meys Lied *Der Mörder ist immer der Gärtner* ist der Mörder zum Schluss der Butler.

Man lernt eben täglich
Man lernt eben täglich
Man lernt eben täglich dazu.

11 | Das Rosa-Elefanten-Karussell.
Mit Grübeleien umgehen

«Es ziemt dem Menschen, nicht mehr zu grübeln, wo er nicht mehr wirken soll.»

– (Johann Wolfgang von Goethe)

Haben Sie heute schon an rosa Elefanten gedacht? Nein? Ich auch nicht. Wenn Sie wollen, machen wir jetzt ein kleines Experiment: Die nächsten zehn Sekunden können Sie an alles denken, was Sie wollen, nur AUF GAR KEINEN FALL AN ROSA ELEFANTEN! Sind Sie bereit? Und los geht's (ernsthaft, versuchen Sie es!).

Wenn es Ihnen so ergangen ist wie mir, dann sehen Sie in dem Moment, in dem Sie sich sagen: «Ich darf auf gar keinen Fall an rosa Elefanten denken!», einen ganzen Raum voller rosa Elefanten. Wie ist das möglich? Den ganzen Tag würden wir nicht im Traum draufkommen, an rosa Elefanten zu denken, aber in dem Moment, in dem wir es uns bewusst verbieten, denken wir an nichts anderes mehr.

Dieses Phänomen der Gedankenunterdrückung zeigt, wie paradox unser Denkapparat ist. Wenn man einem Computer ein Programm A einspeist, wird er dieses ausführen, ohne auch nur einen Moment an Programm B zu denken. Bewusst können wir aber nicht verhindern, an etwas zu denken, weil wir in dem Moment, in dem wir uns das vorgenommen haben, bereits daran gedacht haben. Ganz schön verwirrend, oder?

Gut, jetzt gehören Sie aber vielleicht zu den wenigen Menschen, die es tatsächlich hingekriegt haben, bewusst zehn Sekunden lang nicht an rosa Elefanten zu denken. Es ist durchaus möglich, einen

Gedanken durch Konzentration und gezielte Ablenkung eine Zeit lang auszublenden. Über einen längeren Zeitraum wird dies allerdings immer unmöglicher. Auch kostet uns diese Anstrengung enorm viel Energie. Falls Ihre Strategie zum Beispiel darin bestanden hat, ganz intensiv an blaue Elefanten zu denken, dann stellen Sie sich vor, wie Sie zeitgleich Ihren alltäglichen Aufgaben und Handlungen nachgegangen wären. Das wäre doch furchtbar anstrengend, oder?

Im Ansatz der sogenannten Acceptance Commitment Therapy (ACT) wird in diesem Kontext die Metapher des aufblasbaren Strandballs angeführt. Stellen Sie sich vor, Sie sind an einem schönen Sommertag am Meer und haben diesen Strandball dabei, der Sie aus irgendeinem Grund furchtbar nervt; Sie wollen ihn einfach nicht mehr sehen. Sie gehen also mit Ihrem Ball zum Wasser und versuchen, ihn unter die Oberfläche zu drücken. Das ist wegen der Luft im Inneren und dem damit einhergehenden Auftrieb aber gar nicht so leicht. Immer dann, wenn Sie es gerade geschafft haben, ihn ganz unter Wasser zu halten, flutscht er Ihnen seitwärts wieder weg und springt an die Oberfläche. Je tiefer Sie ihn herunterdrücken, desto stärker fliegt er wieder aus dem Wasser und droht vielleicht sogar, Ihnen ins Gesicht zu knallen. Mit viel Anstrengung kann es Ihnen gelingen, den Ball einige Zeit unter Wasser zu halten. Den Tag am Meer zu genießen wird dann aber relativ kompliziert. Sie können nicht schwimmen gehen, kein Eis essen und auch sonst nichts von dem machen, weshalb Sie wahrscheinlich überhaupt erst zum Strand wollten.

Obwohl schnell klar wird, dass die Ich-darf-nicht-daran-denken-Strategie zum Scheitern verurteilt ist, wenden wir sie im Alltag trotzdem regelmäßig an. Ich kann mich zum Beispiel noch so anstrengen, diesen grausam schlechten Justin Bieber-Song aus meinem Hirn zu verbannen, der bereits nach dem ersten Hören hängengeblieben ist; er wird sich dadurch nur noch tiefer in mein Unterbewusstsein einbrennen. Auch Sorgen um die Zukunft, Grübeleien in Bezug auf Vergangenes oder verbittertes Ruminieren über Ungerechtigkeiten können sich umso stärker in meinem Denken einnisten, wenn ich sehr bestimmt versuche, sie zu unterdrücken. Hier gilt das Gleiche: Je eindringlicher ich mir verbiete, weiter an diese unangenehmen Dinge zu denken, desto aufdringlicher springen mir diese Gedanken immer wieder in den Sinn. Einfach nicht dran denken geht also nicht und macht die Dinge im Endeffekt oft nur noch schlimmer. Wie kann ich also stattdessen mit solchen aufdringlichen Gedanken, die in der Fachsprache auch als «intrusiv» bezeichnet werden, umgehen?

Zuerst einmal kann es hilfreich sein, zu verstehen, wieso wir überhaupt grübeln. Es kann doch nicht sein, dass wir dabei lediglich einem masochistischen Trieb der Selbstquälung nachgehen!

Durch das Grübeln versucht unser Unterbewusstsein, uns auf etwas hinzuweisen, das uns sehr am Herzen liegt, und möchte sicherstellen, dass wir keine Gefahr übersehen bzw. alle Lösungswege abgewogen haben. Ganz sinnvoll, oder? Das einzige Problem dabei ist, dass unsere Gedanken beim Grübeln meist relativ unstrukturiert sind und sich wie auf einem Karussell im Kreis drehen. Häufig springen sie dabei von einem vagen Katastrophenszenario zum nächsten, bis uns alles zu viel wird und wir uns das Denken wieder verbieten wollen. Nur fängt dann schnell wieder alles von vorn an und das Karussell dreht weiter.

In der Psychotherapie gibt es drei unterschiedliche Strategien, um intrusives Grübeln zu reduzieren: der Gedankenstopp, die Akzeptanz und die Konfrontation.

Technik 45: Der Gedankenstopp

Der Gedankenstopp ist eine alte verhaltenstherapeutische Strategie, bei der unerwünschte Grübeleien mit einer bewussten und bestimmten Aussage, einer Geste oder einem starken Sinnesreiz unterbrochen werden können.

Dies könnte beispielsweise folgendermaßen aussehen: Wenn Sie sich selbst beim Grübeln ertappen, sprechen Sie das Wort «Stopp» so laut und selbstbewusst wie möglich aus oder wiederholen Sie es sehr schnell hintereinander, bis Ihnen die Luft ausgeht. Sie können sich auch ein großes Stoppschild vorstellen, das Sie vor Ihrem Gesicht in den Boden rammen.

Untermauern können Sie all dies mit einer Geste, die Ihre innere Spannkraft stärken soll, also Ihrem Unterbewusstsein signalisieren soll, dass Sie sich körperlich aufrichten, um sich aus dem Grübelsumpf zu befreien. So könnten Sie zum Beispiel sprich- und wortwörtlich mit der Faust auf den Tisch hauen (ohne sich zu verletzen), mit den Füßen aufstampfen, aus dem Sitzen sehr schnell aufstehen, sich breitbeinig hinstellen, die Zehen zusammenrollen und sich auf den Kontakt zum Boden konzentrieren (sich erden).

Eine weitere Variante des Gedankenstopps kann sich in einer starken Sinnesstimulation äußern. So könnten Sie so fest es geht in die Hände klatschen, einen Eiswürfel in der Hand halten oder ein Gummiband um Ihr Handgelenk zuschnappen lassen (natürlich erneut, ohne sich zu verletzen), das Gesicht mit kaltem Wasser abwaschen oder in eine Chilischote beißen.

Wenn Sie gerade skeptisch eine Augenbraue hochziehen und denken, dass das doch alles recht widersprüchlich erscheint, dann haben Sie vollkommen recht.

Bewusst nicht an etwas zu denken (zum Beispiel an rosa Elefanten, die Justin Bieber-Songs tröten) ist aufgrund des Gedankensuppressions-Paradoxons zumindest über eine längere Zeit nicht möglich. Auch mit dem Gedankenstopp können Sie destruktive Grübeleien nicht unbegrenzt unterdrücken. Diese Technik kann Ihren Grübel-Schaltkreis aber für einen kurzen Moment unterbrechen.

Stellen Sie sich kurz vor, Sie sind gerade dabei, den Haufen Münzen zu zählen, den Sie aus den Sofaritzen gefischt haben: 1 Euro und 12 Cent, 1 Euro und 17 Cent, 1 Euro und… Auf einmal ertönt ein lauter Knall. Sie zucken zusammen und drehen sich in Richtung der Geräuschquelle, ohne bewusst darüber nachzudenken. Nachdem Sie zum Fenster rausgeschaut haben, und den Ursprung des Lärms als die alte Schrottkarre identifiziert haben, die Ihr Nachbar gerade zu starten versucht, kehren Sie zu Ihrem Münzstapel zurück. Aber bei welchem Betrag waren Sie denn gerade? Der Knall hat Sie aus dem Konzept gebracht.

Der Grund dafür sind unsere angeborenen Reflexreaktionen. Der Schreckreflex ist die mentale und körperliche Reaktion auf einen Reiz, der eine gewisse Intensität hat, und löst eine Aktivierung unseres autonomen Nervensystems aus (der Körper versetzt sich in Alarmbereitschaft). Ihm kann die Orientierungsreaktion folgen. Dieser Was-ist-los?-Reflex äußert sich in der automatischen Zuwendung zu neuen Reizen. Beide Reaktionen unterbrechen für einen kurzen Moment unser Denken, um alle zur Verfügung stehenden Ressourcen auf einen neuen, eventuell bedrohlichen Reiz hin zu orientieren.

Die Technik des Gedankenstopps nutzt genau diese Begebenheit, um uns von dem Gedankenkarussell herunterzureißen – zumindest für einen kurzen Moment. Unsere Sorgen und Grübeleien verpuffen dadurch natürlich nicht einfach und können sich jederzeit wieder zurückmelden. Wenn Sie den neuronalen Grübel-Schaltkreis zum Beispiel mit einem herzhaften STOPP!-Schrei oder einem festen Händeklatschen unterbrechen, öffnet sich aber ein kurzes Zeitfenster, in dem Sie das Karussell für einen Augenblick von außen betrachten können.

Die sogenannte Metakognitive Therapie nach Adrien Wells (2009) basiert auf dem kritischen Hinterfragen von Gedanken über das Denken selbst. Da Grübeleien selten zu konstruktiven Lösungen führen, kann der Gedanke: «Es ist wichtig, dass ich grübele.» ganz schnell ausgehebelt werden.

Wenn Sie das Karussell also mit dem Gedankenstopp unterbrochen haben, stellen Sie sich bewusst die Frage, wie groß die Wahrscheinlichkeit ist, dass Sie eine bahnbrechende Eingebung haben werden, wenn Sie jetzt noch eine weitere Stunde rumsitzen und grübeln. Wenn Sie denken, dass die Wahrscheinlichkeit hoch ist, nur zu. Machen Sie auf jeden Fall weiter! Wenn Sie aber aus Erfahrung (oder aufgrund von gesundem Menschenverstand) wissen, dass Sie auch nach einer

Stunde sehr wahrscheinlich noch genauso ratlos sein werden, dann nutzen Sie den Gedankenstopp, um sich bewusst aufzuraffen und Ihrem Unterbewusstsein zu signalisieren, dass Sie Ihre Energie sinnvoller investieren möchten als mit ergebnisloser Grübelei. Versuchen Sie in dem Fall sofort, konstruktiv aktiv zu werden (zum Beispiel eine Runde joggen zu gehen oder den Dachboden aufzuräumen).

Sollten die aufdringlichen Gedanken dennoch wieder an die Oberfläche gelangen, können Sie die Gedankenstopptechnik erneut anwenden. Durch Wiederholung stellt sich ein Konditionierungsprozess ein, der es immer leichter macht, sich mit einem individuellen Stoppsignal umzuorientieren.

In einer Verhaltenstherapie kann diese Technik so aussehen, dass der Therapeut das Stoppsignal zunächst selbst vorgibt, wenn der Patient durch ein kurzes Handzeichen zu verstehen gibt, dass der destruktive Gedanke gerade bei ihm aufgetreten ist. Ja, Sie haben richtig verstanden, der Therapeut würde dem Patienten dann «Stopp!» entgegenschreien (natürlich wird das nur mit dem Einverständnis des Patienten und vor dem Hintergrund einer soliden Vertrauensbeziehung gemacht). So merkwürdig dies vielleicht klingen mag, diese Technik hat sich wirklich als wirksam erwiesen, um Grübeleien zu reduzieren.

Den gleichen Effekt können Sie erreichen, wenn Sie sich den Gedankenstopp selbst antrainieren.

Einen völlig anderen Umgang mit Grübeleien schlagen die akzeptanzbasierten Methoden vor.

Wenn der Gedanke an den rosa Elefanten nur noch aufdringlicher wird, je stärker ich versuche, ihn zu unterdrücken, dann kann ich ihn genauso gut akzeptieren. Nicht, weil ich mich meinem Schicksal ergebe (es kann einem schon schwerfallen, vor Justin Bieber zu kapitulieren), sondern in dem Wissen, dass ich gerade durch Akzeptanz die Wahrscheinlichkeit erhöhe, mich von der Grübelei zu lösen.

Ich kann den aufblasbaren Strandball loslassen und ihn an die Wasseroberfläche steigen lassen. Dann sehe ich ihn zwar, kann ihn aber vielleicht weiterschwimmen lassen. Die Wellen treiben ihn dann mal näher oder auch wieder weiter weg. Auf jeden Fall kann ich mich besser auf die schönen Aspekte eines Tages am Meer konzentrieren. Irgendwann ist der Ball dann vielleicht ganz aus meinem Blickfeld verschwunden.

Technik 46: Blätter im Bach

Eine Imaginationstechnik, die auf diesem metaphorischen Ansatz beruht und auf den Begründer der ACT-Therapie, Steven Hayes, zurückgeht, ist die Blätter-im-Bach-Übung (Hayes et al., 1999).

Gibt es gerade einen Grübelgedanken, der Sie nervt? Wenn Sie wollen, probieren Sie es gleich einmal aus. Wenn Ihnen im Moment nichts einfällt, dann nutzen Sie das Bild vom rosa Elefanten.

Für diese Übung nehmen Sie zunächst eine bequeme Körperposition ein. Sie können Ihre Augen während der Übung schließen oder geöffnet lassen – je nachdem, was Sie bevorzugen.

Versuchen Sie dann, vor Ihrem inneren Auge einen Bach entstehen zu lassen. Stellen Sie sich den Bach und den Wald, durch den er fließt, so deutlich wie möglich vor. Achten Sie auf alles, was Sie sehen, hören, riechen und fühlen können.

Stellen Sie sich vor, wie Sie sich am Ufer des Baches einen Platz suchen, an dem Sie sich niederlassen können. Sorgen Sie dafür, dass Sie es bequem haben.

Beobachten Sie, wie sich immer wieder Blätter von den Bäumen, die am Ufer stehen, lösen, hinunterschweben und auf dem Wasser landen. Schauen Sie den Blättern dabei zu, wie sie ganz langsam an Ihnen vorbeischwimmen.

Wenn Ihnen ein unangenehmer Gedanke kommt, nehmen Sie ihn kurz wahr und stellen sich dann vor, wie Sie ihn mit zwei Fingern von Ihrer Stirn lösen und ihn auf einem dieser Blätter platzieren. Sie können sich auch vorstellen, wie Sie das Blatt mit Ihrem Gedanken beschreiben oder ein Bild an dem Blatt befestigen.

Beobachten Sie, wie das Blatt mit Ihrem Gedanken langsam an Ihnen vorbeitreibt. Sie müssen ihm nicht folgen. Sie müssen das Blatt auch nicht vertreiben. Vielleicht ist es irgendwann hinter einer Kurve verschwunden. Vielleicht kommt Ihnen aber auch ein weiterer Gedanke. Wiederholen Sie dann den gleichen Vorgang.

Versuchen Sie, die Gedanken nicht zu verändern, die Sie auf den Blättern ablegen. Verändern Sie auch die Geschwindigkeit des Baches nicht. Beobachten Sie einfach weiter, wie Ihre Gedanken auf den Blättern vorbeifließen.

Wenn Ihre Gedanken abschweifen oder wenn Sie sich dabei ertappen, wie Sie doch einem der Blätter gefolgt sind, dann stellen Sie dies einfach fest und kehren wieder zurück zu Ihrem Platz am Ufer, ohne sich zu ärgern.

Fahren Sie noch kurz so fort, indem Sie alle Gedanken, die sich Ihnen aufdrängen, auf den Blättern ablegen und Ihnen dann beim Vorbeifließen zusehen.

Wenn Sie sich das nächste Mal beim Grübeln ertappen, führen Sie sich bewusst den Bach vor Augen.

Durch Wiederholung der Imaginationsübung kann diese Metapher immer wirksamer werden und es wird Ihnen jedes Mal besser gelingen, loszulassen.

Als weitere Möglichkeit, um mit Grübeleien umzugehen, bietet sich (neben den Strategien des Gedankenstopps und der Akzeptanz) die Konfrontationsmethode (Expositionstherapie) der Verhaltenstherapie an. Bei dieser Methode geht es darum, den angstauslösenden Kontext (also die Sorgen, um die sich Ihre Grübeleien drehen) bewusst auszulösen, und sich ihm so lange und so oft auszusetzen, bis die Anspannung abklingt und keine Angst mehr ausgelöst wird (zur Methode der Expositionstherapie zur Überwindung von Ängsten siehe auch Kapitel 18).

Wenn Sie jetzt denken, dass Sie sich doch ständig Ihrer Angst stellen, wenn Sie grübeln, dann erinnern Sie sich kurz an das Karussell. Grübeleien können meistens als unbewusste Vermeidungsstrategien verstanden werden. Dadurch, dass Sie ständig oberflächlich zwischen diffusen Katastrophenszenarien und dem Vorsatz, nicht an etwas Bestimmtes denken zu dürfen, hin- und herspringen, sparen Sie sich die Auseinandersetzung mit der objektiven Realität. Kurzfristig hilft die Grübelei also, etwas Unbequemes zu vermeiden, langfristig kann das Gedankenkarussell einen aber ganz schön zermürben.

Grübelexposition bedeutet also das Gegenteil: Ich stelle mich meinen Sorgen bewusst und erlaube mir keine Vermeidung. In der Verhaltenstherapie wird das entweder zusammen mit dem Therapeuten in der Sitzung umgesetzt oder als Hausaufgabe vorgeschlagen. Je konkreter und strukturierter dies geplant wird, desto größer der Erfolg.

 Technik 47: Die Grübelexposition

Wenn Sie sich selbst einer lästigen Grübelei entledigen wollen, probieren Sie Folgendes aus:

- Planen Sie zunächst einen Termin mit sich selbst, an dem Sie sicher sind, nicht gestört zu werden.

- Planen Sie nicht nur den Zeitpunkt, zu dem Sie anfangen wollen, sondern auch die Dauer Ihrer Grübelexposition. Fangen Sie beispielsweise mit einer Viertelstunde an. Wenn Sie merken, dass dies nicht ausreicht, dann verlängern Sie die Dauer beim nächsten Mal.

- Fangen Sie pünktlich an (vielleicht programmieren Sie sich sogar eine Erinnerung in Ihr Handy) und hören Sie pünktlich auf (programmieren Sie ruhig eine zweite Erinnerung). Hören Sie vor allem nicht auf, bevor die Zeit abgelaufen ist! Das klingt paradox, oder? Obwohl Sie womöglich keinen Druck mehr verspüren, zu grübeln, sollen Sie trotzdem weitermachen? Es kann sein, dass

Sie sich nach zehn Minuten vielleicht sogar langweilen. Prima! Dann haben Sie sich mit Ihrer Grübelei derart übersättigt, dass Ihnen die Lust vergangen ist. So ähnlich wie mit dem Cheesecake-Eis, von dem Sie nie genug kriegen konnten, bevor Sie beim letzten Netflix-Binge die ganze Familienpackung vernichtet haben.

- Suchen Sie sich für die Übung einen Ort, an dem Sie sonst idealerweise nichts Besonderes machen. Also nicht dort, wo Sie üblicherweise schlafen, essen oder sich entspannen. Es kann auch nur ein Stuhl sein, den Sie in eine Ecke stellen, oder ein Abstellraum.

- Das Einzige, was Sie brauchen, ist etwas zum Schreiben. Während der Übung sollen Sie sämtliche Grübeleien ungefiltert aufschreiben. Wenn Sie merken, dass Sie sich im Kreis drehen und an Dinge denken, die Sie bereits aufgeschrieben haben, machen Sie trotzdem weiter. Gehen Sie alles immer wieder durch, um sicher zu sein, dass Sie nichts vergessen haben.

- Wenn Sie zu den regelmäßigen Grüblern unter uns zählen, dann kann es sich lohnen, einen regelmäßigen Grübeltermin zu planen. Wenn Ihr Unterbewusstsein irgendwann verstanden hat, dass samstags um 11 Uhr eine halbe Stunde Grübeln in Ihrer Wochenplanung verankert ist, kann es für den Rest der Woche getrost die Füße hochlegen. Es weiß, dass Sie sich zu einem festen Zeitpunkt ganz ausführlich mit den Gefahren des Lebens auseinandersetzen.

- Sollte Ihnen vor dem feststehenden Termin ein Grübelgedanke kommen, können Sie sich eine Notiz schreiben und sich bewusst sagen, dass Sie zu einem anderen Zeitpunkt darauf zurückkommen werden. Es lohnt sich zum Beispiel auch, einen Notizblock auf den Nachttisch zu legen – für den Fall, dass mich das Grübelkarussell bis ins Bett verfolgt.

Im Endeffekt kann ich Grübeleien also mit dem Gedankenstopp unterbrechen oder sie akzeptieren und vorbeiziehen lassen. Ich kann mich aber auch einmal pro Woche mit Kopfhörern in den Keller setzen und 30 Minuten Justin Bieber hören, bis es mich kaltlässt. STOPP!

12 | Ich denke, also bin ich, also denke ich, dass ich bin.

Festgefahrene Gedanken auflockern

«Schluckst du die blaue Kapsel, ist alles aus: Du wachst in deinem Bett auf und glaubst an das, was du glauben willst. Schluckst du die rote Kapsel, bleibst du im Wunderland und ich führe dich in die tiefsten Tiefen des Kaninchenbaus.»

– (Morpheus in Die Matrix)

«Tollpatsch!», denke ich, während ich die Tasse wie in Zeitlupe umkippen sehe und hilflos zuschaue, wie meine Steuererklärung vom Kaffee-Tsunami überflutet wird. Der Gedanke geht mir fast blitzartig durch den Kopf. Irgendwie füllt er mich in dem Moment so vollständig aus, dass für nichts anderes mehr Platz bleibt. Ich werde zu dem Gedanken: «Ich bin ein Tollpatsch!»

Im Alltag können sich solche pauschalen Selbstaussagen in unserem Denken derart verselbstständigen, dass wir sie gar nicht mehr bewusst mitbekommen, geschweige denn hinterfragen. Bei jeder Erfahrung, die unser überspitztes Selbstbild auch nur im Ansatz bestätigen könnte, drücken wir uns erneut den gleichen fetten Stempel auf die Stirn: «Feigling», «Chaot», «Pechvogel», «Loser», «Opfer», «Rabenmutter», «Unmensch». Oft lassen sich solche Stempel auch an folgender Aussage erkennen: «Das ist mal wieder typisch ich!»

Aber woher kommt das? Sind wir bereits bei der Geburt mit einem Label versehen worden? Dieses Baby gehört zur Gattung

«Tollpatsch», Stempel drauf und fertig? Oder erfolgte die Prägung/ Abstempelung etwas später? Vielleicht wurde mir das Etikett «Tollpatsch» in meiner Kindheit verpasst. War es vielleicht die eine Bemerkung der Eltern, der Kindergärtnerin oder des Fußballtrainers? «Pass doch auf, du Tollpatsch!»

Auch wenn sich der Ursprung vielleicht nicht mehr zurückverfolgen lässt, ist es wichtig, zu erkennen, dass ich es heute selbst bin, der mir den Stempel immer wieder aufdrückt. Ist dieses eine Wort vielleicht derart mit meinem Selbstbild verschmolzen, dass ich es bewusst überhaupt nicht mehr getrennt davon sehen kann? Und noch viel wichtiger ist die Frage: «Bin ich denn überhaupt ein Tollpatsch? Ist das wirklich ‚typisch' für mich?»

Wenn Ihnen jetzt dämmert, dass Sie womöglich Ihren eigenen verzerrten Selbstbildstempel haben, dann schauen Sie sich diesen etwas genauer an. Was bedeutet es inhaltlich genau, was Sie sich ständig über sich selbst eintrichtern? Denken Sie zum Beispiel über eine Definition nach. Ein Tollpatsch ist laut Duden online ein «sehr ungeschickter Mensch». Bin ich denn nun sehr ungeschickt, nur weil ich gelegentlich eine Tasse umschütte? Steht die Tatsache, dass ich gar nicht mal so schlecht an meinem Computer herumtüfteln oder einen IKEA-Schrank aufbauen kann, nicht im Widerspruch dazu? Bin ich im Schnitt tatsächlich ungeschickter als die meisten Menschen aus einer repräsentativen Vergleichsgruppe?

Das ist schwer zu beantworten, sagen Sie? Genau darauf will ich doch hinaus! Ihr Stempel möchte Ihnen nämlich vormachen, dass sich solche komplexen Einschätzungen auf eine pauschale Aussage reduzieren lassen. Also nehmen Sie nicht mehr alles, was Ihnen in schwierigen Momenten instinktiv durch den Kopf schießt, als absolute Wahrheit an. Nur weil Sie sich (oder andere Ihnen) diesen Stempel Ihr Leben lang aufgedrückt haben, muss er noch lange nicht zutreffen!

Auch Bewertungen, die sich auf unsere Lebenssituation oder die Zukunft beziehen, können Stempelform annehmen. Taucht zum Beispiel das Wort «Katastrophe» (oder ähnliches) gelegentlich in

Ihrem Denken auf oder benutzen Sie es vielleicht sogar in Ihrem Alltagsvokabular, wenn Sie beispielsweise sagen: «Wenn ich den letzten Bus verpasse, wäre das echt eine Katastrophe!»? Vielleicht gehören Sie auch zu der Sorte Mensch, die beim morgendlichen Anblick des unerledigten Abwaschs nach einer Party die Hände über dem Kopf zusammenschlägt und seufzt: «Oh Gott!» Klar, so denken und so sprechen wir nun mal.

Wenn Sie sich dabei ertappen, wie Sie solche dramatischen Bezeichnungen in der Bewertung und Beschreibung Ihres Alltags benutzen, dann schauen Sie genauer hin. Googeln Sie zum Beispiel mal einen Ausdruck wie «Katastrophe» oder noch besser, lassen Sie sich dabei nur Bilder anzeigen. Natürlich wissen Sie rational (das hoffe ich zumindest), dass «den Bus verpassen» nicht gleichzusetzen ist mit Bildern von Naturkatastrophen, Krieg und Weltuntergang. Trotzdem sind es diese Assoziationen, die Sie jedes Mal aktivieren, wenn Sie solche Wörter in Ihren Bewertungen benutzen. Ob Sie jetzt ein gläubiger Mensch sind oder nicht, auch die Aussage «Oh Gott» in Verbindung mit dem Hände-über-den-Kopf-Schlagen würde besser als letzte flehende Geste vor der Apokalypse passen, als zu ein paar dreckigen Schüsseln, in denen Zigarettenstummel schwimmen, oder?

Allein schon die Wörter, die wir wählen, um unser Erleben zu beschreiben, haben bereits einen Einfluss auf unser Erleben. Um dies zu verstehen, muss ich aber zunächst den Gedanken als solchen erkennen und etwas Distanz zu ihm aufbauen.

Stellen Sie sich vor, Sie drücken Ihre Nase an ein Gemälde. Sie sind so nah dran, dass Ihr ganzes Sichtfeld von dem Gemälde ausgefüllt wird. Alles ist unscharf und auch recht unangenehm. Erst ein Schritt rückwärts ermöglicht es Ihnen, das Bild als solches zu erkennen. Es ist klar umrahmt und Sie können es jetzt als mögliche Darstellung einer Realität betrachten und bewerten. Vielleicht gefällt Ihnen das Bild auch gar nicht. Vielleicht stehen Sie überhaupt nicht auf Kunst, aber dafür müssen Sie überhaupt erst einmal begreifen, dass Sie im Museum sind und nicht im Bild selbst.

In der Acceptance Commitment Therapy (ACT) wird von «kognitiver

Fusion» gesprochen, wenn einzelne Gedanken und Bewertungen mit unserem Selbstbild und unserem Alltagserleben verschmelzen (Hayes et al., 1999). Gedanken wie «ich bin ein Tollpatsch» oder «das ist eine Katastrophe» werden nicht mehr als subjektive Gedanken wahrgenommen, sondern als absolute Realitäten.

Eine sehr wirksame Technik, um solche gedanklichen Verzerrungen aufzulockern, stellt die sogenannte kognitive Defusion dar. Bei dieser Methode wird das Ziel verfolgt, Gedanken und Realität wieder zu entschmelzen. Es bieten sich viele verschiedene Strategien an, um die Distanz zu einem Gedanken wiederherzustellen und ihn auf diese Weise hinterfragen zu können.

Gibt es vielleicht einen Gedankenstempel, der Ihnen im Moment das Leben schwer macht? Dann probieren Sie folgende Strategien aus. Auch wenn manche davon lustig, merkwürdig (oder vielleicht sogar etwas beknackt) klingen, glauben Sie mir, es sind alles Techniken, die sich in der Praxis als sehr wirksam erwiesen haben:

Technik 48: Ich habe gerade einen Gedanken

Reformulieren Sie Ihren Gedanken. Setzen Sie die kurze Ergänzung «ich habe gerade den Gedanken, dass» davor. Machen Sie sich beispielsweise den kleinen, aber bedeutsamen Unterschied zwischen «ich bin ein Tollpatsch» und «ich habe gerade den Gedanken, dass ich ein Tollpatsch bin» bewusst. Stellen Sie sich eine Wolke vor, die am Himmel entlangzieht. Sagen Sie sich, dass Sie nicht die Wolke sind, sondern der Himmel.

Technik 49: Tinte auf Papier

Schreiben Sie Ihren Gedanken auf ein Blatt und beantworten Sie dann die Frage: «Was sehen Sie vor sich?» Mögliche Antworten sind nicht «einen Tollpatsch» oder «eine Katastrophe», sondern: «einen

Satz», «ein Wort», «Buchstaben», «Tinte auf Papier», «einen Gedanken». Schauen Sie sich Ihr Blatt regelmäßig an, tragen Sie es vielleicht sogar eine Zeit lang mit sich herum und beobachten Sie, wie die Gedanken langsam an Wirkung verlieren. Im Endeffekt sind Gedanken einfach nur Gedanken.

 Technik 50: Der Luftballon

Schreiben Sie den Gedanken auf einen Luftballon, den Sie langsam aufblasen. Schauen Sie zu, wie Ihr Satz größer und verzerrter wird, bis Sie ihn nicht mehr lesen können. Lassen Sie dann die Luft wieder herausströmen. Halten Sie den Ballon dabei vor Ihr Gesicht. Ihr Gedanke ist auch nur warme Luft, die Ihnen feucht entgegenbläst. Blasen Sie den Ballon erneut auf und lassen Sie die Luft diesmal nur durch einen schmalen Spalt entweichen. Hören Sie Ihren Gedanken qualvoll quietschen? Lassen Sie den Ballon dann los und schauen Sie zu, wie er planlos durch den Raum zischt und gegen eine Wand klatscht.

 Technik 51: Gedanken auf eine Reise schicken

Schreiben Sie Ihren Gedanken auf ein Blatt Papier. Basteln Sie daraus einen Papierflieger, den Sie von einer Brücke runtersegeln oder ein Papierschiffchen, das Sie auf einem See schwimmen lassen können. Alternativ zerknüllen Sie Ihr Blatt und spielen Sie Bürobasketball mit Ihrem Papierkorb.

 Technik 52: Das Abschiedsritual

Veranstalten Sie ein Abschiedsritual für Ihren Gedanken. Schreiben Sie ihn auf ein Blatt, das Sie verbrennen oder im Garten vergraben können. Oder schreiben Sie ihn auf einen Lampion, den Sie steigen lassen können.

 Technik 53: Die Kunstkritik

Malen Sie Ihren Gedanken auf (ganz egal, wie talentiert oder kreativ Sie sind). Seien Sie abstrakt oder realistisch. Lassen Sie Ihre künstlerische Ader raus oder malen Sie ein Strichmännchen und eine umgeschüttete Kaffeetasse. Schauen Sie sich das Bild durch die Perspektive eines Kunstkritikers an. Beurteilen Sie die Form, nicht den Inhalt.

 Technik 54: Die Karikatur

Stellen Sie sich Ihren Gedanken als Karikatur vor. Entwerfen Sie zum Beispiel ein maßlos überspitztes Bild von sich selbst als Tollpatsch. Kennen Sie den Loriot-Sketch *Das Bild hängt schief?* Wenn nicht, dann schauen Sie ihn sich auf YouTube an! Los, los, ich warte! Wieso? Na, weil er lustig ist! Ach ja, und weil Loriot darin den perfekten Tollpatsch spielt. Was auch immer Ihr verzerrter Gedanke ist, verzerren Sie ihn noch mehr und versuchen Sie einfach einmal, über sich selbst zu lachen.

 Technik 55: Die Stimmenimitation

Sprechen Sie Ihren Gedanken in unterschiedlichen Tonarten und Stimmlagen aus. Imitieren Sie dabei gerne auch andere Stimmen und Akzente; je skurriler, desto besser (zum Beispiel Micky Maus, Donald Duck oder Darth Vader)!

Technik 56: Die Zeitlupe

Stellen Sie sich vor den Spiegel und sprechen Sie Ihren Gedanken sehr langsam (wie in Zeitlupe) aus: «Iiiiiiiiiichhhhhhhhhh biiiiiii iin eiiiiiiiiiiin Tooooooooooolllllllllpaaaaaaaaaatsssssssssschhhhhh hhhhh!»

Technik 57: Der Zungenbrecher

Sprechen Sie Ihren Gedanken wenigstens eine Minute lang immer wieder laut hintereinander aus und beschleunigen Sie dabei den Rhythmus. Machen Sie einen Zungenbrecher daraus und lassen Sie zu, dass Sie sich dabei versprechen. «Katastrophe, Katastrophe, Katastrophe, Katastophe, Katatropekataphekatote».

Technik 58: Drei Chinesen mit dem Kontrabass

Erinnern Sie sich an das Lied *Drei Chinesen mit dem Kontrabass?* Ersetzen Sie alle Vokale in Ihrem Gedanken durch den immer gleichen Vokal und wiederholen Sie den Gedanken mehrmals. «Üch bün ün Tüllpütsch!», «Det est eene Ketestrephe!»

Technik 59: Karaoke

Singen Sie Ihren Gedanken. Probieren Sie dabei unterschiedliche Melodien aus (*Alle meine Entchen*, den Indiana-Jones-Titelsong, den Dibadibadu-Werbejingle, Beethovens Fünfte, oder *Highway to Hell* von AC-DC).

Technik 60: Der Quälgeist

Stellen Sie sich Ihren Verstand als eigene Person oder eigenes Wesen vor, das Ihnen Ihre Gedanken auf einem silbernen Tablett serviert. Geben Sie ihm einen Titel (der Quälgeist, der alte Nörgler, der Kritiker) oder einen normalen Vornamen – sagen wir Ulf. Stellen Sie sich dann vor, wie Sie mit Ulf ein klärendes Gespräch führen. Dieses kann kritisch sein («Ulf, also hör mal, irgendwann ist jetzt auch gut!»), oder augenzwinkernd («Eine Katastrophe, Ulf? Echt jetzt? Bist du sicher, dass du nicht wieder ein ganz kleines bisschen übertreibst?»).

Sie merken, diese Defusionstechniken verfolgen alle eine gewisse Verfremdung. Je besser der belastende Gedanke isoliert, distanziert, externalisiert, manipuliert oder karikiert wird, desto stärker wird das Bewusstsein gefördert, dass es sich dabei lediglich um einen Gedanken handelt, und desto mehr verliert der Gedanke an Macht über uns. Macht hat schließlich der Schachspieler, nicht die Schachfigur.

Achten Sie also in Zukunft bewusst auf solche pauschalen kognitiven Verzerrungen, die Ihnen im Alltag unterlaufen können. René Descartes' schlauer Grundsatz «Cogito ergo sum» trifft nach wie vor zu: Ich bin, weil ich denke. Ich bin aber nicht, was ich denke, ich denke allerhöchstens, was ich bin.

Wow, raucht Ihnen jetzt auch der Kopf?
Oder denken Sie das nur?

13 | Headbangen auf Rezept.

Ressourcen aktivieren

«Wenn es etwas Gutes gibt, muss man sich ranhalten.»

– (Pippi Langstrumpf)

Was tut Ihnen gut? Wann können Sie so richtig gut entspannen? Welche Aktivitäten machen Ihnen Spaß? Was hilft in schwierigen Situationen? Wobei laden Sie Ihre Batterien wieder auf? Kurzum, was sind Ihre Ressourcen?

Vielleicht müssen Sie jetzt erst einmal kurz überlegen, vielleicht kommt es aber auch wie aus der Pistole geschossen:

«Im Gras liegend den Wolken zuschauen!»
«Eine Flasche Wein öffnen und in Ruhe Oma Bertas Lasagne-Rezept nachkochen!»
«Mit guten Freunden so richtig albern sein!»
«An der geliebten Schrottkarre rumtüfteln!»
«Ein Wellness-Wochenende mit meinem Schatz!»
«Mein Lieblings-Power-Metal-Album auflegen und durch die Wohnung headbangen!»

Natürlich haben Sie eine gewisse Vorstellung davon, was Ihnen guttut (und was Ihnen guttut, kann etwas komplett anderes sein als das, was jemand anderem guttut). Aber haben Sie schon mal bewusst versucht, einen vollständigen Überblick über all Ihre Ressourcen zu erhalten?

Und noch viel wichtiger, nutzen Sie das ganze Potenzial Ihrer Ressourcen?

Das Leben stellt uns ständig vor Herausforderungen und beschert uns oft genug auch Belastungen. Der Stress auf der Arbeit, die angeschlagene Gesundheit oder die komplizierte Beziehung können schnell zu Energiefressern werden. Plötzlich wirkt alles schwer. Manchmal kann sich das wirklich so anfühlen, als würden wir ein Gewicht um den Hals tragen, das uns herunterzieht.

In solchen Situationen können wir vergessen, dass wir über Gegengewichte verfügen: unsere Energiequellen oder Ressourcen, die wir ganz bewusst aktivieren können, um Belastungen in schwierigen Situationen mit positiven Erfahrungen zu kompensieren; oder noch besser, um uns präventiv zu stärken.

Stellen Sie sich eine Waage vor. So lange Sie die Last der Stressoren-Waagschale mit ausreichend Ressourcen-Gegengewichten ausgleichen, bleibt die Balance erhalten.

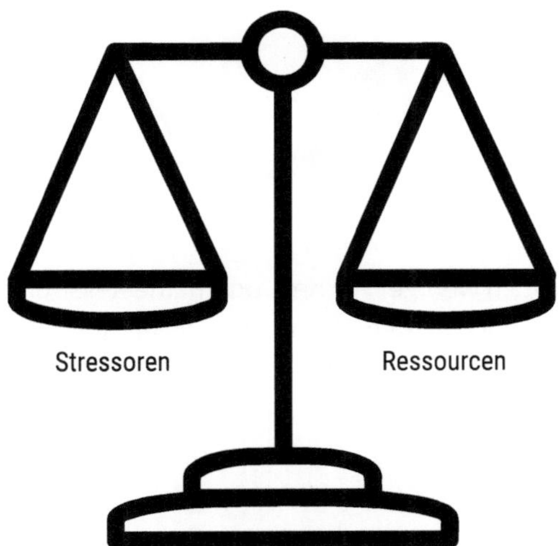

Eigentlich doch ein furchtbar simples und banales Unterfangen. Und doch irgendwie leichter gesagt als getan, oder?

Dabei wissen wir heute, dass der Verlust oder die mangelnde Nutzung von Ressourcen als wichtiger Erklärungsfaktor in der Entstehung und Aufrechterhaltung von Depressionen gilt.

Das sogenannte Verstärkerverlustmodell, das auf den Psychologen Peter M. Lewinsohn (1974) zurückgeht, geht davon aus, dass Stimmung und Ressourcenaktivierung fest zusammenhängen. Wenn ich mich gut fühle, habe ich ausreichend Lust und Energie, um meine Ressourcen (oder zusätzlich meine positiven Verstärker) zu aktivieren. Ich unternehme spontan tolle Dinge, plane Wochenendausflüge und sehe meine Freunde regelmäßig. Umgekehrt liefern meine positiven Verstärker aber auch das Brennholz, um meine Stimmung und meinen Antrieb anzufeuern. Wenn ich mehr Dinge erlebe, die mir guttun, geht es mir gut.

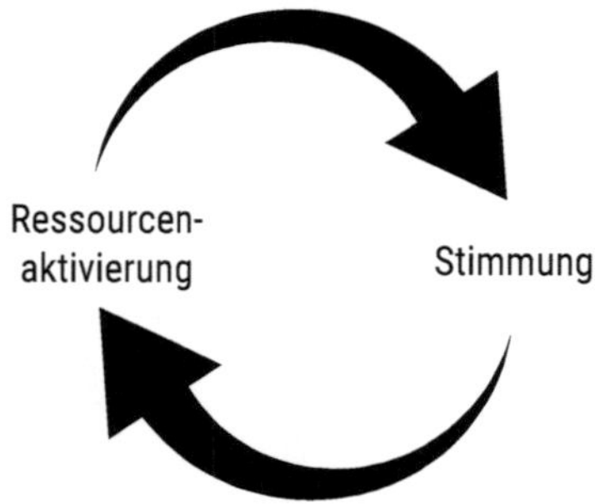

Wenn meine Stimmung aber aus irgendeinem Grund nicht so gut ist, habe ich auch weniger Antrieb, um meine Ressourcen zu aktivieren. Ich kriege mich nicht mehr dazu motiviert, joggen zu gehen, mir fällt nichts ein, was ich am Wochenende unternehmen könnte, oder ich sage Verabredungen kurzfristig ab. Dadurch verschlechtert sich meine Stimmung folglich zunehmend. Wenn ich nichts mehr erlebe, was mir guttut, geht es mir nicht mehr gut.

In der Depression kommt es dabei zu einer sogenannten Abwärtsspirale. Auch wenn Sie nicht depressiv sind, kommt Ihnen dieser Zusammenhang vielleicht trotzdem bekannt vor.

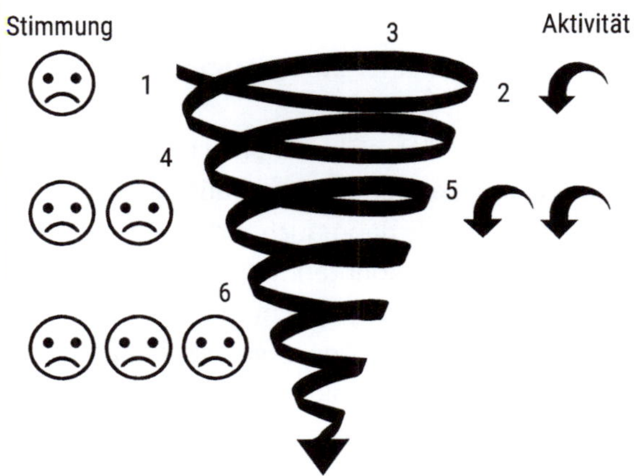

Wenn meine Stimmung aus irgendeinem Grund abnimmt (1), dann nimmt auch mein Antrieb ab und es kommt zu einer instinktiven Schonhaltung und zu sozialem Rückzug (2). Am liebsten würde ich mich unter der Bettdecke verkriechen und darauf warten, dass dieser Tag endlich vorbeigeht. Bei einer Erkältung wäre das durchaus die beste Lösung, bei depressiver Verstimmung ist es allerdings etwas verzwickter.

Wenn mir die Vorstellung, mich von der Couch aufzuraffen, bereits zu anstrengend erscheint, wird mir erst einmal eine Last von den Schultern fallen, wenn ich die Verabredung mit Freunden einfach absage oder entscheide, doch nicht mehr ins Fitnessstudio zu fahren. Meine Stimmung kann dann sogar kurzfristig wieder etwas ansteigen (3).

Danach kann sie jedoch genauso schnell wieder abfallen (4). Um zufrieden und ausgeglichen zu bleiben, brauchen wir regelmäßige Stimulierung, ein gewisses Aktivitätsniveau, hin und wieder einen Tapetenwechsel, körperliche Bewegung und sozialen Kontakt. Es ist also kein Wunder, dass unsere Stimmung schnell absackt, wenn all dies auf einmal zu kurz kommt.

Das Problem im Depressionsteufelskreis ist, dass man in dieser Situation noch weniger Antrieb hat und sich noch mehr zurückzieht (5).

Schleichend rutscht man in der Spirale weiter hinunter, bis man irgendwann dann mit einer waschechten Depression aufwachen kann (6).

Und als wenn das alles nicht schon schlimm genug wäre: Wenn wir deprimiert sind, können wir meist auch nicht mehr sehr kreativ sein. Das heißt, uns fällt dann auch nichts Gescheites ein, was wir mit uns selbst anfangen könnten. Wir haben unsere Ressourcen in solchen Momenten einfach gar nicht mehr auf dem Schirm.

Ein wichtiger Schritt in der Depressionsbehandlung besteht daher erst einmal darin, einen kompletten Überblick über alle möglichen Ressourcen zu erhalten. In Momenten, in denen man befürchtet, in der Spirale abrutschen zu können, sind mögliche Aktivitäten, Kontakte und Hilfen dann griffbereit. In der Therapie werden diese Ressourcen progressiv wiederaufgebaut.

Aber auch zur Vorbeugung von Depression sowie zur allgemeinen Stimmungsstabilisierung können die folgenden Methoden hilfreich sein.

Technik 61: Eine Liste angenehmer Aktivitäten

Nehmen Sie sich etwas Zeit und schreiben Sie sämtliche Aktivitäten auf, die Sie als angenehm erleben. Dies können Dinge sein, die Sie regelmäßig tun, gerne aber auch Beschäftigungen, die Ihnen früher Freude bereitet haben (vielleicht sogar etwas, das Sie zuletzt als Kind gemacht haben) oder Aktivitäten, die Sie schon immer mal ausprobieren wollten. Interessant sind dabei sowohl Unternehmungen, die etwas Planung benötigen (zum Beispiel einen Urlaub vorzubereiten), als auch Dinge, die Sie ganz kurzfristig und ohne größeren Aufwand unternehmen können (zum Beispiel ein Schaumbad zu nehmen oder einen kurzen Spaziergang zu machen).

Da es in Momenten, in denen wir verstimmt sind, viel schwieriger sein kann, auf gute Ideen zu kommen, gibt es zahlreiche Beispiellisten mit Hunderten von Vorschlägen, von denen Sie sich inspirieren lassen können. Googeln Sie zum Beispiel «Liste angenehmer Aktivitäten», «Liste positiver Aktivitäten» oder «Aktivitätenliste» und Sie werden schnell fündig. Es gibt auch verschiedene Apps, die das gleiche Ziel verfolgen. Lassen Sie sich nicht abschrecken, wenn Sie viele Aktivitäten auf diesen Listen sofort ausschließen wollen. Wenn bei 200 Vorschlägen auch nur fünf interessante Ideen dabei sind, auf die Sie sonst vielleicht nicht gekommen wären, dann hat es sich schon gelohnt!

Betrachten Sie Ihre Liste als work in progress, als Katalog möglicher Ressourcenaktivitäten, den Sie ständig erweitern können. Halten Sie die Liste für schwierige Momente griffbereit (zum Beispiel ausgedruckt oder digitalisiert auf Ihrem Handy) oder gehen Sie sie einfach regelmäßig durch.

Technik 62: Das Aktivitäten-Stimmungsprotokoll

Was hat Ihnen in der letzten Woche gutgetan? Was nicht? Vielleicht haben Sie die eine oder andere Antwort parat, aber könnten Sie auch noch angeben, wie Ihre Stimmung sich im Stundentakt entwickelt hat?

Oft ist uns nicht unbedingt bewusst, woran es genau liegt, wenn wir uns besser oder weniger gut fühlen. Es kann daher sehr aufschlussreich sein, genauer hinzuschauen. Das Aktivitäten-Stimmungsprotokoll ist eine Möglichkeit, um Ihren Stimmungsverlauf über einen bestimmten Zeitraum hinweg zu beobachten.

Benennen Sie für jede Stunde in einem Stichwort Ihre Aktivität und bewerten Sie dahinter Ihre Stimmung auf einer Skala von 1 (= sehr schlecht) bis 10 (= sehr gut). Sie können dafür einen Terminkalender, Ihr Handy oder einen ausgedruckten Wochenplan verwenden. Probieren Sie es über einen Zeitraum von wenigstens einer Woche hinweg aus und werten Sie Ihr Protokoll danach aus.

Fallen Ihnen Zusammenhänge auf, die Ihnen nicht bewusst waren? Beispielsweise, dass Ihre Stimmung an den Tagen positiver ausfällt, an denen Sie morgens etwas früher aufgestanden sind und dann entspannter frühstücken konnten? Oder dass Sie jedes Mal etwas weniger gut drauf sind, nachdem Sie mit Ihrer Freundin Jasmin telefoniert haben, die immer etwas zu gern und zu lange über sich selbst spricht?

Fragen Sie sich bewusst, wie Sie die Aktivitäten, die Ihre Stimmung gehoben haben, öfter in Ihrem Leben einplanen und diejenigen, die Sie eher runterziehen, langfristig abbauen können.

 Technik 63: Die Motivationsbalance

Verschiedene Dinge im Leben machen wir einfach aus Spaß an der Sache selbst oder weil sie uns am Herzen liegen. Dies sind meist angenehme Aktivitäten, bei denen die Zeit so richtig verfliegt. Hier spricht man dann von der sogenannten intrinsischen Motivation.

Es gibt aber auch Aktivitäten, bei denen es eher ein damit verbundenes Ziel ist, das uns antreibt (extrinsische Motivation).

Manche Aktivitäten können intrinsisch oder extrinsisch motiviert sein (oder vielleicht sogar beides).

So kann ich zum Beispiel joggen gehen, weil ich es einfach genieße, an der frischen Luft zu sein und mich zu bewegen (intrinsisch). Oder ich möchte meine Leistung steigern, damit ich bei dem Benefizrennen, für das meine Arbeitskollegen mich mitangemeldet haben, nicht ganz so sehr als Loser dastehe (extrinsisch).

Ich kann mich künstlerisch ausdrücken, weil mir das Schreiben/Malen/Skulptieren den Kopf freimacht und/oder ich dabei aufblühe (intrinsisch), oder weil ich meinen Freunden damit imponieren möchte, was für ein kreatives Genie ich doch bin (extrinsisch).

Ich kann fernsehen, um mich nach einem langen Arbeitstag einfach berieseln zu lassen und dabei abzuschalten (intrinsisch). Oder ich möchte dabei meinen kulturellen Horizont erweitern (extrinsisch, dann würde sich hierfür allerdings eine Arte-Doku besser eignen als das Schadenfreude-Reality-TV, das gerade läuft).

Versuchen Sie, den Überblick über Ihre regelmäßigen Aktivitäten zu bekommen. Sind sie eher intrinsisch oder extrinsisch motiviert? Sollten Sie feststellen, dass entweder die extrinsischen oder die intrinsischen Aktivitäten überrepräsentiert sind, dann überlegen Sie, ob Sie etwas dazu beitragen können, dies auszugleichen.

Zu unserem allgemeinen Ausgleich brauchen wir nämlich beides: sowohl Ressourcen, die uns aktuell ein Gefühl der Zufriedenheit liefern können, als auch solche, bei denen wir ein bestimmtes Ziel anstreben. Ziel kann also sowohl das Ziel selbst als auch der Weg dorthin sein.

 Technik 64: Die Energiebilanz

Erstellen Sie für die folgende Übung (angelehnt an Kolitzus, 2003) zunächst eine Liste mit Ihren Energiequellen. Aus welchen Aktivitäten, Kontakten oder Lebensbereichen schöpfen Sie Ihre Energie? Versuchen Sie dabei einzuschätzen, zu welchen Anteilen (beispielsweise in Prozent) die verschiedenen Energiequellen zu Ihrem allgemeinen Energieniveau beitragen.

Tragen Sie die verschiedenen Energiequellen dann in ein Tortenmodell ein. Je größer das Tortenstück ist, desto mehr Energie schöpfen Sie aus der jeweiligen Ressource.

Wiederholen Sie dies mit Ihren Energiefressern. Wohin fließt Ihre Energie? Die gleichen Aktivitäten und Lebensbereiche können dabei in beiden Torten auftauchen.

Zu welchen Schlussfolgerungen kommen Sie, wenn Sie beide Torten vergleichen? Gibt es Dinge, die Ihnen nur wenig Energie geben, aber sehr viel davon verbrauchen und umgekehrt? Soll das so bleiben?

Ein Beispiel könnte so aussehen:

Energiequellen:

1. Familie: 25 %
2. Freunde: 15 %
3. Arbeit: 12 %
4. Sport: 10 %
5. Wellness: 10 %
6. Töpferkurs: 8 %
7. Lesen: 6 %
8. Haushalt: 5 %
9. Schokolade: 5 %
10. Gartenverein: 4 %

Energiefresser:

1. Arbeit: 25 %
2. Gartenverein: 18 %
3. Unnütze Sorgen: 15 %
4. Haushalt: 10 %
5. Familie: 10 %
6. Nervige Tante Paula: 8 %
7. Administratives: 5 %
8. Sport: 3 %
9. Töpferkurs: 3 %
10. Freunde: 3 %

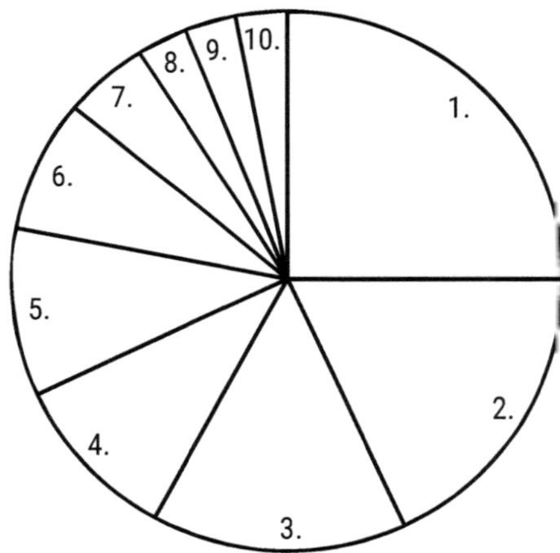

In diesem Beispiel stechen besonders jene Energiequellen als wertvoll heraus, die viel Energie spenden und keine oder nur wenig Energie beanspruchen wie beispielsweise Freunde, Sport, Wellness oder der Töpferkurs. Der Gartenverein und die nervige Tante Paula scheinen dagegen sehr viel Energie zu verbrauchen, bringen aber wenig bis gar nichts ein.

Technik 65: Das Genusstraining

Im Ansatz der sogenannten Euthymen Therapie wird Genuss als eine lernbare Ressource vermittelt. Selbsthilfebücher und Trainingskurse verfolgen das Ziel, den Teilnehmern durch Aufmerksamkeitslenkung völlig neue und intensivere Genusserlebnisse zu ermöglichen.

In dem Therapieprogramm *Die kleine Schule des Genießens* (Lutz u. Koppenhöfer, 1983), das sich unter anderem in der Behandlung und Vorbeugung von Depressionen als erfolgreich erwiesen hat, werden sieben wichtige Regeln vorgestellt, um das Genusserleben zu fördern:

1. Genuss braucht Zeit!

Verschaffen Sie sich regelmäßige kurze Genussmomente. Nehmen Sie sich etwas mehr Zeit beim Frühstücken. Gehen Sie bewusst den etwas längeren aber schöneren Weg nach Hause.

2. Genuss muss erlaubt sein!

Hinterfragen Sie kritische Gedanken wie «das bringt mir doch jetzt nichts!» oder «das ist Zeitverschwendung!» und erteilen Sie sich die bewusste Erlaubnis zu genießen.

3. Genuss geht nicht nebenbei!

Widmen Sie Ihrem Genusserlebnis Ihre vollkommene Konzentration. Schalten Sie störende Ablenkungsquellen aus. Klar können Sie Ihr Lieblingsalbum im Hintergrund laufen lassen, während Sie kochen oder Auto fahren, aber wann haben Sie das letzte Mal so richtig zugehört? So richtig, richtig? Mit geschlossenen Augen und hochkonzentriert?

4. Genuss ist Geschmackssache!

Es gibt Menschen, die es als den Höhepunkt des Genusses beschreiben, wenn sie für viel Geld mit Schlamm eingerieben werden (das nennt man dann auch Wellness). Falls Sie zu diesen Menschen gehören, prima! Wenn nicht, auch prima! Finden Sie heraus, was Genuss für Sie persönlich bedeutet. Geschmäcker unterscheiden sich nun mal.

5. Weniger ist mehr!

Unser Genuss wird umso wertvoller, wenn wir uns daran nicht übersättigen können. Wie die meisten von uns wissen, kann es sehr wohl befriedigend sein, eine ganze Tafel Schokolade zu verschlingen. Wenn ich mir von vornherein aber nur ein sehr kleines Stück genehmige, wird der Genuss viel intensiver sein.

6. Ohne Erfahrung kein Genuss!

Je mehr ich mich mit Genusserleben auseinandersetze, desto nuancierter kann ich verschiedene Facetten des Genusses wahrnehmen. Das Erleben kann zudem besser mit vergangenen Eindrücken verglichen werden und fühlt sich immer stimmiger an.

7. Genuss ist alltäglich!

Oft verbinden wir Genuss mit den besonderen Momenten im Leben. Wenn wir zum Hochzeitstag mal so richtig schön essen gehen oder endlich mal loslassen können, wenn wir im Jahresurlaub unter der Balearen-Palme sitzen. Dabei kann Genuss in den einfachsten Alltagsmomenten gefunden werden: der Geruch von frisch gemahlenem Kaffee, die Sonnenstrahlen auf der Haut, das Vogelgezwitscher etc.

Wenn Sie Ihr Genusserleben in Zukunft steigern wollen, dann versuchen Sie, diese sieben einfachen Regeln in Erinnerung zu behalten und sie regelmäßig anzuwenden.

Technik 66: Das soziale Atom

Der Begriff des «sozialen Atoms» oder «Soziogramms» geht auf Jakob Levi Moreno, den Begründer des Psychodramas, zurück (Moreno, 1951). Gemeint ist damit eine visuelle Darstellung des sozialen Netzwerks einer Person.

Natürlich sind soziale Kontakte eine wichtige Ressource. Und natürlich vergesse ich gute Freunde oder Familienangehörige nicht einfach so. Gerade für Momente, in denen es mir nicht so gut geht, kann es eine weitere wertvolle Ressource sein, einen vollständigen Überblick über mein soziales Netz zu haben.

Ein Soziogramm kann auf viele unterschiedliche Arten erstellt werden. Probieren Sie einmal die nachfolgende Version aus.

A: Innerer Kern der Beziehungen

B: Wunschbeziehungen – von mir gewünscht oder ein anderer Mensch wünscht sich eine Beziehung zu mir

C: Bekanntschaften ohne persönliche Bedeutung

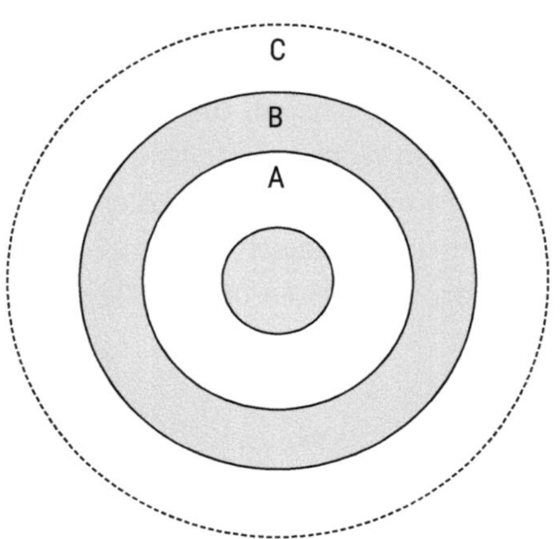

Sie selbst stellen dabei den Kern des Atoms dar. Ihre sozialen Kontakte schwirren wie Elektronen auf unterschiedlichen Umlaufbahnen um Sie herum.

Markieren Sie Beziehungen ihrer empfundenen Wichtigkeit nach mit Kreisen auf dem sozialen Atom. Wichtige/enge Beziehungen sind näher am Ich-Kreis, weniger wichtige Beziehungen und flüchtige Bekanntschaften sind weiter weg davon.

Notieren Sie die Initialen der jeweiligen Kontakte in die Kreise oder schreiben Sie in jeden Kreis eine Zahl und fertigen Sie eine Legende mit den Namen an. Alternativ nutzen Sie kleine runde Aufkleber, die Sie umkleben können. Das soziale Atom ist immer nur eine Momentaufnahme, es kann also interessant sein, die Übung regelmäßig zu wiederholen.

Ziehen Sie Ihre eigenen Schlussfolgerungen aus dieser Übung und nutzen Sie soziale Kontakte bewusst als Ressource!

Technik 67: Familien-Subsysteme

Auch die Familie kann eine wertvolle Ressource sein. Oft denken wir bei dem Begriff «Familie» an die Konstellation, die alle Familienmitglieder beinhaltet (bei einer Familie mit zwei Kindern zum Beispiel beide Eltern und die Kinder). Die Ressource Familie besteht dann aus der Qualitätszeit, die man gemeinsam verbringt. Ein schöner Ausflug am Wochenende kann zum Beispiel sehr erholsam sein.

Eine Familie besteht aber nicht nur aus dem Gesamtsystem, sondern auch aus verschiedenen Subsystemen, die alle ebenfalls als Ressourcen gesehen und gepflegt werden sollten.

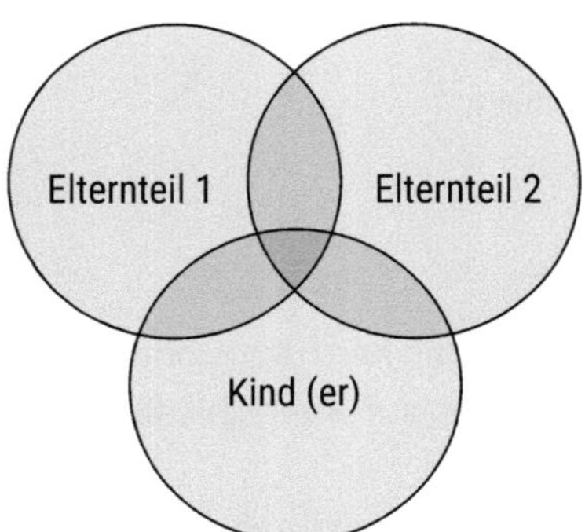

Ressourcen sind also die Qualitätszeit, die man als Elternteil allein mit den Kindern verbringt, die Qualitätszeit, die die Kinder für sich haben, und die Qualitätszeit in der Paarbeziehung. Auch die Qualitätszeit, die beide Elternteile für sich selbst übrig haben, ist wertvoll und sollte genauso als Ressource für die eigene Gesundheit und Ausgeglichenheit in der Familie gesehen werden.

Eine wertvolle Übung kann also darin bestehen, allein, in der Paarbeziehung oder in der Familie regelmäßig Bilanz zu ziehen: Werden genug Energie und Zeit in die verschiedenen Subsysteme investiert?

 Technik 68: Die Timeline

In verschiedenen Therapieansätzen wird die sogenannte Timeline (Lebenslinie)-Übung vorgeschlagen. Der Rückblick auf das eigene Leben kann dabei helfen, Ressourcen herauszufiltern, die sich in der Vergangenheit bei der Überwindung von schwierigen Lebensherausforderungen bewährt haben.

Für diese Übung benötigen Sie eine Schnur sowie Post-its in drei Farben. Legen Sie Ihre Schnur als symbolische Lebenslinie auf dem Boden vor sich aus.

Markieren Sie zunächst Ihre Geburt, beispielsweise mit einem Post-it, das Sie neben das eine Ende der Schnur kleben.

Markieren Sie dann weitere Lebensabschnitte entlang Ihrer Lebenslinie mit Post-its in der gleichen Farbe (zum Beispiel Gelb) – eventuell im Fünf-Jahres-Abschnitt.

Gehen Sie dann in Gedanken durch Ihr Leben und markieren Sie mit Post-its in einer zweiten Farbe (zum Beispiel Rot) schwierige Momente und Lebenskrisen.

Denken Sie daran zurück, wie Sie diese Krisen überwunden haben. Was war damals hilfreich (andere Personen, eigene Kompetenzen, Unterstützung in anderen Lebensbereichen, materielle Ressourcen)?

Notieren Sie jede Ressource auf einem Post-it in einer dritten Farbe (zum Beispiel Grün) und kleben Sie es neben oder über die Krisen-Post-its.

Wenn Sie mit der Übung fertig sind, gehen Sie symbolisch noch einmal Ihre Lebenslinie ab. Überlegen Sie, ob Sie die Ressourcen aus der Vergangenheit eventuell auch heute oder für die Zukunft gebrauchen könnten.

Sie haben jetzt eine ganze Reihe an Strategien kennengelernt, die Ihnen dabei helfen können, einen Überblick über die Ressourcen zu erlangen, die Ihnen im Moment vorliegen. Vielleicht haben Sie auch Ideen bekommen, wie Sie die brachliegenden Ressourcen wieder reaktivieren könnten. Eventuell haben Sie auch Lust bekommen, Ihr Repertoire um die eine oder andere zusätzliche Ressource zu erweitern.

Machen Sie sich bewusst, dass Sie über Ressourcen verfügen, die Ihnen dabei helfen können, Ihr eigenes Wohlbefinden, Ihre Stimmung und Ihre Gesundheit zu stärken.

Seien Sie Ihr eigener Arzt. Wenn Sie wissen, dass eine Ressource Ihrer Gesundheit guttut, dann verschreiben Sie sich diese auf Rezept.

14 | Zehn Euro sind zehn Euro!

Positives wertschätzen

«Doppelt lebt, wer auch das Vergangene genießt.»

– (Marcus Valerius Martial)

2 x 2 = 4
7 – 5 = 2
6 + 3 = 3
9 : 3 = 3

Vier mathematische Gleichungen. Was fällt Ihnen auf?

Wenn Sie so ticken, wie wir alle ticken, dann sagen Sie jetzt bestimmt: «Eine ist falsch!» Und natürlich haben Sie recht damit. Doch genau so richtig wäre es doch, zu sagen: «Drei sind richtig!», oder?

Wieso springt uns sofort die eine Gleichung ins Auge, die falsch ist?

Kennen Sie das nicht auch aus Ihrem Alltag? Auf der Arbeit hatten Sie zum Beispiel drei positive Erlebnisse und ein negatives. Vielleicht konnten Sie drei Kunden zufriedenstellen, einer war aber unzufrieden. Oder drei von den vier Aufgaben auf Ihrer To-do-Liste konnten Sie erfolgreich abhaken, bei einer gab es aber Komplikationen.

Woran denken Sie, wenn Sie abends nach Hause fahren? Geht es Ihnen nicht auch so, dass die eine negative Erfahrung zumindest etwas länger hängenbleibt als die drei positiven? Als wenn sie mit Klebstoff bestrichen wäre, während die positiven Erlebnisse aalglatt an Ihnen vorbeiflutschen?

Das Phänomen der selektiven Wahrnehmung beschreibt, wie lediglich die Informationen wahrgenommen werden, auf die unsere Aufmerksamkeit gerichtet ist. Ein anschauliches Beispiel liefern Simons und Chabris (1999) in Form eines Experimentes. Darin wurden Probanden dazu aufgefordert, mitzuzählen, wie oft sich eine Gruppe von Basketballspielern in weißem Trikot den Ball zupasst, und sich nicht durch die Spieler in schwarzem Trikot verwirren lässt. Wenn Sie es noch nicht kennen, dann schauen Sie sich das Video an. Sie finden es auf verschiedenen Videoplattformen im Internet unter dem Stichwort «selective attention test». Also los, ich warte hier auf Sie!

Und, haben Sie den Gorilla gesehen, der mittendrin durchs Bild schlendert und sich wie King Kong auf die Brust schlägt? Es ist tatsächlich so, dass etwa die Hälfte der Teilnehmer in Simons Experiment den Gorilla nicht sieht, weil sie konzentriert auf die Basketbälle geachtet hat. Ohne diese Instruktion sieht aber jeder den Gorilla, und es fällt sehr schwer, sich vorzustellen, wie man ihn übersehen könnte – weil, na ja, es ist ein Gorilla! Die selektive Wahrnehmung führt in diesem Fall zu Aufmerksamkeitsblindheit. Falls Sie das Experiment schon kannten, dann lade ich Sie dazu ein, nach dem Video *The monkey business illusion* zu suchen – der Fortsetzung dieses Experimentes.

Selektive Wahrnehmungsprozesse können hartnäckig sein. Ein gutes Beispiel dafür, wie sie auch unser Menschenbild immer wieder bestätigen können, findet sich in einer Geschichte unbekannten Ursprungs über den Fabeldichter Äsop. Danach gefragt, welche Art von Menschen in Athen lebt, stellt Äsop einem Reisenden die Gegenfrage, aus welcher Stadt dieser komme und welche Menschen denn dort gelebt hätten. Als der Reisende entgegnet, die Menschen in seiner Herkunftsstadt seien alle Lügner und Gauner gewesen, antwortet Äsop, dass er die Menschen in Athen wohl leider auch als solche empfinden werde. Kurz darauf stellt ein anderer Reisender Äsop die gleiche Frage, worauf der Fabeldichter auch ihn nach seiner Herkunftsstadt und ihren Bewohnern befragt. Der zweite Reisende gibt an, dass dort, wo er herkomme alle Menschen freundlich und ehrbar gewesen seien. Äsop erwidert schließlich auch ihm, dass er die Menschen in Athen nicht anders empfinden werde.

Wenn wir von einer bestimmten Auffassung fest überzeugt sind, beispielsweise davon, dass alle Menschen schlecht sind, kann es sein, dass wir unsere Wahrnehmung bewusst oder unbewusst auf alle Anzeichen lenken werden, die diese Einstellung bestätigen könnten. Alle Hinweise auf eine gegenteilige Ansicht blenden wir aus. Auch der Umzug in eine neue Stadt wird daran wohl nichts ändern. Unsere Einstellung kann zu einer selbsterfüllenden Prophezeiung werden.

Doch zurück zu der Rechenaufgabe 6 + 3 = 8: Wir scheinen generell darauf programmiert zu sein, in unserer Wahrnehmung prioritär das zu erkennen, was die Norm sprengt; das, was eher negativ ist; das, was potenziell gefährlich sein könnte.

Vor dem Hintergrund der menschlichen Entstehungsgeschichte ist es auch nachvollziehbar, dass wir uns in erster Linie auf mögliche Gefahrenquellen konzentrieren mussten, um zu überleben. Für den Steinzeitmenschen, der womöglich Grund zur Freude darüber hatte, dass ihm die Höhlenwandmalerei so gut gelungen war, war es im Endeffekt wichtiger, auf die tierischen Laute vor der Höhle zu achten, um nicht von einem Säbelzahntiger gefressen zu werden. Wäre das nicht der Fall gewesen, dann würden Sie wahrscheinlich nicht gerade dieses Buch lesen; weil ich es nicht geschrieben hätte; weil unsere Spezies längst ausgestorben wäre.

In unserer Wahrnehmung haben wir also auch heute noch einen evolutionär-biologisch bedingten Filter, der vor allem das Negative hervorhebt, während positive Eindrücke etwas in den Hintergrund gerückt werden. Auch wenn bei den meisten von uns eher nicht die Gefahr besteht, von einem gefährlichen Tier gefressen zu werden, wenn wir unser Haus verlassen, so geht unser Unterbewusstsein trotzdem immer noch auf Nummer sicher: Es richtet den Scheinwerfer im Zweifelsfall eher auf das Negative als auf das Positive. Hartnäckig hat sich in unser Kleinhirn eingebrannt, dass dies für unser Überleben unabdingbar ist.

Bei depressiven Patienten erreicht dieser Filterprozess ein klinisches Niveau. Positive Eindrücke werden in dem Fall fast ganz ausgesondert. Sie betrachten die Welt durch die sprichwörtliche schwarze Brille. Wenn positive Erlebnisse es schaffen, diesen Filter zu durchbrechen, kann sich zusätzlich erschwerend noch die Tendenz einstellen, das erlebte Positive zu entwerten.

Wenn ich Patienten (nicht nur die depressiven) auf positive Erfahrungen oder Erfolge hinweise, bekomme ich oft die Ja-aber-Antwort: «Ja, ich habe viel Lob für meinen Vortrag erhalten, aber in der ersten Reihe hat jemand gegähnt!», «Ja, ich habe sehr schöne Momente in meinem Urlaub verbracht, aber es hat zweimal geregnet!», «Ja ich habe zehn Euro auf der Straße gefunden, aber letzte Woche habe ich zwanzig Euro verloren!»

Es ist fast so, als ob das Negative viel mehr gewichtet wird als das Positive.

Es ist nachvollziehbar, dass wir uns nicht richtig über etwas freuen können, wenn der Schuh woanders drückt. Und trotzdem hat das eine mit dem anderen nicht unbedingt etwas zu tun. Wo steht denn geschrieben, dass die positive Erfahrung durch die negative entwertet werden muss?

Was ist denn zum Beispiel ganz praktisch gesehen der Wert des Zehn-Euro-Scheins, den Sie heute auf der Straße gefunden haben? Zehn Euro sagen Sie? Stimmt! Und was ist der Wert des

Zehn-Euro-Scheins, den Sie heute auf der Straße gefunden habe, wenn Sie letzte Woche einen Zwanzig-Euro-Schein verloren habe? Immer noch zehn Euro, oder Minus zehn Euro? Die Antwort erhalten Sie, wenn Sie versuchen, damit im Supermarkt zu bezahlen. Was kriegen Sie denn dafür? Wenn die Antwort «eine Flasche Cola, Klopapier und ein Päckchen Kaugummi» oder «Ware im Wert von zehn Euro» ist, dann ist der Wert des Scheins also mit ziemlicher Sicherheit immer noch zehn Euro. Genauso sind die positiven Erlebnisse nicht wertlos – egal, wie klein oder unbedeutend sie gegenüber den negativen Erfahrungen wirken können. Sie wurden womöglich lediglich von einem Urinstinkt ausgefiltert, der uns in der Vergangenheit geholfen hat, zu überleben. Im 21. Jahrhundert wirkt er aber etwas überholt, zumindest in unserer Gesellschaft.

Auch prägende Erfahrungen können selektive Wahrnehmungsprozesse begünstigen. Apropos Geldschein: Die Psychologin Danie Beaulieu hat in ihrem Ansatz der «Impact-Techniken» das sogenannte 20-Euro-Experiment beschrieben: Eine Patientin gibt an, dass sie sich wertlos fühle, da ihr Leben lang alle auf ihr herumgetrampelt hätten. Die Therapeutin holt daraufhin einen 20-Dollar-Schein aus ihrer Brieftasche und fragt: «Sag mir mal, wie viel ist dieser Geldschein wert?» Die Patientin antwortet: «20 Euro.» Die Therapeutin zerknüllt den Schein, wirft ihn auf den Boden und tritt auf ihn. Dann hebt sie den Schein wieder auf, entfaltet ihn und fragt: «Nun, sag mir, wie viel ist der Schein jetzt wert?» (Beaulieu, 2005, S. 52).

Auch wenn es sich manchmal so anfühlt, als ob alle auf uns rumtreten würden, muss dadurch noch lange nicht unser Wert abnehmen.

Nicht nur unsere Wahrnehmung und unser Bewertungssystem, sondern auch unser Gedächtnis kann in diesem Sinne von Filterprozessen geprägt sein. Der Überlebenstrieb spielt auch hierbei eine wichtige Rolle. Es ist wichtig, dass ich negative Erfahrungen nicht vergesse, um besser auf zukünftige Gefahren vorbereitet zu sein.

Vielleicht wollen Sie jetzt einwenden, dass Sie sich aber sehr wohl an die vielen schönen Erlebnisse in Ihrem Leben erinnern? Gut so! Vielleicht kennen Sie das aber von Momenten, in denen Sie sich gestresst oder niedergeschlagen fühlen. Dann kann man schon mal den Eindruck bekommen, dass immer schon alles mies gewesen ist; ein bisschen so wie in dem Disney-Film *Alles steht Kopf,* in dem die gelben Erinnerungskugeln der Emotion Freude sich blau verfärben, nachdem die Emotion Kummer sie anfasst. Das Phänomen der Stimmungskongruenz besteht darin, dass wir uns viel besser an Situationen erinnern, die wir in einer ähnlichen Stimmung erlebt haben wie jene, in der wir gerade sind.

Das bedeutet: Wenn wir uns aktuell in einer niedergeschlagenen Stimmung befinden, haben wir gleich zwei Probleme. Zum einen geht es uns aktuell nicht besonders gut und zum anderen wird auch noch unser Blick auf die Vergangenheit gefiltert. Wir erinnern uns prioritär an Erfahrungen, die wir ebenfalls in niedergeschlagener Stimmung erlebt haben. Positive Erinnerungen rücken in den Hintergrund, weil sie nicht zu unserem aktuellen Stimmungskontext passen. Bei depressiven Patienten, die sich zumindest in depressiven Phasen die meiste Zeit niedergeschlagen fühlen, führt dies natürlich zu einer besonders großen Belastung. Ihre Sicht auf ihr Leben wird auch rückblickend negativ verzerrt.

In der Behandlung der Depression haben sich Ansätze als sehr wirksam erwiesen, die gerade diesen Verzerrungsprozessen entgegenwirken. Wenn mein Gehirn während einer Depression versucht, mich auszutricksen, indem es versucht, alles Positive in meiner Wahrnehmung, in meiner Bewertung und in meiner Erinnerung herauszufiltern, dann kann ich lernen, zurückzutricksen. Und zwar, indem ich bewusst versuche, das Positive mit der Lupe aufzuspüren, es stärker zu gewichten und in meiner Erinnerung zu verankern.

Technik 69: Die Fingerübung

Eine von vielen möglichen Methoden besteht in der sogenannten Verankerung positiver Emotionen. Im Ansatz des Neuro-Linguistischen Programmierens und in der Hypnotherapie kann beispielsweise durch Konditionierung ein bestimmtes Gefühlserleben mit einer bestimmten körperlichen Empfindung verankert werden. Dadurch, dass in einem positiven Gefühlszustand zum Beispiel eine bestimmte Handbewegung ausgeführt wird, verknüpft sie sich mit dem positiven Gefühl. Durch das Ausführen der Handbewegung kann das positive Gefühl dann fast wie auf Knopfdruck reaktiviert werden. Eine Variation der positiven Verankerung besteht zum Beispiel in einer Vier-Finger-Übung, bei der der Daumen der nichtdominanten Hand der Reihe nach alle Fingerspitzen der gleichen Hand berührt. Jeder Finger stellt dabei eine positive Erinnerung dar, die beispielsweise einem der vier Grundbedürfnisse Sicherheit/Kontrolle, Bindung, Lust/Unlust und Selbstwertaktualisierung entsprechen kann (cf: Kapitel 20).

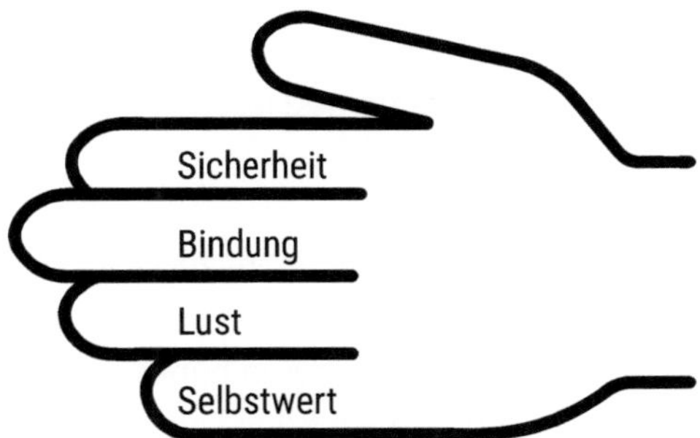

Durch die Wiederholung dieser Übung werden positive Erinnerungen verankert und können im Alltag sehr schnell durch das Ausführen der Fingerbewegungen aktiviert werden.

Probieren Sie es aus:

- Wenn Sie bereit sind, drücken Sie den Daumennagel Ihrer nichtdominanten Hand in die Zeigefingerspitze der gleichen Hand. Konzentrieren Sie sich auf dieses Gefühl und lenken Sie Ihre Aufmerksamkeit auf diesen Kontaktpunkt. Lassen Sie dabei eine Erinnerung an einen Ort aus Ihrer Gegenwart oder Vergangenheit hochkommen, an dem Sie sich sicher und geborgen gefühlt haben. Genießen Sie dieses Gefühl und lassen Sie es durch den ganzen Körper strömen.

- Gehen Sie dann mit Ihrem Daumen zum Mittelfinger. Konzentrieren Sie sich auf den Kontakt zwischen beiden Fingern und erinnern Sie sich an einen Moment, in dem Sie sich mit einer anderen Person verbunden gefühlt haben: an einen Moment der Zärtlichkeit, ein angenehmes Gespräch oder einfach nur an die Gegenwart einer nahestehenden Person. Genießen Sie dieses Gefühl der Verbundenheit und lassen Sie es in Ihren ganzen Körper ausstrahlen.

- Berühren Sie dann mit dem Daumennagel den Ringfinger. Lassen Sie Ihre Gedanken zu einer Erinnerung an einen Moment zurückwandern, in dem Sie etwas getan haben, das Ihnen Freude bereitet hat. Dies kann die Auslebung eines Hobbys sein, ein Genussmoment oder ein Moment der körperlichen Entspannung. Erinnern Sie sich an dieses Gefühl der ausgelassenen Freude oder des körperlichen Wohlgefühls und lassen Sie es Ihren ganzen Körper umfassen.

- Gehen Sie dann mit Ihrem Daumen weiter zum kleinen Finger. Konzentrieren Sie sich auf diesen Kontaktpunkt und lassen Sie eine Erinnerung an ein Erfolgsmoment hochkommen, in dem Sie zufrieden mit sich selbst oder stolz gewesen sind. Lassen Sie dieses Gefühl der Selbstverwirklichung in Ihren Körper strömen.

Technik 70: Das positive Selbstporträt

Eine andere Methode zur Verankerung positiven Empfindens, das uns in schwierigen Momenten vor verzerrten Selbstabwertungen bewahren kann, ist es, ein positives Selbstporträt zu kreieren.

Erstellen Sie hierfür eine Liste mit all Ihren positiven Eigenschaften, Kompetenzen und Stärken. Lassen Sie sich von folgenden Fragen inspirieren:

- Was können Sie gut?
- Was können Sie besser als andere Menschen?
- Was können Sie heute besser als früher?
- Worauf sind Sie stolz?
- Was sind Werte, die Ihnen wichtig sind?
- Was denken Sie, ist für andere Personen an Ihnen schätzens- oder liebenswert (wenn Sie sich trauen, machen Sie eine Umfrage unter Ihren Bekannten)?
- Wofür bekommen Sie Lob?
- Wann merken Sie, dass andere Menschen Ihnen Sympathie entgegenbringen?

Bewahren Sie Ihr Selbstporträt an einem sicheren Ort auf, speichern Sie eine Kopie auf Ihrem Handy oder kleben Sie die Liste an Ihre Schlafzimmertür. Lesen Sie sich Ihre Notizen regelmäßig durch oder lernen Sie sie sogar auswendig. Betrachten Sie die Übung als work in progress, welche ständig ergänzt werden kann.

Bei dieser Übung kann Ihnen womöglich ganz schnell Widerwille entgegenstoßen. Viele Menschen haben verinnerlicht, dass «Eigenlob stinkt». Gerade dann kann die Übung aber sehr interessant sein. Versuchen Sie es.

 Technik 71: Das positive Tagebuch

Eine weitere therapeutische Methode, die sich in der Depressionsbehandlung als sehr wirksam erwiesen hat, besteht in der systematischen Aufzeichnung positiver Erfahrungen in Form eines positiven Tagebuchs (auch Glückstagebuch, Erfolgstagebuch oder Sonnentagebuch genannt). Auch wenn Sie das Glück haben sollten, nicht depressiv zu sein, können Sie durch diese einfache Technik Ihre Lebensqualität weiter steigern und sich präventiv gegen Depressionen schützen.

Es gibt viele verschiedene Möglichkeiten, wie man Tagebuch führen kann. Wenn Sie zu der Sorte Mensch gehören, bei der allein der Gedanke an seitenlange «Liebes-Tagebuch» Einträge über Ihr innerstes Gefühlsleben Ihren Würgereflex aktiviert, kann ich Sie beruhigen. Bei dieser Technik geht es aus therapeutischer Sicht allein darum, dass Sie täglich kurz und knapp positive Erlebnisse festhalten sollen. Wenn Ihnen das Schreiben Spaß macht, dann dürfen Sie natürlich auch weiter ausholen. Theoretisch können Sie neben dem Schreiben Ihrer Einträge auch Fotos, Kinokarten oder getrocknete Blumen einkleben oder Bilder dazu malen.

Eine Faustregel hinsichtlich des Erfolgs therapeutischer Hausaufgaben lautet im Allgemeinen jedoch: Die Wahrscheinlichkeit, dass eine Aufgabe durchgeführt wird, steigt, je kleiner sich der Aufwand bei der Umsetzung erweist. Also muss es beim positiven Tagebuch auch in erster Linie nicht darum gehen, literarisch hochwertige Schreibergüsse oder kreative Meisterwerke zu produzieren, sondern sich bewusst auf ein Minimum zu konzentrieren.

Zunächst brauchen Sie hierfür das positive Tagebuch selbst. Dies sollte ein kleines Büchlein sein, das Sie exklusiv für die positiven Einträge nutzen. Also nicht Ihren Terminkalender oder ein normales Tagebuch, in dem sich die Glücksmomente mit Zahnarztterminen und Liebeskummergrübeleien vermischen würden. Suchen Sie sich Ihr Tagebuch bewusst aus, es sollte Ihnen gefallen. Den Notizblock, den Sie von Ihrem Versicherungsagenten gratis zur Haftpflicht dazubekommen haben (mit dem hässlichen Firmenlogo als Wasserzeichen auf jeder Seite) können Sie für Ihre Einkaufsliste benutzen, aber nicht als positives Tagebuch. Bei dieser Übung geht es schließlich um etwas sehr Kostbares: um einen Schatz, der aus Glücksmomenten besteht, und diesem sollten Sie auch von der äußeren Form her gerecht werden.

Wenn Sie ein kreativer Mensch sind, steht es Ihnen natürlich frei, Ihren Buchumschlag zu verschönern. Wenn Sie eher zum Typ schlicht aber elegant gehören, dann darf es auch einfach nur schwarz sein. Wenn Sie das Schreiben auf Papier mit erfolgreich verdrängten Traumata aus Ihrer Schulzeit verbinden, dann kann Ihr Tagebuch auch eine digitale Notiz auf Ihrem Handy sein, wenn Ihnen dieses Format besser liegt. Meiner Erfahrung nach verstärkt sich die Wertschätzung von Glücksmomenten aber nochmals, wenn man sie von Hand aufschreibt; auch weil man sich beim späteren Nachlesen stärker damit identifizieren kann, wenn man die Erlebnisse in seiner eigenen Handschrift niedergeschrieben sieht.

Da es idealerweise darum geht, dass Sie diese Übung systematisch durchführen, wäre es ratsam, sich eine tägliche Routine anzutrainieren, die die Wahrscheinlichkeit erhöht, dass Sie die Übung auch wirklich machen. Am besten funktioniert dies, wenn man das Tagebuch immer zu einer annähernd gleichen Tageszeit am gleichen Ort ausfüllt. Ich schlage beispielsweise vor, Tagebuch und Stift auf den Nachttisch zu legen. Eventuell können Sie sich sogar angewöhnen, es morgens auf Ihr Kissen zu legen, wenn Sie Ihr Schlafzimmer verlassen, sodass Sie gar nicht anders können, als es in die Hand zu nehmen, wenn Sie zu Bett gehen.

Nehmen Sie sich täglich einige Minuten Zeit, etwa als Ritual vor dem Zubettgehen. Denken Sie daran: Es darf (und soll eventuell sogar) kurz und knapp sein. Schreiben Sie pro Eintrag das Datum und einige Stichwörter auf, die Ihnen später ausreichen, um die Erinnerung noch einmal aufrufen zu können. Eine Zeile reicht schon.

Natürlich bekommt man nicht jeden Tag einen Heiratsantrag oder eine Gehaltserhöhung. Auch einen Marathon läuft man an den wenigsten Tagen im Jahr. An solchen besonderen Tagen ist es super, diese Erlebnisse auch noch einmal schriftlich festzuhalten. Aber diese Highlights würde man höchstwahrscheinlich sowieso nicht so schnell vergessen, oder? Wissen Sie noch, was Sie am 16. Januar 2019 Schönes erlebt haben? Nein? Ich auch nicht! Aber hätten wir damals schon das positive Tagebuch ausgefüllt, dann könnten wir es jetzt nachlesen! Die Wahrscheinlichkeit ist nämlich hoch, dass wir am 16. Januar 2019 beide etwas Positives erlebt haben, auch wenn es eventuell nur ein bescheidener Glücksmoment war.

Beim positiven Tagebuch geht es vor allem um die kurzen positiven Momente, die wir über den Tag hinweg erleben. Dies kann zum Beispiel die Tasse Kaffee sein, die ich besonders genossen habe, der Song im Radio, der mich mitsummen ließ, das nette Gespräch mit den Kollegen in der Kaffeepause, die fünf Minuten Sonnenschein und die angenehme Wärme, die ich auf der Haut spüren konnte, das kleine Erfolgserlebnis auf der Arbeit, der Geruch von frisch gemähtem Gras, das gründlich geputzte Badezimmer, das Kuscheln mit dem Hund auf dem Wohnzimmerteppich, die gelungene Lego-Burg, die ich mit den Kindern gebaut habe und so weiter. Eine positive Erinnerung pro Tag reicht aus, es dürfen aber natürlich auch mehrere sein.

Seien Sie trotz der möglichen Kürze Ihrer Einträge präzise. Schreiben Sie beispielsweise nicht: «Ich war im Kino», sondern nennen Sie den Titel des Films und eventuell auch, mit wem Sie im Kino waren.

Tappen Sie auf keinen Fall in die Ja-aber-Falle («Schönes Gespräch mit meiner Frau beim Abendessen, aber die Suppe war versalzen»), sondern zwingen Sie sich dazu, allein die positiven Erlebnisse aufzuschreiben.

Was tun Sie, wenn es den ganzen Tag geregnet hat, wenn Ihr Chef Sie mal wieder auf dem Kieker hatte, wenn es in der Kantine Matschepampe gab und Sie sich zu Hause bei dem Versuch, die verstopfte Toilette zu entstopfen, auch noch den Rücken verrenken? Was sollen Sie da schon in Ihr Büchlein schreiben? Es ist erstaunlich, aber sogar an solchen Tagen ist es möglich, doch noch einen kurzen Glücksmoment zu finden, also geben Sie nicht zu schnell auf!

Jetzt denken Sie bestimmt, aber was, wenn Sie wirklich, wirklich gar nichts Schönes erlebt haben? Ganz einfach, dann ist Ihr Tag noch nicht vorbei! In diesem Fall sollten Sie bewusst noch einen kurzen Glücksmoment herbeiführen, bevor Sie schlafen gehen. Hören Sie sich zum Beispiel Ihr Lieblingsalbum an, schauen Sie sich Bilder vom letzten Urlaub an (oder schmieden Sie Pläne für einen neuen Urlaub), machen Sie sich eine Tasse Tee, gönnen Sie sich ein Schaumbad oder schauen Sie sich eine Folge Ihrer Lieblingsserie an.

Durch diese Übung werden zwei Ziele erreicht: Dadurch, dass Sie abends auf ritualisierte Weise Ihren Tag Revue passieren lassen und ihn dabei bewusst nach positiven Ereignissen scannen, schärfen Sie gezielt Ihre positive selektive Wahrnehmung. Dadurch entsteht langsam eine neue Gewohnheit, die Ihnen in Zukunft erlauben wird, auch die kurzen, positiven Momente bewusster wahrzunehmen.

Zudem erstellen Sie sich ein Archiv mit positiven Erinnerungen, von denen Sie in schwierigen Momenten zehren können. Stellen Sie sich vor, Sie schreiben jetzt eine ganze Woche lang jeden Abend etwas auf. Dann haben Sie sieben Zeilen in Ihrem Büchlein, die beim Nachlesen die positiven Erinnerungen und die dazugehörigen Gefühle wieder hochsteigen lassen. Stellen Sie sich vor, Sie machen das einen Monat lang. Oder gar ein Jahr lang. 365 positive Erinnerungen, die Ihnen beim Nachlesen ganz komprimiert Ihre Stimmung boosten können! Das Glückstagebuch als therapeutische Technik, die Sie nicht mehr als einige Minuten am Tag kostet, kann somit zu einem wertvollen Schatz werden.

Manchmal im Leben ergibt 6 plus 3 eben 8. Das Schöne ist, Sie können sich bewusst dazu entscheiden, nur die Gleichungen aufzuschreiben, die für Sie richtig sind. Und jetzt machen Sie uns beiden eine Freude und verkneifen sich Ihr «Ja, aber».

15 | Superman auf Testosteron.

Körper und Geist miteinander vereinbaren

«So stehe ich, wenn ich deprimiert bin (mit hängenden Schultern und nach unten geneigtem Kopf). Wenn du deprimiert bist, ist es ungeheuer wichtig, eine ganz bestimmte Haltung einzunehmen. Das Verkehrteste, was du tun kannst, ist aufrecht und mit erhobenem Kopf dazustehen, weil du dich dann sofort besser fühlst. Wenn du also etwas von deiner Niedergeschlagenheit haben möchtest, dann musst du so dastehen.»

– (Charlie Brown in Peanuts)

Achtung! Behalten Sie bitte kurz Ihre Körperhaltung bei. Nichts verändern. Achten Sie darauf, wie Sie jetzt gerade dasitzen (oder liegen). Würden Sie sagen, dass Sie entspannt sind? Mehr oder weniger? Gut! Ich auch. Tun Sie mir den Gefallen und versuchen Sie trotzdem, kurz Ihre Position anzupassen. Probieren Sie, Ihre Körperhaltung leicht zu verändern oder testen Sie eine ganz andere Position. Finden Sie eventuell eine Haltung, die (vielleicht auch nur ein kleines bisschen) entspannter ist? Wenn es Ihnen so geht wie mir gerade, dann sitzen (oder liegen) Sie jetzt etwas entspannter als vorher.

Es drängt sich jetzt die Frage auf, wieso wir nicht von vornherein diese entspanntere Haltung eingenommen haben. Die Antwort ist ganz einfach: Wir haben nicht darauf geachtet. Einen Anstieg der Körperanspannung registrieren wir meistens erst bewusst, wenn schon ein deutliches Stressniveau überschritten worden ist.

In unserem Alltag nehmen wir häufig Körperhaltungen an, die unsere Muskelanspannung ansteigen lassen, ohne es bewusst zu merken. Dieser Effekt summiert sich, je länger wir in angespanntem Zustand verbleiben, auch wenn die Anspannung dabei eventuell nur leicht erhöht ist.

Schauen Sie sich einmal Menschen an, die stundenlang in den unmöglichsten Körperverkrümmungen über Handybildschirme gebückt sitzen. Achten Sie auf Kollegen, die in einem Zehn-Zentimeter-Abstand vor ihrem PC hocken und angestrengt ihre Augen zusammenkneifen. Oder riskieren Sie im Rushhour Stau mal einen Blick in das Fahrzeug neben Ihnen, dessen Fahrer mit beiden Händen am Steuerrad vorn übergebückt sitzt. So, als wenn er wie ein Sprinter auf dem Zielgeraden-Foto mit seiner Nasenspitze noch vor seinen Mitstreitern einlaufen möchte.

Können wir uns wirklich besser konzentrieren, wenn wir die Stirn nachdenklich in Falten legen? Kommen wir schneller durch den Stau, wenn wir uns im Auto verkrampfen? Wenn die Antwort Nein lautet, dann könnten wir uns diese Energie doch sparen, oder? Dafür müssten wir aber eine Antenne haben, die uns einen Anstieg von Muskelanspannung rechtzeitig mitteilen könnte.

Körperlichen Beschwerden, die durch Stress verursacht werden oder bei denen Stressfaktoren zumindest eine Rolle spielen, wie zum Beispiel bei Spannungskopfschmerzen, Reiz-Darm, Tinnitus und vielen anderen, könnten wir so gezielt vorbeugen. Wenn ich gestresst bin, erhöht sich meine Grundanspannung. Umgekehrt gilt also auch: Wenn sich meine Grundanspannung erhöht, werde ich gestresster. Und noch viel wichtiger: Wenn ich meine Grundanspannung senke, werde ich entspannter.

Technik 72: Die Körperantenne

Achten Sie bewusster auf Ihre Körpersignale. Gewöhnen Sie sich an, sich über den Tag hinweg immer wieder kurz zu fragen: Wie halte ich mich gerade? Wie fühlt sich mein Körper gerade an? Was braucht er? Da Sie diese Gewohnheit anfangs noch nicht verinnerlicht haben, arbeiten Sie am besten mit Erinnerungshilfen (Reminder auf dem Handy, Post-its etc.). Wenn Sie merken, dass Sie unbewusst eine angespannte Haltung eingenommen haben, dann versuchen Sie, sich zu entspannen. Es kann dabei schon ausreichen, wenn Sie sich kurz zurücklehnen, ein paar Mal durchatmen, Ihre Nackenmuskulatur durch Dehnübungen etwas entspannen oder mit beiden Handflächen, die Sie durch Aneinanderreiben kurz aufwärmen können, sanft Ihre Augen massieren (weiterführende Methoden der systematischen Entspannung finden Sie im Kapitel 17). Achten Sie auf Ihre Grundbedürfnisse. Stellen Sie sich zum Beispiel eine Flasche Wasser auf den Arbeitstisch, die Sie bis zum Feierabend getrunken haben müssen.

Dass es einen Zusammenhang zwischen der Stimmung und dem Körpererleben gibt, ist natürlich kein Geheimnis. Wir wissen alle aus eigener Erfahrung, dass sich unser Körper energielos und platt anfühlt, wenn wir traurig oder vielleicht sogar niedergeschlagen sind. So, als ob er in sich zusammensackt. Wir lassen sprichwörtlich den Kopf hängen. Dass dieser Zusammenhang aber auch in die andere Richtung funktionieren könnte, haben wir noch nicht auf dem Schirm: Eine gewisse Körperhaltung verursacht überhaupt erst negative Gefühle oder kann diese zumindest fördern.

Wissen Sie, was der Kopf eines erwachsenen Menschen durchschnittlich wiegt? Fünf bis sechs Kilogramm! Wenn Sie sich gerade halten, dann ist dieses Gewicht über Ihren Hals und Ihre Schultern auf Ihren ganzen Körper verteilt. Wenn Sie aber nicht nur sprichwörtlich, sondern auch wortwörtlich den Kopf hängenlassen, dann ist das so, als wenn Sie eine Kette mit einem Sechs-Kilogramm-Gewicht um Ihren Hals tragen. Das gesamte Gewicht muss von Ihrer Nackenmuskulatur aufgefangen werden. Es ist leicht nachzuvollziehen, inwiefern regelmäßige Nacken-, Kopf- und/oder Rückenschmerzen auch einen Einfluss auf das allgemeine Wohlbefinden haben können. Wenn ich niedergeschlagen bin, lasse ich den Kopf hängen. Und wenn ich den Kopf hängenlasse, werde ich niedergeschlagen. Vielleicht ist so auch die ironisch gemeinte Strategie Charlie Browns aus dem Anfangszitat dieses Kapitels zu verstehen.

Umgekehrt könnte man also schlussfolgern, dass wir durch gezielte Veränderung unserer Körperhaltung auch unsere Stimmung positiv verändern können. Dieser Zusammenhang konnte zum Beispiel in sogenannten Facial-Feedback-Experimenten auf die Mimik bezogen nachgewiesen werden. So wurden Testpersonen etwa darum gebeten, Comics danach zu beurteilen, wie stimmungsaufheiternd diese seien (Strack et al., 1988). Eine Gruppe musste während des Experiments einen Bleistift zwischen den Zähnen halten. Eine zweite Gruppe sollte den Bleistift zwischen den Lippen geklemmt halten. Eine dritte Gruppe bekam die Aufgabe, die Comics ganz ohne Bleistift im Mund zu beurteilen. Erstaunlicherweise wurden die Comics von der ersten Gruppe (Stift zwischen den Zähnen) als belustigender eingeschätzt als von den zwei anderen Gruppen. Die Stimmung der zweiten Gruppe (Stift zwischen den Lippen) war am schlechtesten.

Die Forscher gehen davon aus, dass abhängig davon, welche Muskeln im Gesicht angespannt werden, verschiedene Stimmungsqualitäten gefördert werden. Die Anspannung der Muskeln in der ersten Gruppe entsprach der gleichen Muskelaktivierung, wie wir sie von einem lachenden Gesicht kennen. Bei der zweiten Gruppe dagegen spannten sich die Muskeln an, die sonst eher aktiviert werden, wenn wir nicht so fröhlich sind. Wenn wir also fröhlich sind, dann lachen wir. Umgekehrt gilt aber auch: Wenn wir lachen, werden wir fröhlich.

Auch in den körperzentrierten Psychotherapieansätzen, die auf aktuellen neurologischen Erkenntnissen fußen, wird bewusst versucht, durch körperliche Übungen psychotherapeutische Stimmungseffekte zu erzielen.

Auf dieser einleuchtenden Erkenntnis basiert auch das Hasya-Yoga (auch Lach-Yoga genannt). Mithilfe verschiedener Atem- und Dehnübungen soll ein künstliches Lachen bewusst erleichtert werden, das dann immer natürlicher wird, bis es in ein echtes Lachen übergeht.

Der Grundsatz dabei lautet: «Fake it, until you make it». Lachen ist also nicht nur sprichwörtlich die beste Medizin!

Technik 73: Fake it, until you make it

Wenn wir also genau diejenigen Gesichtsmuskeln bewusst aktivieren, die sich normalerweise anspannen, wenn wir fröhlich sind, können wir unsere Stimmung positiv beeinflussen. Klingt komisch? Versuchen Sie es selbst! Grinsen Sie bei Gelegenheit eine Minute lang vor sich hin und beobachten Sie, wie sich Ihre Stimmung dadurch verändert.

Wenn Sie traurig sind, dann lassen Sie den Kopf nicht hängen (und zwar nicht nur sprichwörtlich). Versuchen Sie, nicht in einer traurigen Körperhaltung zu verbleiben, sondern nehmen Sie gezielt die gegenteilige Haltung an. Versuchen Sie, bewusst zu lachen. Versuchen Sie, öfter zu lachen.

Auch wenn es Ihnen eher danach wäre, deprimierende Emo-Musikvideos zu schauen, weil diese besser zu Ihrer Stimmung passen, tun Sie das Gegenteil: Schauen Sie sich Stand-up-Comedy, Sitcoms oder

YouTube-fail-compilations an (oder was auch immer Ihrem Humor in nicht traurigen Momenten entspricht). Auch wenn Ihnen so gar nicht zum Lachen zumute ist, versuchen Sie es trotzdem!

Der Körper kann dabei auch als Zugangspforte zu unverarbeiteten Gefühlen dienen. Bei der sogenannten Focusing-Methode, die von dem Psychotherapeuten Eugene T. Gendlin entwickelt wurde, wird die Aufmerksamkeit gezielt auf eine körperliche Verortung und Versprachlichung von Gefühlszuständen gelenkt. Dadurch entsteht ein sogenannter felt sense, eine körperliche Empfindung, die zeigt, wie es mir in einer bestimmten Lebenssituation geht. Wenn dieser felt sense Aufmerksamkeit bekommt, können Sie emotionales Erleben im Körper lokalisieren und konkretisierten (Gendlin, 1978).

Technik 74: Focusing

Wenn Sie eine Situation, die ein unangenehmes Gefühl in Ihnen auslöst, aus der körperlichen Perspektive betrachten wollen, dann probieren Sie die folgende Übung aus. Sie stellt eine weiterentwickelte Version des Focusing-Ansatzes dar:

- Denken Sie an die problematische Situation und lassen Sie das unangenehme Gefühl langsam hochkommen.
- Wo genau spüren Sie dieses Gefühl im Körper (Bauch? Brustkorb? Nacken? etc.)?
- Wie fühlt sich das Gefühl an? Lassen Sie langsam ein Wort, eine Beschreibung, ein Bild aus diesem Gefühl heraus entstehen (Patienten nannten bei dieser Übung zum Beispiel einen verknoteten, nassen Waschlappen im Bauchbereich, einen implodierenden Energieball im Brustkorb oder einen kalten Schraubstock im Nacken). Seien Sie kreativ!

- Lassen Sie sich Zeit, um zu überprüfen, ob Ihr Bild auch wirklich zu dem Gefühl passt. Pendeln Sie dafür zwischen dem Bild und dem Gefühl hin und her und passen Sie es an, bis es sich richtig anfühlt.

- Konzentrieren Sie sich dann auf das Gefühl. Lassen Sie es zu. Kämpfen Sie nicht dagegen an, sondern versuchen Sie vielleicht sogar, es noch ein wenig zu verstärken (auch wenn das unangenehm sein kann). Stellen Sie sich hierfür vor, wie sich Ihr Bild verändert, um das Gefühl zu verstärken (ziehen Sie zum Beispiel den Knoten weiter zu, lassen Sie den Energieball noch stärker pulsieren oder erhöhen Sie die Spannung über den Schraubstock). Bleiben Sie kurz auf Ihr Gefühl konzentriert und beobachten Sie auch Ihre körperlichen Empfindungen.

- Konzentrieren Sie sich dann auf Ihren Atem. Stellen Sie sich vor, wie Sie durch Ihr Gefühl hindurchatmen. Mit jedem Atemzug löst sich etwas von dem Gefühl auf. Stellen Sie sich bildlich vor, wie die Spannung abnimmt (mit jedem Atemzug lockert sich der Knoten etwas, der Energieball wird langsam abgekühlt, der Schraubstock löst sich). Spüren Sie in Ihren Körper hinein und beobachten Sie die Veränderungen. Passen diese zu Ihrer bildlichen Beschreibung?

Haben Sie durch diese Übung eventuell einen anderen Zugang zu Ihrem Gefühl erhalten? Merken Sie vielleicht sogar, dass sich Ihr Gefühl etwas aufgelockert hat? Vielleicht könnte es interessant sein, die Übung von Zeit zu Zeit zu wiederholen.

Auch die Selbstsicherheit hängt mit der Körperhaltung zusammen. Wenn ich vor Selbstbewusstsein nur so strotze, weil mich mein Schwarm heute Morgen im Bus ganz eindeutig angelächelt hat oder weil es mir beim ersten Anlauf gelungen ist, in die winzig kleine Parklücke vor dem Café reinzukommen und die halbstarken Jugendlichen auf der Terrasse mir dabei zugeschaut haben, dann verändert sich meine Körperhaltung. Unbewusst gehe ich aufrechter, halte das Kinn etwas höher und strecke den Brustkorb raus. Es ist, als wenn ich innerlich und äußerlich zumindest einige Millimeter gewachsen wäre.

Wenn ich mich aber unsicher fühle, weil es mir dämmert, dass mein Schwarm mich eventuell auch angelächelt haben könnte, weil ich den ganzen Tag schon Vogelkacke auf der Mütze habe, oder wenn ich zu der Parklücke zurückkomme und gerade noch sehe, wie der Abschleppwagen mit meinem Auto um die Ecke biegt, und die Jugendlichen mich grinsend auf das übersehene Parkverbotsschild hinweisen, verändert sich meine Körperhaltung ebenfalls. Meine Schultern sacken ab und mein Oberkörper verkrümmt sich. Ich werde innerlich und äußerlich kleiner.

Auch dieser Zusammenhang konnte in die entgegengesetzte Richtung bestätigt werden. In verschiedenen sogenannten Postural-Feedback-Experimenten konnte ein interessantes Phänomen gezeigt werden: Testpersonen, die einige Minuten in einer selbstsicheren Körperhaltung verharrten, fühlten sich anschließend stärker als Personen, die eine Haltung annahmen, die eher wenig Platz einnahm (bei der sie sich also kleinmachten). Die Forscher gaben an, dass bei diesem Experiment sogar hormonale Veränderungen gemessen werden können (Carney et al., 2010). So scheint eine selbstsichere Haltung das Testosteronlevel ansteigen und das Stresshormon Cortisol absinken zu lassen. Auch wenn dieser Zusammenhang in anderen Studien nicht eindeutig wiederholt werden konnte, entwickelte sich der sogenannte Power-Posing-Ansatz auf Grundlage dieses Experiments.

Um diesen Zusammenhang zu verdeutlichen, schlage ich Ihnen das Superman-Experiment vor:

Überlegen Sie, wie Sie sich so klein wie möglich machen können, und verharren Sie dann zwei Minuten in dieser geduckten, verkrampften Haltung. Wie fühlen Sie sich dabei?

Versuchen Sie dann, zwei Minuten lang die Haltung eines Superhelden einzunehmen: Hände in die Hüften, Brust raus, Beine auseinandergestreckt, Kinn hoch. Merken Sie den Unterschied?

Technik 75: Das Power-Posing

Wenn Sie in Zukunft vor gewissen Leistungssituationen wie zum Beispiel einem Vorstellungsgespräch oder einer Gehaltserhöhungsverhandlung eine Minute lang ein Power-Posing machen, also in einer Körperhaltung verharren, die Sie mit Stärke assoziieren, dann kann sich dadurch Ihre Selbstsicherheit verstärken.

Versuchen Sie auch, während Leistungssituationen eine aufrechte Haltung und selbstsichere Mimik beizubehalten. Schlüpfen Sie dabei in die Haut eines Schauspielers, der eine selbstsichere Rolle spielen soll. Auch wenn es sich anfangs fremd anfühlen mag, kann allein die Einnahme einer selbstsicheren Haltung dazu beitragen, selbstsicherer zu werden (weiterführende Methoden zur Selbstsicherheit finden Sie in Kapitel 19).

Unser Stresserleben, unsere Stimmung und Selbstsicherheit haben also einen starken Einfluss auf unsere Körperhaltung. Unsere Körperhaltung hat aber genauso sehr einen Einfluss auf unsere Stresstoleranz, unsere Stimmung und Selbstsicherheit.

Ob Ihnen das bewusst war oder nicht, Sie können diese Erkenntnis nutzen, um sich gegen Stress zu schützen, Ihre Stimmung aufzubauen und Ihre Selbstsicherheit zu trainieren.

Natürlich ersetzen eine veränderte Körperhaltung oder häufigeres Lachen bei Depressionen keine Therapie. Aber verallgemeinert ausgedrückt sollten wir uns vor Augen führen, dass wir durch eine bewusstere Körperwahrnehmung aktiv zu unserer psychischen Gesundheit beitragen können.

Und wieso eigentlich nicht? Stellen Sie sich jeden Morgen zwei Minuten lang in Superman-Haltung auf Ihren Küchentisch und begrüßen Sie den Tag mit Selbstvertrauen und einer gesunden Dosis Testosteron!

16 | Der Säbelzahntiger im Nacken.

Angst verstehen

«Erst wenn man weiß, was Angst ist, bekommt man Mut.»

– (Miraculix in Asterix und die Normannen)

Eigentlich ist Angst doch etwas Wunderbares! Ohne Angst würde unsere Lebenserwartung dramatisch sinken. Wir würden uns keine Gedanken mehr darüber machen, ob unser Handeln uns in Gefahr bringen könnte. Wir würden wie Lemminge über Klippen springen, mit geschlossenen Augen über sechsspurige Autobahnen laufen oder uns im BVB-Trikot in den Schalke-Block setzen.

Angst aktiviert unser Alarmsystem im Gehirn und mobilisiert alle Ressourcen, die wir brauchen, um einer wahrgenommenen Gefahr erfolgreich begegnen oder entkommen zu können. Unsere Vorfahren, die auf den Anblick eines gefährlichen Tieres mit Angst reagierten, waren im Spiel des Überlebens klar im Vorteil. Alle anderen, die furchtlos der Gefahr ins Auge blickten, endeten mit hoher Wahrscheinlichkeit als Säbelzahntigerfutter. Fortpflanzen können sich natürlich auch nur die Lebenden. Also sind wir letztendlich alle die Nachkommen von Angsthasen. So viel zu Darwins Survival-of-the-fittest-Gesetz.

In unserem Alltag ist die Wahrscheinlichkeit, von einem Säbelzahntiger oder einem anderen gefährlichen Tier angefallen zu werden, eher sehr gering. Und trotzdem erleben wir immer wieder die Auswirkungen aktivierter Alarmreaktionen.

Wenn uns unser Arbeitspensum überfordert, wir uns in einer hitzigen Diskussion angegriffen fühlen oder wir vor Publikum einen

Vortrag halten sollen, dann kann es sein, dass sich unser Herzschlag beschleunigt, sich unsere Muskeln anspannen, wir schwitzige Hände bekommen, zittern oder öfter zur Toilette müssen. Vielleicht kennen auch Sie solche Momente, sagen sich jetzt aber: «Okay, aber das ist doch noch lange keine Angst!»

Werfen wir dazu kurz einen Blick in das Meisterwerk der Weltliteratur *Asterix und die Normannen*. Der berühmte gallische Held mit dem zeitlosen Hipster-Schnurrbart trifft darin auf die Normannen, ein Volk von starken Kriegern, die angeben, keine Angst zu kennen. Da die Normannen aber gehört haben, dass Angst «Flügel verleihen» soll, wollen sie sich in die Kunst des «Sichfürchtens» einführen lassen. Das Grauen ereilt sie schließlich, als sie dem furchtbaren Gesang des Dorfbarden Troubadix ausgesetzt sind. Der Anführer der Normannen beschreibt, wie ihm auch nur bei dem Gedanken an eine weitere musikalische Darbietung des Barden bereits die Knie zittern, die Zähne klappern, der kalte Schweiß ausbricht und sich der Magen zusammenzieht. Daraufhin ruft Asterix laut aus: «Mit einem Wort: Du hast Angst!»

Der smarte Gallier bringt es auf den Punkt. Das, was wir erleben, wenn sich unser Körper bei Gefahr – aber auch in alltäglichen Stresssituationen – aktiviert, ist die logische Reaktion auf eine subjektiv wahrgenommene Bedrohung. Unabhängig davon, ob objektiv eine reale Gefahr vorliegt oder nicht. Das Gefühl, das dabei entsteht, heißt Angst.

Oft fällt es uns aber nicht so leicht, dieses Gefühl zu benennen. Dies kann an unserer Sozialisierung liegen. Angst wird heute immer noch mit Schwäche assoziiert und löst Scham aus. Es braucht also ganz schön viel Mut, einzuräumen, dass man Angst hat (irgendwie paradox, oder?).

Vielleicht fehlt uns aber auch der Zugang zu unseren Gefühlen. In der Schule lernen wir Matheformeln und Englischvokabeln, eine Anleitung zur Entzifferung unserer Emotionen bekommen wir aber nicht mit auf den Weg. Wenn die emotionale Intelligenz zu wenig ausgeprägt ist, dann kann ein Gefühl wie Angst eventuell überhaupt nicht als solches wahrgenommen werden und muss sich dann ein anderes Ventil suchen. Oft drückt sich der emotionale Stress in dem Fall psychosomatisch aus.

Bei der Behandlung von Angststörungen und psychosomatischen Symptomen hat sich die Psychoedukation, im Sinne von Wissensvermittlung über Zusammenhänge zwischen körperlichen und psychischen Reaktionen, als eine wichtige therapeutische Methode erwiesen. Wenn wir uns besser erklären können, wieso unser Körper so reagiert, wie er eben in Stress- und Angstsituationen reagiert, steigert sich unser Kontrollempfinden. Oft erleben Angstpatienten es als riesige Entlastung, wenn sie mehr über die biologischen Zusammenhänge lernen, und ihre Körperreaktionen besser zuordnen können. Das, was wir besser erkennen und verstehen, macht uns weniger Angst.

Bei einer Panikattacke sorgen die empfundenen physiologischen Veränderungen (zum Beispiel Herzrasen, Schwindel, Hyperventilation) für eine zusätzliche Angst, da sie selbst als bedrohlich wahrgenommen werden und sich in Folge teufelskreisartig hochschaukeln können.

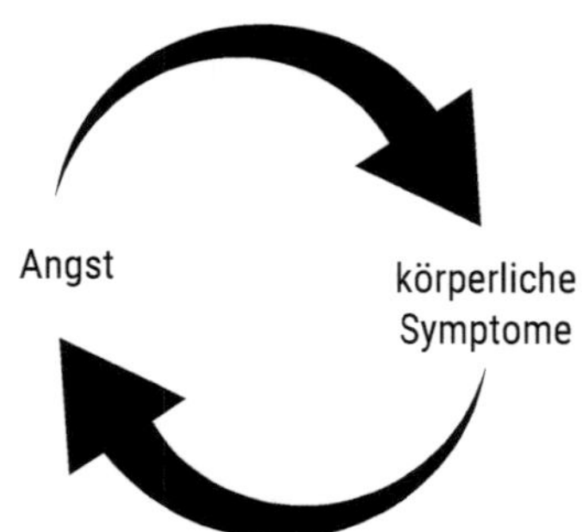

Allein die Vorstellung, dass eine Panikattacke zu einem Herzinfarkt oder zu einer Ohnmacht führen könnte, macht verständlicherweise bereits Angst. Dabei gibt es biologisch gesehen keinen direkten Zusammenhang – zumindest nicht, wenn keine Vorerkrankungen vorliegen.

Die Gefahr, einen Herzinfarkt zu erleiden, ist während einer Panikattacke nicht höher als bei einer körperlichen Anstrengung, beispielsweise während einer intensiven sportlichen Aktivität oder auch einfach nur bei schnellem Treppensteigen, bei der die körperlichen Reaktionen quasi identisch ausfallen.

Da wir heute wissen, dass Angststörungen nicht nur die häufigsten psychischen Störungen darstellen, sondern insgesamt sogar zu den häufigsten Krankheiten zählen, ist die Wahrscheinlichkeit gar nicht mal so klein, dass auch Sie davon betroffen sein könnten. Statistisch gesehen erkrankt jede dritte Person irgendwann in ihrem Leben an einer klinischen Angststörung (Kessler et al., 2005); die Dunkelziffer dürfte noch höher liegen.

Wenn Sie momentan unter einer Angststörung leiden, dann sollten Sie wissen, dass Sie damit nicht allein sind. Und was noch viel wichtiger ist: Angststörungen sind nicht gefährlich und in der Regel sehr gut behandelbar!

Auch wenn Sie das Glück haben, nicht unter einer klinischen Angststörung zu leiden, ist es dennoch so, dass wir alle besser mit Stresssituationen umgehen beziehungsweise psychosomatischen Belastungen vorbeugen können, wenn wir körperliche Angstreaktionen besser erkennen und erklären können.

Das sogenannte Transaktionale Stressmodell von Lazarus und Folkman (1984) besagt, dass die individuelle Belastung durch eine Stresssituation von folgenden Parametern bestimmt wird: zum einen von der subjektiven Bewertung der Herausforderung (ist die Situation gefährlich oder nicht?), zum anderen aber auch von der subjektiven Einschätzung der eigenen Ressourcen und Kompetenzen zur Bewältigung der Stresssituation (sind meine eigenen Ressourcen ausreichend oder nicht?):

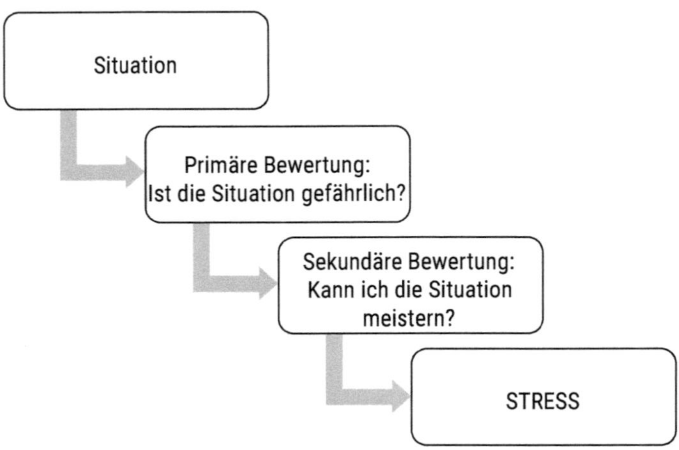

Nicht allein die objektive Beschaffenheit der Stresssituation ist also ausschlaggebend für die Stressreaktion, sondern deren subjektive Bewertung durch den Betroffenen. Zweifelt eine Person daran, spezifische Anforderungen durch das eigene kompetente Handeln unter Kontrolle bringen zu können, nehmen Stressreaktionen zu.

Kann die körperliche Stressreaktion in einem konstruktiven Sinn als angepasste Schutzmaßnahme bewertet werden, die dabei helfen soll, besser auf eine herausfordernde Situation zu reagieren, dann steigert sich das Kontrollempfinden.

Wir haben also weniger Angst und weniger Stresssymptome, wenn wir den Stress besser verstehen und konstruktiver bewerten.

Aber was passiert nun physiologisch, wenn wir gestresst sind? Schauen wir uns dies anhand eines Beispiels an, das der Neurowissenschaftler Joseph LeDoux in seinem Buch *The Emotional Brain* vorstellt (LeDoux, 1996):

Stellen Sie sich vor, Sie gehen im Wald spazieren. Vor Ihren Füßen sehen Sie plötzlich etwas, das eine Schlange sein könnte. Was passiert nun?

Das Bild, das Sie sehen, ist zunächst nur eines: ein Bild. Eine visuelle Information also, die von Ihren Augen aufgenommen und an die Wahrnehmungszentrale im Gehirn weitergeleitet wird.

Damit Sie sich bewusst zusammenreimen können, womit Sie es hier zu tun haben, muss diese visuelle Information aber noch entziffert werden. Zu diesem Zweck wird das Bild an den visuellen Cortex auf der Hinterseite Ihres Gehirns weitergeleitet. Dort erfolgt nun im Zusammenspiel mit anderen Hirnregionen eine Interpretation: «Das was ich sehe, sieht aus wie eine Schlange.»

Das Gehirn aktiviert daraufhin Ihr Vorwissen über Schlangen. Dazu gehört zum Beispiel die Tatsache, dass viele Schlangen beißen und giftig sein können. Die Großhirnrinde kommt zu der Schlussfolgerung, dass eine unmittelbare Gefahr besteht, und löst den Feueralarm aus.

Die Alarmzentrale im Gehirn ist die Amygdala. Von dort aus wird der sogenannte Hypothalamus dazu veranlasst, die Ausschüttung von Stresshormonen (unter anderem Adrenalin) in den Nebennierenrinden zu initiieren. Und dann geht die Post ab: Ihr ganzer Körper wird aktiviert und Sie nehmen die Füße in die Hand und stürzen kreischend davon.

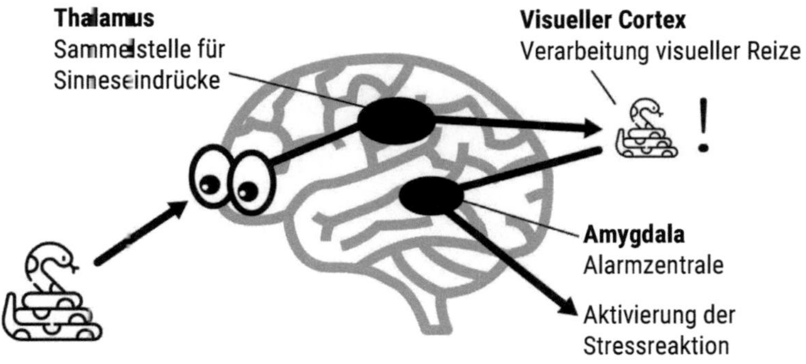

Dieser ganze Prozess vom Sehen über das Wahrnehmen, Interpretieren und Reagieren dauert in der Regel nicht länger als den Bruchteil einer Sekunde.

Ganz schön schnell, denken Sie womöglich. Jein! Manchmal kann auch der Bruchteil einer Sekunde zu lang sein. In unserem Beispiel könnten Sie bereits auf die Schlange getreten sein, bevor Sie bewusst darüber nachgedacht haben, ob das eine gute Idee wäre oder nicht. Auch ein anrasendes Auto kann zu schnell sein, als dass Sie sich erlauben könnten, bewusst zu reflektieren, ob Sie besser zur Seite springen sollen oder nicht.

Um auch auf unmittelbare Gefahren adäquat reagieren zu können, muss unser Gehirn also manchmal schneller schalten können.

Genau aus diesem Grund hat die Natur eine Abkürzung vorgesehen: Neuronale Bahnen zwischen der Wahrnehmungszentrale und der Alarmzentrale ermöglichen, dass die Amygdala sofort aktiviert wird, ohne den Umweg über die vorige Interpretation des Cortex zu nehmen.

Mit anderen Worten: Die Alarmzentrale kann die Kontrolle übernehmen, ohne dass der Teil unseres Gehirns, der für die rationale Analyse verantwortlich ist, konsultiert wird:

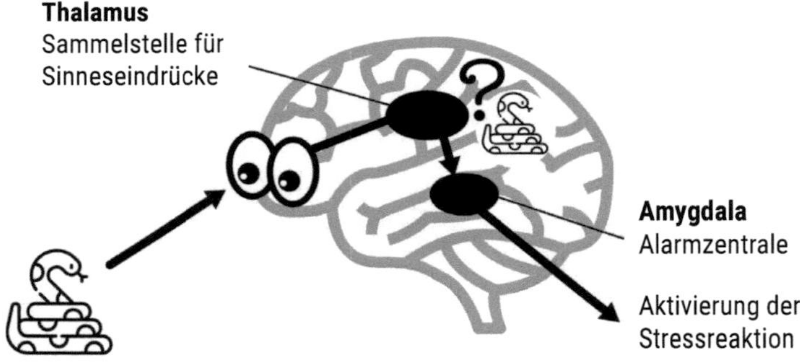

Wir alle kennen diese Momente, in denen wir kurz zusammenzucken, weil wir dachten, aus dem Augenwinkel etwas Bedrohliches erkannt zu haben, oder uns ein plötzliches Geräusch aufgeschreckt hat. Ein Stock oder eine Baumwurzel, die auf den ersten Blick eine gewisse Ähnlichkeit mit einer Schlange haben kann, kann unser Stresssystem also bereits aktivieren.

Wir können auch beim Anblick unseres Gartenschlauchs erschrecken, bevor wir zu der bewussten Schlussfolgerung kommen, dass er uns wahrscheinlich eher nicht beißen wird.

Wenn wir uns also in einer Situation bedroht fühlen und unsere Amygdala Alarm ausgelöst hat, werden Stresshormone ins Blut ausgeschüttet. Der Teil unseres autonomen Nervensystems (die Nerven, die wir nicht bewusst kontrollieren können), der für die Aktivierung verantwortlich ist (Sympathikus), springt an, während sein Gegenpol (Parasympathikus), der für die Entspannung und Regeneration zuständig ist, gehemmt wird.

Dadurch produziert der Körper mehr Energie und verteilt den Blutfluss um. Alle Funktionen, die unser Überleben in einer Gefahrensituation sichern sollen, werden prioritär mit Energie versorgt, während weniger lebensnotwendige Funktionen unterdrückt werden, um kurzfristig leistungsfähiger zu sein.

Vor diesem Hintergrund ergeben Angst- und Stresssymptome, die oft als lästig empfunden werden oder sogar selbst beängstigend wirken können, auf einmal viel Sinn.

- Herzrasen, Druck im Kopf, kribbelnde Hände/Füße:
  Durch die Erhöhung des Herzschlags und des Blutdrucks verbessert sich die Durchblutung und die Energie wird zu den Muskeln gelenkt.

- Anspannung, Zittern, weiche Knie, Klos im Hals:
  Durch die vermehrte Muskeldurchblutung spannen sich die Muskeln an. Wir könnten bei Gefahr also besser wegrennen oder kämpfen.

- Gefühl von Atemnot, Schwindel:
  Die Atmung verstärkt sich, um mehr Sauerstoff ins Blut zu lenken und so die Energieerzeugung aus den Brennstoffen zu beschleunigen.

- Hitzewallungen, Erröten:
  Durch den Energieverbrauch in den Muskeln steigt die Körpertemperatur.

- Vermehrtes Schwitzen, Frieren, Gänsehaut:
  Durch die Verdunstungskälte, die beim Schwitzen entsteht, wird die Körpertemperatur konstant gehalten. Das Schwitzen ist die Klimaanalage des Körpers.

- Übelkeit, Durchfall, Harndrang:
  Nicht lebensnotwendige Stoffwechselvorgänge werden durch die verminderte Blutzufuhr zu den inneren Organen gehemmt.

- Konzentrationsstörungen:
  Durch die verminderte Blutzufuhr zum Großhirn werden die rationalen Verarbeitungsprozesse zugunsten schematischer Reaktionsmuster niederer Hirnregionen gehemmt. Dadurch kann der Körper schneller und problemorientierter reagieren, es kommt aber auch öfter zu Fehlalarm.

- Das Bedürfnis nach Süßem oder Fettigem:
  Die Energieträger (Glukose und Fett) im Blut erhöhen sich, wodurch in den Zellen mehr Energie erzeugt wird, um die Muskeln noch besser aktivieren zu können.

Technik 76: Psychoedukation

Sollten Sie gelegentlich unter einigen dieser Angst- oder Stresssymptome leiden, dann versuchen Sie, sich die biologische Erklärung dahinter vor Augen zu führen. Fangen Sie damit an, Ihr Wissen über Stress aufzubauen. Jede einzelne körperliche Veränderung, egal, wie unnütz oder unangenehm sie uns vorkommen mag, erfüllt eine ganz einfache Funktion. Je besser Sie die biologischen Zusammenhänge nachvollziehen können, desto stärker wird Ihr Gefühl der Kontrolle.

Angst macht nur das, was ich nicht gut kenne. Wissen ist Macht.

Kurz andauernder Stress hat die Funktion, uns besser auf eine mögliche Gefahr vorzubereiten. Durch die Adrenalinausschüttung werden wir wacher und leistungsfähiger, zudem wird unser Immunsystem kurzfristig gestärkt, um uns vor Krankheiten zu schützen. Problematischer wird es allerdings, wenn wir längerfristig Stress ausgesetzt sind. Dann schüttet unser Körper zusätzlich zum Adrenalin das Stresshormon Cortisol aus. Dieses soll unsere Leistungsfähigkeit und Alarmbereitschaft über einen längeren Zeitraum hinweg erhalten. Dadurch wird das Immunsystem in Mitleidenschaft gezogen und die Produktion des Schlafhormons Melatonin gehemmt. Cortisol soll also auch noch die letzten Reserven mobilisieren, um uns über die Ziellinie zu peitschen (um unsere Gesundheit und Schlafqualität können wir uns auch noch später kümmern).

Wenn diese Ziellinie aber einfach nicht in Sichtweite rückt, dann können wir nicht nur psychisch ausbrennen, sondern auch körperlich krank werden. Oft passiert dies in Ruhemomenten (am Wochenende, im Urlaub); ein Phänomen, das als Leisure Sickness bekannt ist. Durch die entzündungshemmende Wirkung des Cortisols macht sich eine Erkrankung meist erst bemerkbar, wenn das Stresshormon langsam abgebaut wird. Und das war's dann mit dem schönen Urlaub. Die Belastung verdoppelt sich: Nicht nur in den Leistungsphasen häufen sich die Stresssymptome an, auch in Ruhephasen kann es vorkommen, dass die Batterien nicht mehr richtig aufgeladen werden können.

Wenn wir uns innerlich in einem andauernden Alarmzustand befinden oder uns über alles ständig ärgern, versetzen wir unseren Körper durch fortwährende Ausschüttung von Stresshormonen kontinuierlich oder zu häufig in einen Stresszustand, der langfristig auch Organschädigungen und damit einhergehend Krankheiten bewirken kann. Solche Erkrankungen können das Herz-Kreislauf-System betreffen (zum Beispiel in Form von Bluthochdruck), das Atmungssystem (beispielsweise in Form von Asthma), das Muskulatur- und Skelettsystem (etwa in Form von Verspannungen), den Magen-Darm-Trakt (zum Beispiel in Form von Verdauungsproblemen), die Haut (beispielsweise in Form von Allergien) oder das Nervensystem (etwa in Form von Gürtelrose).

Andauernder psychischer Stress kann bestehende gesundheitliche Empfindlichkeiten verstärken, Erkrankungen auslösen oder das Immunsystem durch Dauerbelastung schwächen. Vieles deutet darauf hin, dass Menschen, die unter viel Stress leiden, eine höhere Sterbewahrscheinlichkeit haben. Als Hauptfaktor scheint dabei die Verengung der Blutgefäße bei lang andauerndem Stress zu gelten, da diese zu Krankheiten führen kann, die das Herz-Kreislauf-System betreffen. Bei genauerem Hinsehen stellt sich aber heraus, dass dieser Zusammenhang nur für die Personen gilt, die ihren Stresspegel als gesundheitsschädlich bewerten (Keller et al., 2012).

Probanden, die sich in induzierten Stresssituationen bewusst vor Augen führten, dass ihre zunehmende Aktiviertheit lediglich dem Ziel nachkommt, sie besser auf eine Herausforderung vorzubereiten, konnten nicht nur konzentrierter und selbstsicherer reagieren, physiologisch zeigte sich zudem ein wichtiger Unterschied zu denjenigen, die ihren Stress als schädlich bewerteten. Auch wenn sich bei beiden Gruppen der Herzschlag beschleunigte, verengten sich die Blutgefäße bei der Gruppe, die den Stress als gesunde Reaktion auf eine Herausforderung bewertete, nicht (Jamieson et al., 2012).

Technik 77: Neubewertung

Nicht der Stress an sich ist also gesundheitsschädlich, sondern unsere Bewertung von Stress. Ein besseres Verständnis für die körperlichen Vorgänge in Stresssituationen führt also nicht nur zu einer erhöhten Stresstoleranz, sondern beugt nachweislich auch potenziell gesundheitsschädlichen physiologischen Reaktionen vor.

Wenn Sie sich also langfristig auch gesundheitlich vor Stress schützen wollen, dann versuchen Sie, Ihren Stress neu zu bewerten.

Das nächste Mal, wenn Sie merken, dass Sie sich in einer Stresssituation verkrampfen oder wenn psychosomatische Beschwerden (Verdauungsstörungen, Spannungskopfschmerzen, Schlafstörungen etc.) Sie belasten, versuchen Sie, sich folgende Erklärungen zu geben:

- Das, was Sie gerade verspüren, hat einen Namen. Man nennt es «Angst».
- Angst ist eine normale Schutzreaktion des Körpers.
- Angst ist nicht gefährlich. Die körperlichen Reaktionen, die durch Angst ausgelöst werden können, entsprechen im großen Ganzen denselben Reaktionen, die auch durch sportliche Aktivierung ausgelöst werden können.
- Ihr Körper ist gerade dabei, Ihr Stresssystem zu aktivieren, damit Sie besser auf eine subjektiv empfundene Gefahr reagieren können. Ihr Körper ist nicht Ihr Feind, sondern Ihr Alliierter. Kämpfen Sie nicht gegen Ihren Alliierten an.

Auch wenn ein besseres Verständnis von körperlichen Zusammenhängen und eine konstruktive Bewertung einen großen Einfluss auf unsere Stresstoleranz und unsere Gesundheitsprävention haben («Angst verleiht Flügel», wussten bereits die Normannen bei Asterix), gibt es doch für jeden von uns ein Zuviel an Stress. Und wenn Stress- und Angstreaktionen evolutionsbiologisch gesehen die Antwort unseres Körpers auf eine drohende Gefahr darstellen, dann ist es sicher nicht verkehrt, gelegentlich auf unseren Körper zu hören.

Wenn wir uns gestresst fühlen, weil wir uns gerade autodidaktisch den Jongliertrick mit den Buschmacheten, den wir auf YouTube gesehen haben, beibringen wollen, könnte unser Körper uns vielleicht einfach nur darauf aufmerksam machen wollen, dass wir wahrscheinlich gerade nicht die beste Idee unseres Lebens haben.

Wenn Sie also besser verstehen, wieso Ihr Körper bei Stress so reagiert, wie er reagiert, und wenn Sie Stressreaktionen als eine sinnvolle Schutzfunktion bewerten, dann können Sie dadurch Ihre Stresstoleranz verbessern.

Falls Sie aber Ihren Stress als gesundheitsschädlich bewerten, unter psychosomatischen Beschwerden und Angstgefühlen leiden, Ihre Schlafqualität abnimmt oder Sie regelmäßig nach anstrengenden Leistungsphasen krank werden, dann kann dies alles auch ein Zeichen dafür sein, dass Sie eventuell einen Gang zurückschalten sollten.

Angst und Stress können vielleicht Flügel verleihen, aber auch mit Flügeln kann man abstürzen.

17 | Immer locker durch die Hose

Systematisch entspannen

«Auch die Pause gehört zur Musik.»

– (Stefan Zweig)

Kennen Sie Momente, in denen Sie das Gefühl haben, jetzt ist es fünf vor zwölf? «Wenn jetzt noch einer an meinem Käfig rüttelt, dann platze ich!»

Wir alle haben ein maximales Ausmaß an Stress, das wir aushalten können. Wird diese Schwelle überschritten, stoßen wir an unsere Grenzen. Der Körper reagiert dann zum Beispiel mit Angst, Depression oder Burnout. Das sogenannte Vulnerabilität-Stress-Modell geht davon aus, dass wir von vornherein eine gewisse Grundanspannung mit uns herumtragen, die uns anfälliger für Stress macht. Diese Vulnerabilität ist bei jedem unterschiedlich ausgeprägt. Es gibt Menschen, die ständig tiefenentspannt durchs Leben gleiten, während bei anderen die Zündschnur so kurz ist, dass die Schwelle schnell überschritten wird:

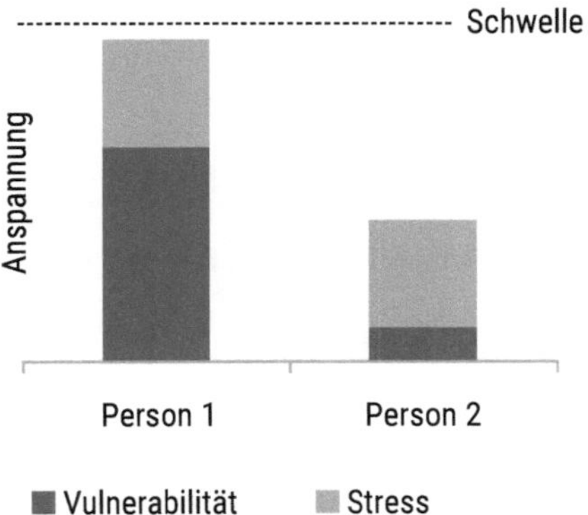

In der Realität wird unser Stresspegel natürlich nicht nur von der Grundanspannung bestimmt, die wir bereits im Ruhezustand haben, wenn wir in Jogginghosen auf der Couch chillen. Zu der allgemeinen Vulnerabilität gesellt sich auch noch unser ganz normaler Alltagsstress. Die Rote-Ampel-Welle, wenn ich sowieso schon zu spät bin, der abgestürzte Computer bei ausgeschalteter Autosave-Funktion oder die Greenpeace-Militanten in der Fußgängerzone, die an mein schlechtes Gewissen appellieren, tragen noch einmal einen Teil bei.

Im Vergleich zu diesen täglichen Mikrostressoren haben einschneidende Lebensereignisse (Arbeitsplatzverlust, Unfall, Trennung) natürlich einen noch stärkeren Impakt auf unser Stresslevel. Bei Menschen mit höherer Grundanspannung wird die Stressschwelle nicht nur bei kritischen Lebensereignissen, sondern oft schon bei Mikrostressoren erreicht. Menschen mit niedriger Grundanspannung sind dagegen stressresistenter. Sogar stark belastende Lebensereignisse überschreiten die Schwelle nicht unbedingt:

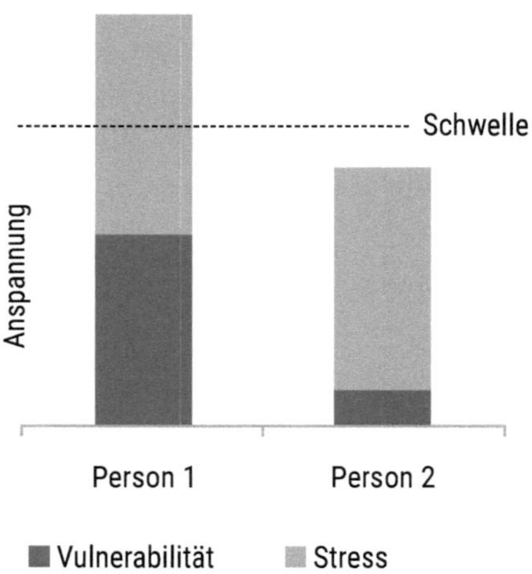

Sie können sich das Ganze wie ein Regenfass vorstellen. Wenn Sie von vornherein schon einen hohen Wasserpegel im Fass haben, ist weniger Raum nach oben da und das Fass wird schneller überlaufen:

Wenn Sie das verhindern wollen, können Sie natürlich versuchen, Stressoren zu vermeiden. Sie können den Zug zur Arbeit nehmen, alle Ihre Dateien im Sekundentakt zwischenspeichern und die Greenpeace-Einkaufsstraßenkreuzung weitläufig umgehen. Sie können sich auch ganz zu Hause einbunkern.

Aber sogar dann werden Sie sich nicht mit hundertprozentiger Garantie vor möglichen Stressoren schützen können. Es wird immer Belastungen geben, die Sie nicht voraussehen können und über die Sie keine Kontrolle haben (vielleicht klingelt Greenpeace ja an der Tür?).

Interessanter wäre es also, den Vulnerabilitätspegel zu reduzieren.

Wenn Sie zum Beispiel unten einen Zapfhahn in Ihr Fass schlagen und ein wenig von Ihrer Anspannung abfließen lassen, dann entsteht automatisch mehr Raum nach oben und es dauert viel länger, bis das Fass überläuft:

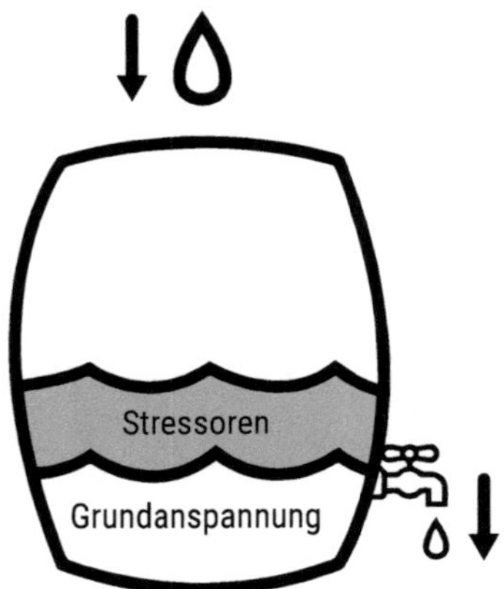

Alles, was Sie zu Ihrer allgemeinen Gesundheit und Psychohygiene beitragen können, kommt hier in Frage. Besonders Aktivitäten, bei denen Sie körperlich gut entspannen können (Sport, Wellness etc.), können bereits therapeutisch wirken (hier passen auch Strategien zur Ressourcenaktivierung aus Kapitel 13 und zur Körperwahrnehmung aus Kapitel 15).

Für viele Menschen bedeutet abzuschalten und die Batterien aufzuladen, nach Feierabend auf der Couch abzusacken und sich von der Glotze berieseln zu lassen. Oder nach einer langen Arbeitswoche am Samstag bis nachmittags auszuschlafen bzw. im langersehnten Urlaub einfach mal gar nichts zu tun. Bis dahin heißt es: auf die Zähne beißen! Ist es dann endlich so weit, braucht man ganz schön lange, bis man wirklich runtergekommen ist. Wenn das Fass und der Kopf sich endlich geleert haben, dann ist es auch schon wieder Zeit zum Schlafengehen. Oder das Wochenende/der Urlaub ist schon wieder vorbei.

Stellt man den Zusammenhang zwischen Anspannung und Zeitverlauf beispielsweise über einen Tag hinweg als Kurve dar, dann würde das folgendermaßen aussehen:

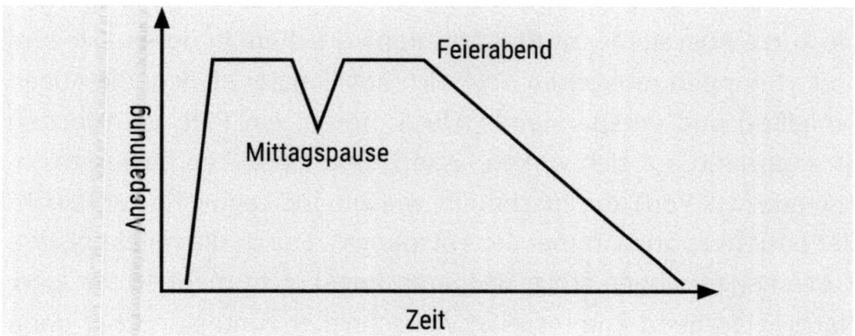

Die Anspannung steigt an, sobald man am Arbeitsplatz ankommt. Dann bleibt sie den Rest des Tages erhöht und nimmt höchstens über die Mittagspause kurz ab. Nach Feierabend sinkt sie schließlich langsam ab. Bis man endlich runtergekommen ist, ist der Tag auch schon vorbei.

Alternativ könnte man auch öfter kurze Pausen machen:

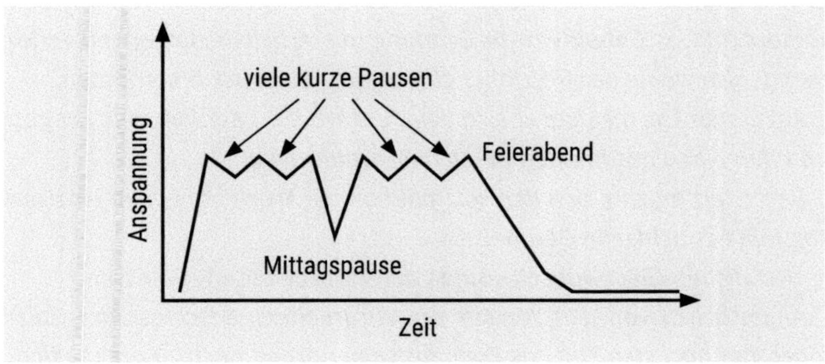

Durch diese Form des Pausenmanagements häuft sich über die Zeit hinweg weniger Anspannung an und es bleibt mehr Energie übrig, um in der Freizeit die Batterien wieder aufzuladen.

Technik 78: Das Pausenmanagement

Wenn Sie Ihre Stresstoleranz verbessern wollen, können Sie bewusst kurze Pausen in Ihren Alltag einbauen. Zum Beispiel könnten Sie kurze Auszeiten von fünf Minuten vorsehen, in denen Sie zum Luftschnappen rausgehen oder sich ans Fenster stellen, die Augen schließen und entspannende Musik hören, ein Foto vom letzten Strandurlaub auf sich wirken lassen, eine Tasse Tee bewusst trinken oder auf YouTube zuschauen, wie jemand Legosteine aufeinander baut (was auch immer Sie entspannt!). Durch die regelmäßigen Kurzentspannungen steigt der Stresspegel nicht mehr so stark an. Nach Feierabend kommt man viel schneller runter und hat dann sogar noch Energie für die schönen Dinge im Leben übrig. Bei sechs Pausen kostet Sie das gerade mal 30 Minuten am Tag.

Eventuell sagen Sie jetzt: «Mehr Pausen zu machen ist ja eine prima Idee, aber dafür habe ich doch gar keine Zeit?»

Dazu passt die Geschichte vom beharrlichen Holzfäller, die der Psychotherapeut Jorge Bucay in seinem Buch *Komm, ich erzähl dir eine Geschichte* erzählt:

Es war einmal ein Holzfäller, der bei einer Holzgesellschaft um Arbeit vorsprach. Das Gehalt war in Ordnung, die Arbeitsbedingungen verlockend, also wollte der Holzfäller einen guten Eindruck hinterlassen.

Am ersten Tag meldete er sich beim Vorarbeiter, der ihm eine Axt gab und ihm einen bestimmten Bereich im Wald zuwies.

Begeistert machte sich der Holzfäller an die Arbeit. An einem einzigen Tag fällte er achtzehn Bäume.

«Herzlichen Glückwunsch», sagte der Vorarbeiter. «Weiter so.»

Angestachelt von den Worten des Vorarbeiters, beschloss der Holzfäller, am nächsten Tag das Ergebnis seiner Arbeit noch zu übertreffen. Also legte er sich in dieser Nacht früh ins Bett.

Am nächsten Morgen stand er vor allen anderen auf und ging in den Wald.

Trotz aller Anstrengung gelang es ihm aber nicht, mehr als fünfzehn Bäume zu fällen.

«Ich muss müde sein», dachte er. Und beschloss, an diesem Tag gleich nach Sonnenuntergang schlafen zu gehen.

Im Morgengrauen erwachte er mit dem festen Entschluss, heute seine Marke von achtzehn Bäumen zu übertreffen. Er schaffte noch nicht einmal die Hälfte.

Am nächsten Tag waren es nur sieben Bäume, und am übernächsten fünf, seinen letzten Tag verbrachte er fast vollständig damit, einen zweiten Baum zu fällen.

In Sorge darüber, was wohl der Vorarbeiter dazu sagen würde, trat der Holzfäller vor ihn hin, erzählte, was passiert war, und schwor Stein und Bein, dass er geschuftet hatte bis zum Umfallen.

Der Vorarbeiter fragte ihn: «Wann hast du denn deine Axt das letzte Mal geschärft?»

«Die Axt schärfen? Dazu hatte ich keine Zeit, ich war zu sehr damit beschäftigt, Bäume zu fällen.»

(Bucay, 2020, S.147-148)

Wenn es darum geht, körperliche Grundanspannung langfristig zu reduzieren, bieten sich gerade auch die sogenannten systematischen Entspannungsverfahren an.

Eine Entspannungstechnik kann ein wirksames Kriseninstrument sein. Wenn Sie merken, dass Sie gestresst sind, können Sie damit Ihren Zapfhahn öffnen. Eine Entspannungsübung kann also Ihre Anspannung, und damit automatisch Ihren Stresspegel, kurzfristig herunterfahren. Die Methode wird zudem immer wirksamer, je stärker sie eintrainiert wird.

Bei den systematischen Entspannungsverfahren geht es aber nicht nur um Krisenbewältigung. Viel interessanter kann Entspannung nämlich präventiv eingesetzt werden, wenn sie systematisch in den Alltag eingebaut wird.

Wenn Sie den Hahn regelmäßig öffnen, wird der Pegel irgendwann dauerhaft niedrig bleiben. Zähne putzen Sie doch auch, um keine Karies zu kriegen. Wenn Sie erst damit anfangen, wenn Sie schon Karies haben, ist es vielleicht schon etwas zu spät.

Systematische Entspannung kann in diesem Sinne als Training gesehen werden, mit dem Sie langfristig stressresistenter werden können.

Gehören Sie aber eventuell zu der Sorte Mensch, die allein bei der Vorstellung an eine Entspannungsübung bereits angespannt ist? Steigt Ihr Puls, wenn Sie sich vorstellen, wie Sie auf einer Yogamatte liegend einer hauchenden Stimme zuhören, die Ihnen vor dem Hintergrundgeräusch von Vogelgezwitscher eintrichtern möchte, dass Sie ein wunderschöner Baum sind? Vielleicht sollten Sie diese Reaktion als Hinweis dafür nehmen, dass Sie wahrscheinlich viel mehr von Entspannungsübungen profitieren könnten, als Sie denken. In meiner Praxis erzielen meistens gerade diejenigen Patienten, die fest davon überzeugt sind, dass Entspannung nichts für sie ist, die besten Erfolge damit (wenn sie sich darauf einlassen).

Außerdem sollten Sie vielleicht Ihre Vorstellung von Entspannungsverfahren überprüfen. Nicht dass es die «Ich-bin-ein-Baum»-Meditation nicht gibt (ja, es gibt sie), aber vielleicht passt für Sie ja eine andere Methode besser.

Der Entspannungsmarkt wird immer größer und unüberschaubarer. Wenn Sie in der Psychologie-Abteilung in Ihrem Bücherladen oder im Internet nach Entspannungsmethoden suchen, werden Sie schnell fündig. Wissenschaftlich geprüfte Entspannungstechniken mischen sich dabei mit teilweise abstrusen alternativen Ansätzen und esoterischen Meditationen, für die es wenig bis überhaupt keine Wirksamkeitsforschung gibt. In der Regel gilt aber: Alles, was hilft, hilft!

Wenn Sie auf der Suche nach einem neuen Zapfhahn für Ihr Regenfass sind, könnten Sie sich vor allem drei Methoden näher anschauen, die sich als besonders wirksam erwiesen haben.

Technik 79: Progressive Muskelentspannung

Die Progressive Muskelentspannung nach Jacobson (PME) ist eine fast hundert Jahre alte Methode, die auf dem Zusammenspiel zwischen körperlicher Anspannung und Entspannung beruht (Jacobson, 1929). Hierbei spannt man die einzelnen Körperpartien der Reihe nach zunächst an, hält die Spannung kurz aufrecht und entspannt dann wieder. Durch die vorangegangene Anspannung wird die nachfolgende Entspannung intensiver wahrgenommen. Verspannungen können so leichter gelockert werden. Die Methode ist wissenschaftlich sehr gut belegt und hat sich in der Stressprävention und der Behandlung von Angststörungen, Bluthochdruck, Schlaf- und Schmerzstörungen als erfolgreich erwiesen.

Technik 80: Autogenes Training

Das Autogene Training nach Schultz (AT) ist fast genauso alt und ähnlich gut wissenschaftlich belegt wie die PME. Bei diesem Selbsthypnose-Verfahren erfolgt die Entspannung durch Autosuggestion (Schultz, 1932). Die Konzentration auf verschiedene klar strukturierte und gestufte Vorstellungen, die formelhaft mehrmals wiederholt werden, löst angenehme Körperempfindungen aus, die mit Entspannung einhergehen. Das AT hat sich zur Verbesserung der allgemeinen Stresstoleranz als wirksam erwiesen und wird auch bei chronischen Schmerzen empfohlen.

Technik 81: Achtsamkeitsbasierte Stressreduktion

Die Achtsamkeitsbasierte Stressreduktion nach Kabat-Zinn (Mindfulness-Based Stress Reduction Program – MBSR) ist ein strukturiertes Trainingsprogramm, das die Kompetenz der nichtwertenden Achtsamkeit durch gezielte Aufmerksamkeitslenkung lehrt (Kabat-Zinn,

2013). Es orientiert sich an körpertherapeutischen Methoden sowie an Zen-buddhistischer Meditation. Im Mittelpunkt steht die bewusste Wahrnehmung des Hier und Jetzt. Zahlreiche Studien belegen heute die Wirksamkeit dieser Methode beispielsweise im Umgang mit Stress, Angst und Depression.

Für diese drei Methoden werden vielerorts regelmäßig Kurse angeboten. Zudem existieren verschiedene Manuale, CDs und Apps mit den jeweiligen Instruktionen. Auch im Internet lassen sich verschiedene Anleitungen in Text, Ton und Video finden.

Im Gegensatz zum AT und MBSR ist die PME weniger passiv und wird oft gerade von Menschen, denen es schwerfällt zu entspannen, als etwas zugänglicher erlebt.

Andere Methoden, die ebenfalls als Zapfhahn zur Stressvorbeugung in Frage kommen, sind Meditationsübungen, imaginative Methoden (wie zum Beispiel Phantasie-/Traumreisen), Biofeedback, Hypnose, Yoga oder Qigong. Im Endeffekt haben aber natürlich auch klassische Musik, ein Spaziergang oder ein Schaumbad Entspannungspotenzial.

Damit Sie nachher nicht sagen: «Na toll, jetzt habe ich ein Kapitel über Entspannungsübungen gelesen und keine Entspannungsübung gelernt!», schauen wir uns eine ganz einfache Technik etwas genauer an, mit der Sie bereits einen großen Effekt erzielen können:

Technik 82: Atemübungen

Es gibt unzählige Atemübungen. In Anleitungen auf CDs, Apps und Youtube-Videos wird zum Beispiel vorgeschlagen, dass Sie einem vorgegebenen Rhythmus folgen. So sollen Sie beispielsweise eine Zahl X an Sekunden ein- und eine Zahl Y an Sekunden ausatmen. Oder Sie sollen Ihre Atmung an eine visuelle Animation anpassen, beispielsweise an eine Kugel, die größer und wieder kleiner wird. Sie können auch dazu aufgefordert werden, durch einen Strohhalm auszuatmen oder sich bei der Ausatmung darauf zu konzentrieren, eine Kerze, die Sie etwa 20 Zentimeter vor Ihr Gesicht halten, möglichst lange flackern zu lassen. Allen wirksamen Atemübungen liegt dabei das gleiche Prinzip zu grunde: Es geht vor allem darum, möglichst lange und ruhig auszuatmen.

Wenn wir gestresst sind, verändert sich unsere Atmung automatisch. Sie wird schneller und flacher. Die Atemfrequenz erhöht sich und es kommt vermehrt zur Brustatmung (beim Atmen hebt und senkt sich lediglich der Brustkorb und nicht der Bauchbereich). Eine erhöhte Atemfrequenz und ständige Brustatmung sind wichtige Anzeichen für Stress. Durch den schnellen Anstieg der Atmung verändert sich die Zusammensetzung von Sauerstoff und Kohlenstoffdioxid und als Folge davon der PH-Wert im Blut. Muskeln verkrampfen sich, das sympathische Nervensystem wird aktiviert und das Stresssystem hochgefahren.

Im Ruhezustand sollte die Atemfrequenz nicht mehr als 15 Atemzüge pro Minute betragen und idealerweise die sogenannte Zwerchfellatmung erfolgen. Dabei sollte sich beim Einatmen weniger der Brustkorb, sondern eher der untere Teil des Oberkörpers ausdehnen.

Im Falle von Anspannung kann also die Zusammensetzung von Sauerstoff und Kohlenstoffdioxid durch bewusst langes und ruhiges Ausatmen wieder normalisiert werden. Muskeln lockern sich und das parasympathische Nervensystem führt zu einer allgemeinen Entspannungsreaktion.

Atemübungen eignen sich gut als regelmäßiges Entspannungsverfahren. Atmen müssen wir nämlich sowieso. Es geht lediglich darum, öfter mal «besser» zu atmen.

Damit die Übung so unkompliziert wie möglich im Alltag verankert werden kann, schlage ich in der Regel vor, sich dabei lediglich auf zwei Wirkfaktoren zu konzentrieren (anstatt einem vorgegebenen Rhythmus zu folgen oder Apps etc. zu benutzen):

1. Langsames Ausatmen: Atmen Sie langsam durch die Nase ein und konzentrieren Sie sich dann vor allem darauf, so lange wie möglich auszuatmen. Hierfür bietet sich zum Beispiel die sogenannte dosierte Lippenbremse an, bei der Sie Ihre Lippen wie beim Pfeifen leicht spitzen. Lassen Sie Ihren Atem langsam durch Ihre zu einem Spalt geöffneten Lippen ausströmen. Die Lippenbremse funktioniert dabei als Widerstand, der die Ausatmung ganz natürlich verlangsamt. Lassen Sie den Atem dabei ganz von selbst kommen und gehen.

2. Zwerchfellatmung: Um die Zwerchfellatmung zu begünstigen, konzentrieren Sie sich beim Einatmen auf Ihren Bauchbereich. Spüren Sie, wie der Bauch sich beim Einatmen in alle Richtungen leicht ausdehnt und wie er beim Ausatmen wieder leicht abflacht. Dies passiert ganz natürlich und ohne Anstrengung. Beim Einatmen wird Ihre Taille weiter, beim Ausatmen schmaler. Sie können sich auch vorstellen, Sie hätten einen Luftballon im Bauch. Beim Einatmen wird der Ballon leicht aufgeblasen, beim Ausatmen strömt die Luft wieder langsam von selbst heraus.

Bereits einige Minuten reichen für diese einfache Übung aus. Im Sinne einer langfristigen Stärkung der Stressresistenz ist es interessanter, öfter kurz als seltener lang zu üben. Versuchen Sie, mindestens fünf Mal pro Tag eine kurze Atemübung einzubauen. Nicht nur in Situationen, in denen Sie gestresst sind, sondern gerade auch in Momenten, in denen Sie bereits entspannt sind.

Damit Sie es nicht vergessen, programmieren Sie sich eine regelmäßige Handyerinnerung ein. Oder kleben Sie Post-its oder kleine Sticker als Erinnerungshilfe an strategisch wertvolle Stellen (zum Beispiel an Handy, Rückspiegel, Brieftasche, PC, Kühlschrank etc.) Jedes Mal, wenn Ihr Blick darauf fällt, machen Sie eine kurze Atemübung.

Kombinieren Sie die Übung mit Alltagsmomenten, in denen Sie sowieso nichts Besseres zu tun haben. Ab jetzt also zum Beispiel bei jeder roten Ampel: Atemübung! Wenn Sie sich etwas in der Mikrowelle aufwärmen: Atemübung! Wenn Sie darauf warten, dass Ihr PC hochfährt: Atemübung!

Mit etwas Training können Sie die Lippenbremse auch durch ein langsames Ausatmen durch die Nase ersetzen. So werden Sie diese Übung immer und überall machen können. Ob an der Kasse im Supermarkt, in einem Team-Meeting bei der Arbeit oder beim Lesen von Selbsthilfebüchern: Atemübung!

Behalten Sie also den Wasserstand Ihres Regenfasses im Auge! Schützen Sie sich präventiv gegen Stress, indem Sie auf Ihre Psychohygiene und Ihr Pausenmanagement achten. Bauen Sie systematische Entspannungsübungen in Ihren Alltag ein – so, wie Sie sich auch täglich die Zähne putzen.

Seien Sie sich das wert, Sie sind schließlich ein wunderschöner Baum.

18 | Augen auf und durch!

Sich mit der Angst konfrontieren

«Nicht weil es schwer ist, wagen wir es nicht, sondern weil wir es nicht wagen, ist es schwer.»

– (Lucius Annaeus Seneca)

Gibt es Dinge, vor denen Sie sich fürchten, obwohl Sie rational wissen, dass sie nicht gefährlich sind (oder zumindest nicht gefährlicher als andere Dinge, die Ihnen keine Angst machen)? Eine Person, die Sie attraktiv finden, auf einen Kaffee einzuladen zum Beispiel? Im Restaurant ein Gericht zurückzuschicken, weil es nur lauwarm ist? Bungeespringen?

Wenn wir uns vor einer bestimmten Sache fürchten, werden wir bewusst oder unbewusst versuchen, jegliche Konfrontation mit dieser Sache zu vermeiden. Das ergibt ja auch Sinn, oder? Wir sind schließlich keine Masochisten (also die meisten von uns jedenfalls nicht)! Wieso sollten wir uns quälen, wenn es möglich ist, die Sache einfach zu umgehen? Jemand, der sich vor Spinnen fürchtet, kann doch einfach den Partner in den Keller schicken, statt selbst zu gehen. Wenn ein Schüler Stress dabei empfindet, vor anderen zu sprechen, kann er eine Magen-Darm-Schwäche vortäuschen, wenn der Lehrer ihn aufruft. Und bei Flugangst kann man sich doch auch einfach den Urlaub auf Balkonien schönreden.

Vermeidungsverhalten ist aber nicht immer so leicht zu erkennen. Manche bewussten oder unbewussten Strategien können weniger offensichtlich und sehr subtil sein. So kann ich zwar vielleicht zu dem stressigen Networking-Event hingehen, aber nur, wenn ich ein Glas (oder viele Gläser!) Gin Tonic intus habe. Trotz Höhenangst bringe ich es vielleicht fertig, die Talbrücke zu überqueren, muss den Blick dabei aber krampfhaft nach oben gerichtet halten. Ich kann vielleicht angstbesetzte Orte aufsuchen, aber nur, wenn mich jemand begleitet, oder wenn ich weiß, dass ich jederzeit jemanden anrufen kann. Vielleicht presse ich mich trotz meiner Angst vor Menschenmengen durch den vorweihnachtlichen Einkaufsalbtraum, aber nur, weil ich mein Beruhigungspillchen mit mir führe (auch wenn ich es vielleicht gar nicht einnehme und es bereits seit Jahren abgelaufen ist). Oder ich zwänge mich in den engen Fahrstuhl und überwinde meine Klaustrophobie, indem ich mich im Kopf damit ablenke, für jeden Buchstaben im Alphabet einen Fußballspielernamen zu suchen.

Ob ich der angstauslösenden Situation jetzt völlig aus dem Weg gehe oder mich ihr nur mit subtilen Vermeidungsstrategien stelle: Ich erlebe, dass ich meine Angst kontrollieren kann. Sie nimmt sofort ab, wenn ich flüchte oder mich ablenke, bzw. kommt gar nicht erst noch, wenn ich die Situation von vornerein vermeide. Solche Vermeidungsstrategien sind also sehr erfolgreich.

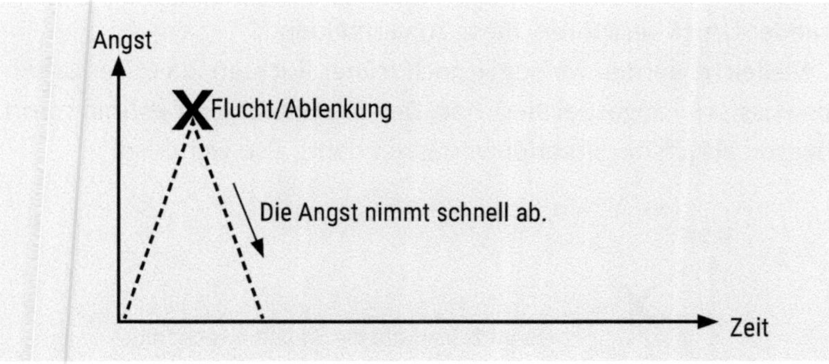

Sie haben allerdings einen kleinen Haken. Solange ich es vermeide, mich bewusst der angstauslösenden Situation zu stellen, werde ich keine neue Erfahrung machen können, die meine unbegründete Empfindung einer Bedrohung korrigieren könnte.

In seinem Buch *Anleitung zum Unglücklichsein* führt der Psychotherapeut Paul Watzlawick die Geschichte von einem Mann auf, der alle zehn Sekunden in die Hände klatscht. Als er nach dem Grund für sein Verhalten gefragt wird, erklärt er:

> *«Um die Elefanten zu verscheuchen.»*
> *«Elefanten? Aber es sind doch hier gar keine Elefanten.»*
> *«Na also! Sehen Sie?»*
>
> (Watzlawick, 2009, S. 53)

Der klatschende Mann wird seine Überzeugung, dass sein Klatschen der Grund für die fernbleibenden Elefanten darstellt, erst hinterfragen können, wenn er das dämliche Klatschen endlich unterlässt. Solange er weiterklatscht, kann seine Annahme lediglich bestätigt werden (Klatschen = keine Elefanten).

Wenn wir also eine Situation, die irrationale Angst auslöst, vermeiden, haben wir im Moment weniger Angst. Wir werden aber das nächste Mal in einer ähnlichen Situation wieder Angst haben und wieder Druck verspüren, diese zu vermeiden.

Vielleicht werden wir sogar noch früher flüchten, da unser Unterbewusstsein abgespeichert hat: Das letzte Mal ging es mir sofort besser, als ich die Situation verlassen habe, also weiter so!

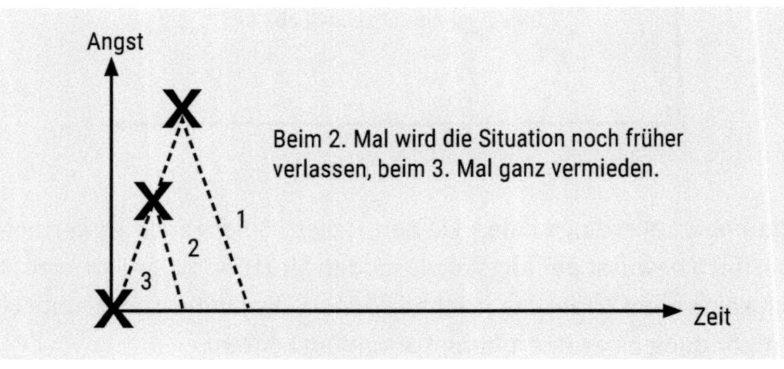

Was würde aber passieren, wenn wir unsere Vermeidungsstrategien aufgeben würden?

Bewusst oder unbewusst erwartet man, dass die Angst in dem Fall ständig weiter und weiter steigt, bis… Ja, was eigentlich? Man umkippt? Man stirbt? Man verrückt wird? Die Welt stehen bleibt? Oft besteht keine konkrete Vorstellung, es ist vielleicht eher ein diffuses ungutes Gefühl, das sich breitmacht.

Eine andere Annahme besteht darin, dass man für immer auf diesem sehr hohen Angstniveau bleiben würde und nur das Verlassen der Situation zu einer Linderung führen kann.

Was aber in Wirklichkeit passiert, ist, dass nach kurzer Zeit ein Höchstmaß an Angst erreicht wird. Die Angst kann nicht unendlich lange steigen, da unser Stresssystem irgendwann sein ganzes Pulver (Stresshormone) verschossen hat. Die Angst erreicht dann erst einmal ein Plateau, bis sie nach einiger Zeit von selbst wieder abnimmt. Sie kann nicht unendlich lange auf dem Höchststand bleiben, da der Körper sich langsam an die Situation gewöhnt und feststellt, dass die antizipierte Bedrohung überhaupt nicht eingetreten ist:

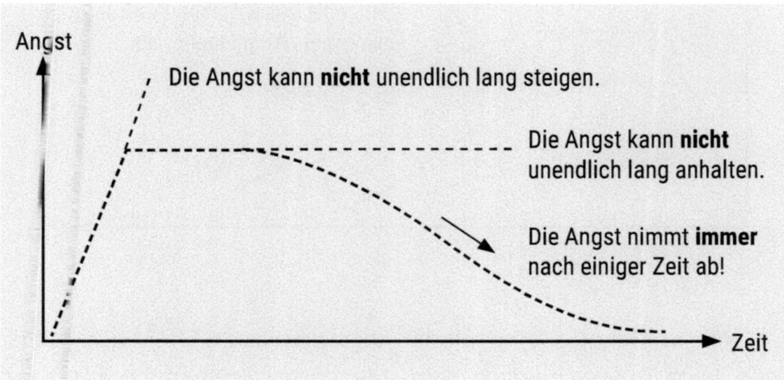

Gleichzeitig werden die ausgeschütteten Stresshormone wieder abgebaut. Dieser Effekt der physiologischen Anpassung wird Habituation genannt.

Wie lange es dauert, bis die Angst abklingt, kann sehr unterschiedlich sein. Bei sehr starken Ängsten und Panikattacken dauert es oft nur wenige Minuten, bis der Höhepunkt erreicht ist und die Angst wieder abflacht. Bei weniger starken Ängsten kann es dagegen etwas länger dauern. Es bleibt allerdings bei der immergleichen Schlussfolgerung: Die Angst kann nicht unendlich lange andauern und wird bei einer Konfrontation ohne Vermeidung nach relativ kurzer Zeit abnehmen.

Habe ich eine angstbesetzte Situation auf diese Weise einmal ausgestanden, ist die Wahrscheinlichkeit groß, dass ich das nächste Mal viel weniger Angst haben werde. Unterbewusst wurde abgespeichert: Ich kann das aushalten.

Ich weiß, dass die Angst von selbst wieder abnimmt. Die Habituation nimmt zu. Bei wiederholter Konfrontation wird der Angstverlauf ständig weiter abflachen, bis die Situation irgendwann überhaupt keine Angst mehr auslöst:

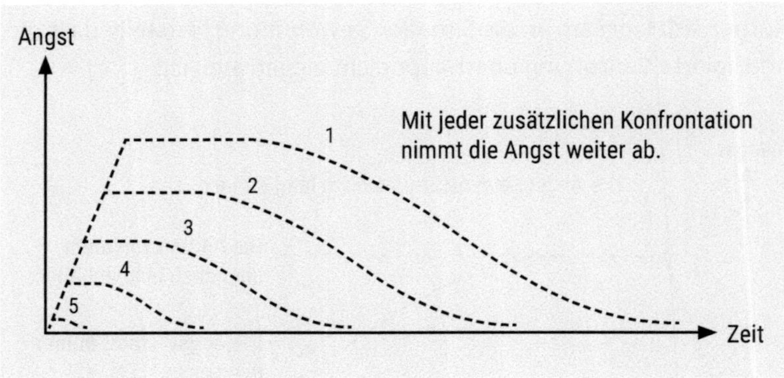

Wie viele Konfrontationen mit der Angst zu diesem Effekt nötig sind, kann ganz unterschiedlich sein. Manchmal reichen bereits eine einzige oder einige wenige aus, um die Angst ganz in die Knie zu zwingen.

Unsere Vermeidungsstrategien verhindern also, dass wir überhaupt erst in die Lage kommen, den Effekt der Habituation zu erleben. Auch die subtilen Strategien (die mir zwar erlauben, die schwierigen

Situationen aufzusuchen, aber ohne welche ich mich nicht trauen würde) sind dabei oft kontraproduktiv. Die natürliche Habituation tritt nicht ein, da sich eingebrannt hat: Ich halte das nur aus, wenn ich mich an meiner Sicherheitsstrategie festklammere. Was aber, wenn ich meine Tasche mit dem Beruhigungsmittel zu Hause liegen gelassen habe? Was, wenn meine Begleitperson plötzlich dringend wegmuss oder ich keinen Handyempfang habe? Was, wenn auf dem Networking-Event nur alkoholfreie Drinks serviert werden? Spätestens dann wird deutlich, dass die Angst nie weg war und lediglich künstlich kontrolliert wurde.

Zudem können Vermeidungsstrategien sogar konträre Effekte auslösen und zu selbsterfüllenden Prophezeiungen führen:

Wenn Sie bei Gesundheitsängsten als Sicherheitsstrategie anfangen, sich selbst den Puls oder gar den Blutdruck zu messen, dann ist die Wahrscheinlichkeit groß, dass Ihr Herzschlag in dem Moment, in dem Sie ihn überprüfen, auch hochfährt. Allein die Angst vor einem erhöhten Puls führt bereits zu erhöhtem Puls.

Wenn Sie Angst davor haben, wie andere Ihr Äußeres bewerten, dann werden Sie vielleicht vermeiden, beim Lachen Ihre Zähne zu zeigen (von denen Sie vielleicht glauben, dass sie etwas weißer sein sollten), sich Ihre Augenbrauen womöglich etwas zu sehr zupfen, oder im Freibad krampfhaft Ihren Bauch einziehen. Vielleicht wirken Sie aber gerade dadurch etwas unentspannt, wodurch Sie womöglich wirklich von anderen komisch angeguckt werden.

Wenn Sie fürchten, dass andere an den Schweißringen unter Ihren Achseln merken, dass Sie aufgeregt sind, werden Sie Ihre Arme vielleicht fest an Ihren Oberkörper pressen oder im Sommer Ihre Anzugjacke anbehalten. Gerade dadurch verstärkt sich das Schwitzen aber.

Und wissen Sie, was die beste Methode ist, wenn Sie aus irgendeinem Grund vor anderen Menschen rot werden wollen? Konzentrieren Sie sich bewusst darauf, auf keinen Fall rot werden zu dürfen. Dann schießt Ihnen das Blut garantiert sofort in den Kopf.

Vermeidungsstrategien sind also in der langfristigen Angstbewältigung nicht nur sehr unwirksam, sie können manchmal gerade das auslösen, was ich krampfhaft vermeiden will.

Um eine irrationale Angst langfristig und ohne Einschränkung der Lebensqualität aufzulösen, geht der Weg also nicht an der Angst vorbei, sondern nur mittendurch.

In der Behandlung von Angststörungen hat sich die kognitive Verhaltenstherapie als wirksamste Methode erwiesen. Die wichtigste Phase der Therapie stellt dabei die sogenannte Exposition (Konfrontation mit dem Angstauslöser) dar. Dabei geht es darum, die angstauslösende Situation ohne jegliche Vermeidungsstrategien so lange auszuhalten, bis die Habituation einsetzt. Durch Wiederholung und Konditionierung wird die Situation dann nicht mehr angstbesetzt sein.

Moment mal, Ich habe also womöglich panische Angst vor einer bestimmten Sache und bezahle dann viel Geld dafür, dass mir der Therapeut sagt, dass ich die Sache einfach aushalten soll? Super!

Wenn Sie in dieses Kapitel in der Erwartung eingetaucht sind, zu lernen, wie Sie eine lästige Angst oder Unsicherheit loswerden können, werden Sie spätestens jetzt darüber nachdenken, ob Sie den Kassenzettel aufbewahrt haben und das Buch vielleicht noch umtauschen können.

Geben Sie mir aber bitte noch eine Chance. Ja, das klingt alles erst mal ein bisschen simpel (und für Angstpatienten auch ganz furchtbar!). Habituation ist aber nun mal der wichtigste Wirkfaktor, damit Sie eine Angst langfristig loswerden. In der Verhaltenstherapie wird daher zusammen mit dem Patienten ein detaillierter Plan erstellt, wie er sich seiner Angst in einem Rhythmus und in einer Form stellen kann, die für ihn vorstellbar sind.

Neben dem sogenannten Flooding, bei dem sofort mit der schlimmstmöglichen Form der Konfrontation gearbeitet wird (zum Beispiel bei einer Spinnenphobie eine Spinne auf die Hand zu nehmen), wird vor allem die «gestufte Exposition» vorgeschlagen, bei der zunächst Etappen geplant werden, die weniger Angst auslösen (zum Beispiel Bilder oder Filme von Spinnen anzuschauen, mit Gummispinnen üben etc.). Erst wenn eine Etappe erfolgreich gemeistert wurde (und ein deutlicher Abfall der Angst erlebt wurde), wird in der Angsthierarchie zur nächsten Stufe übergegangen, bis man sich schließlich zur Königsdisziplin hochgearbeitet hat. Eine Reihe von Angstbewältigungsstrategien (Psychoedukation, kognitive Umstrukturierung und Atem- und Entspannungstechniken, die Sie aus den anderen Kapiteln bereits kennen) können zusätzlich Selbstsicherheit liefern.

In der Therapie kann der Patient auch vom Therapeuten begleitet werden. In meiner Praxis begleite ich Patienten über Brücken, beim Fahrstuhlfahren, zur Blutabnahme und in Kaufhäuser oder wir setzen uns zusammen mit Spinnen, Schlangen, Hunden oder Knöpfen (ja, die Knopfphobie ist tatsächlich gar nicht mal so selten!) auseinander. Der Patient kann die einzelnen Etappen aber auch allein abarbeiten.

Die Exposition kann dabei auch nur in der Vorstellung erfolgen. Studien zeigen, dass die imaginative Konfrontation (Exposition «in sensu») ebenfalls Habituationseffekte erzielen kann, die bei anschließender realer Konfrontation («in vivo») dann weiter greifen. Bei Prüfungsangst kann also beispielsweise eine durch den Therapeuten geleitete Vorstellung des Prüfungsraums mit allen Details bereits Angst auslösen, die dann aber genau wie in der Realität nach einer gewissen Zeit von selbst wieder abnimmt, wenn nicht auf Vermeidungsstrategien zurückgegriffen wird. Auch die Exposition «in virtuo», also in der virtuellen Realität, wird mit Fortschreiten der Technik eine immer realistischere Möglichkeit, um neue Lernerfahrungen zu bilden und um Ängste abzubauen.

Es geht also nicht darum, Patienten einfach ins kalte Wasser zu stoßen, sondern sie dazu zu befähigen, progressiv neue Lernerfahrungen zu sammeln, bis die Angst vor Elefanten (auch ohne Händeklatschen) ganz abgeklungen ist.

Ob Sie nun etwas in Ihrem eigenen Leben ändern sollten, ist natürlich immer eine Frage des Leidensdrucks. Wenn Sie zum Beispiel panische Angst vorm Fallschschirmspringen haben und Sie im Allgemeinen aber ganz gut ohne Fallschirmspringen durchs Leben kommen, kann es natürlich eine sehr berechtigte Entscheidung sein, das Fallschirmspringen einfach sein zu lassen.

Wenn Ihre Angst Sie auf die eine oder andere Weise in Ihrer Lebensqualität einschränkt oder umgekehrt: Wenn sich Ihre Lebensqualität noch weiter verbessern würde, wenn Sie bestimmte Ängste und Unsicherheiten überwinden könnten, dann würde es sich vielleicht lohnen, über folgende Punkte nachzudenken:

- Welche Situationen, Personen, Orte, Aktivitäten vermeiden Sie eventuell aus Angst oder können Sie lediglich unter Anspannung aufsuchen, obwohl Sie rational gesehen wissen, dass keine direkte Gefahr besteht?

- Welche subtilen oder weniger subtilen Vermeidungsstrategien wenden Sie an, um Situationen, die Ihnen Angst machen, zu überstehen? Oft sind diese Verhaltensweisen nicht bewusst. Beobachten Sie sich also in nächster Zeit. Würden Sie eine stressige Situation auch ohne Begleitung, Alkohol, Beruhigungsmittel, Handy, Wasserflasche oder der Ausrede, früher wegzumüssen, überstehen? Können Sie die Situation auch aushalten, wenn Sie sich Zeit lassen, statt sich zu hetzen? Können Sie auf der Veranstaltung, die Sie nervös macht, Ihren Platz am Ausgang verlassen und sich mehr unter die Leute mischen? Können Sie sich im vollgepackten Theater, Kino oder Seminar auch in die Mitte oder ganz vorne hinsetzen, auch wenn das heißt, dass Sie nicht so leicht wieder aufstehen können, ohne dass es auffällt? Können Sie sich wirklich mit der Situation auseinandersetzen und im Hier und Jetzt bleiben, ohne sich auf Ihrem Handy oder im Kopf durch Ablenkung wegzubeamen?

- Würde sich Ihre Lebensqualität verbessern, wenn Sie solche Situationen ohne Angst und Vermeidung meistern könnten?

Technik 83: Expositionstraining

Falls Sie zu der Schlussfolgerung kommen, dass Sie die eine oder andere Vermeidungsstrategie verfolgen, dann stellen Sie sich Ihrer Angst. Beachten Sie dabei die folgenden Hinweise:

Vor der Exposition:

- Brainstormen Sie Situationen, die für Sie angstbesetzt sind. Beschreiben Sie auch Varianten der gleichen Situation, die es Ihnen etwas leichter bzw. etwas schwieriger machen würden (zum Beispiel mit Begleitung oder allein, wenn nicht viel los ist oder in der Rushhour etc., nur in der Vorstellung oder in der Realität etc.).

- Bringen Sie sämtliche Situationen in eine Rangordnung, indem Sie auf einer Prozentskala angeben, wie viel Angst die Situation in Ihnen auslöst (100 Prozent = maximale Angst). Situationen, die überhaupt keine Angst auslösen, gehören nicht auf die Liste. Versuchen Sie zum Beispiel, fünf eher leichtere, fünf mittelschwere und fünf schwerere Etappen zu planen.

- Wenn Sie sich vorstellen können, sich der ersten (der leichtesten) Etappe zu stellen, dann nehmen Sie sich dies bewusst vor. Tun Sie es nicht nur, wenn sich gerade eine Gelegenheit ergibt. Wenn Sie sich im Alltag spontan dazu entscheiden, sich einer Angst zu stellen, dann ist das spitze! Der Lerneffekt wird allerdings stärker sein, wenn Sie sich die Exposition bewusst vornehmen. (Ich gehe trotz der Angst vor öffentlichen Orten in den Supermarkt. Nicht, weil ich kein Klopapier mehr habe, sondern weil ich mir bewusst vornehme, eine Etappe auf meiner Angsthierarchie anzugehen). Planen Sie also das Datum und die Uhrzeit Ihrer Expositionsetappe. Reservieren Sie sich genug Zeit, damit Sie den Habituationseffekt erleben können.

- Stürzen Sie sich nicht blindlinks in die Exposition, sondern sammeln Sie sich vorher kurz und rufen Sie sich in Erinnerung, wieso Sie gleich tun werden, was Sie gleich tun werden. Sagen Sie sich nicht, «ich muss jetzt da durch», sondern versuchen Sie, sich bewusst darauf zu konzentrieren, wieso Sie das wollen, auch wenn es mit großer Wahrscheinlichkeit nicht super angenehm werden wird. Zum Beispiel weil Sie mehr Lebensqualität haben oder ein freierer Mensch werden wollen (sehen Sie sich dazu auch Kapitel 7 an). Drücken Sie dieses Ziel in einem klar formulierten Satz aus, der für Sie passt, und verinnerlichen Sie ihn.

- Beginnen Sie erst mit der Exposition, wenn Sie sich innerlich bereit dazu fühlen und sich voll darauf konzentrieren können. Falls andere Probleme Sie im Moment ablenken oder Sie sich körperlich nicht fit fühlen, ist es eventuell besser, die Exposition auf einen späteren Moment zu verschieben.

Während der Exposition:

- Konzentrieren Sie sich auf das, was Sie in der Situation erleben. Was können Sie mit Ihren Sinnen wahrnehmen? Was löst das in Ihnen aus? Bleiben Sie im Hier und Jetzt und lenken Sie sich nicht ab. Lassen Sie sich Zeit.

- Sagen Sie sich selbst, dass das Schlimmste, was Ihnen in dieser Situation passieren kann, ist, dass Sie Angst bekommen; dass diese Angst kurz anhält und nach einiger Zeit von selbst wieder abklingen wird.

- Sollten Sie Angst bekommen, akzeptieren Sie das. Erinnern Sie sich daran, dass Angst nicht gefährlich, sondern eine ganz natürliche Reaktion Ihres Körpers ist, der sich selbst schützen möchte.

- Bewerten Sie während der Exposition in regelmäßigen Abständen (zum Beispiel alle fünf Minuten) Ihre Angst/Unsicherheit auf einer Skala von 0-10. Wenn Sie die Gelegenheit dazu haben, notieren Sie Ihre Angstwerte beispielsweise in solch einem Gitternetz:

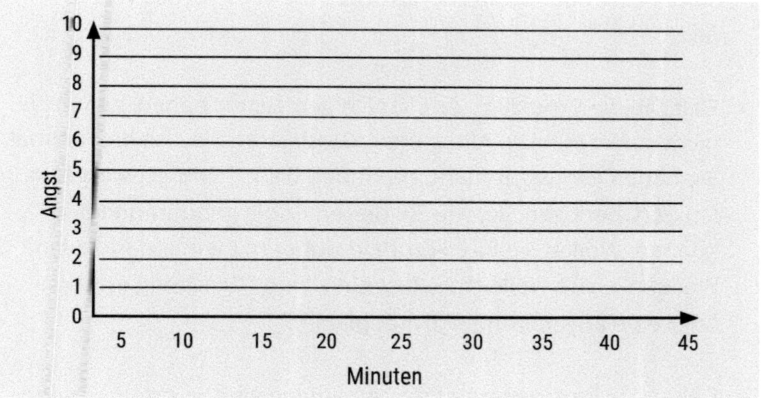

- Bleiben Sie in der Situation, bis Sie merken, dass Ihre Angst langsam abnimmt. Sie muss auf Ihrer Vergleichsskala nicht bis auf 0 runtergehen, aber Sie sollte zumindest um die Hälfte abnehmen.

- Falls es Ihnen zu schwerfällt, in der Situation zu bleiben, dann machen Sie eine Pause. Gehen Sie kurz raus, atmen Sie durch und warten Sie, bis Sie sich beruhigt haben. Vielleicht können Sie auch eine Atem- oder Entspannungsübung anwenden. Versuchen Sie dann aber falls möglich, noch einmal zurück in die Situation zu gehen und den Angstabfall abzuwarten.

Nach der Exposition:

- Werten Sie Ihre Erfahrungen aus. Schauen Sie sich den Verlauf Ihrer Angstkurve an. Erkennen Sie den Habituationseffekt?

- Falls Sie die Exposition abgebrochen haben, bevor Sie den Angstabfall erleben konnten, seien Sie nicht zu streng mit sich selbst. Dies bedeutet lediglich, dass die Expositionsetappe, die Sie ausgewählt haben, im Moment wahrscheinlich noch zu schwer ist. Es ist wichtig, dass Sie jetzt nicht aufgeben, sondern sofort eine neue Exposition planen, die Ihnen etwas leichter fällt.

- Falls Sie die Exposition erfolgreich gemeistert haben, gehen Sie nicht sofort in Ihren Alltag über. Gratulieren Sie sich erst einmal Sie haben etwas geschafft, das Ihnen bisher sehr schwergefallen ist. Überlegen Sie, wie Sie diesen Erfolg gebührend feiern können. Wollen Sie Ihre Freude darüber mit jemandem teilen? Wollen Sie sich vielleicht selbst ein kleines Geschenk machen oder eine angenehme Aktivität planen?

- Gehen Sie Ihre weiteren Etappen auf die gleiche Art und Weise durch. Wechseln Sie immer erst zur nächsten Stufe über, wenn Sie die vorherige gemeistert haben und wenn Sie sich bereit dazu fühlen.

Wenn Sie jetzt sagen: «Pff, das ist aber alles ganz schön aufwendig!» Stimmt! Und noch mal, es liegt an Ihnen, abzuwägen, ob sich der Zugewinn an Freiheit, Selbstsicherheit und Lebensqualität lohnt, um sich bewusst mit etwas zu konfrontieren, das Ihnen unangenehm ist.

Der klatschende Mann kann auch den Rest seines Lebens weiterklatschen. Er wird höchstwahrscheinlich weder von Elefanten noch von Säbelzahntigern angefallen werden, ob er nun klatscht oder nicht. Mit freien Händen lebt es sich aber wahrscheinlich auch deutlich freier.

19 | Ja klar, äh nein, ich mein' jein!

Selbstsicherheit trainieren

«Die Fähigkeit, das Wort Nein auszusprechen, ist der erste Schritt zur Freiheit.»

– (Nicolas Chamfort)

Wieso machen wir immer so einen bescheuerten Eiertanz, wenn wir ein kritisches Feedback geben sollen? Wieso haben wir ein schlechtes Gewissen, wenn wir die letzte Praline aus der Schachtel nehmen? Und wieso fällt es uns so verdammt schwer, einfach mal «Nein» zu sagen?

Das zwischenmenschliche Verhalten kann allgemein gesehen auf einer Skala zwischen den beiden Polen «passiv» und «aggressiv» angesiedelt werden.

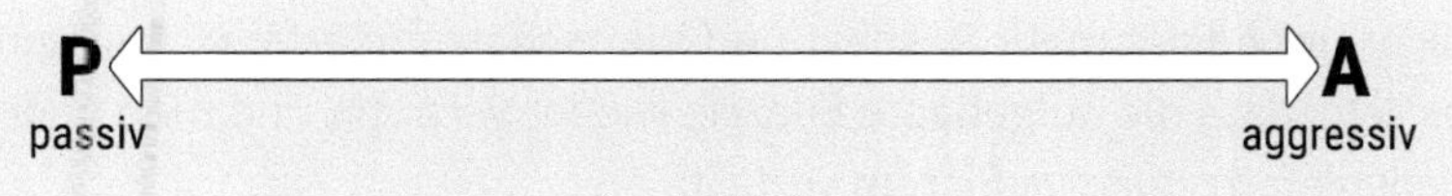

Für Menschen, die sich eher im passiven Extrem der Skala befinden, ist es sehr wichtig, dass sie stets die Rechte und Bedürfnisse ihrer Mitmenschen respektieren. Aus der Angst heraus, andere zu verletzen oder zu stören, stellen sie ihre eigenen Rechte und Bedürfnisse dabei oft ganz hinten an.

Bei Menschen dagegen, die eher im aggressiven Pol der Skala zu verorten sind, ist es genau andersherum. Die eigenen Rechte und Bedürfnisse werden in den Mittelpunkt gestellt, während die Rechte und Bedürfnisse anderer Menschen einfach nicht wahrgenommen oder bewusst ignoriert werden.

Unser Sozialverhalten hängt dabei sehr stark mit unserem Wertesystem zusammen. Werte machen uns bewusst, was uns im Leben wichtig ist. Vor allem bei sehr ausgeprägten Wertvorstellungen gehen wir immer wieder dem sogenannten dichotomen Denkfehler (dem Schwarz-Weiß-Denken) auf den Leim. Etwas ist entweder gut oder schlecht, dazwischen gibt es nichts.

Wenn ich in meiner Erziehung oder auch später im Leben gelernt habe, dass es wichtig ist, stark zu sein, weil man sonst ausgenutzt wird, dann muss ich aggressiv sein, weil ich kein schwächliches Weichei sein möchte. Wenn ich aber gelernt habe, dass es viel wichtiger ist, stets zuvorkommend, höflich und hilfsbereit zu sein, damit andere Menschen mich mögen, dann bin ich passiv, weil ich kein egoistisches Arschloch sein möchte.

Wenn man eine längere Zeit in einem Extrem verbracht hat, also zum Beispiel immer passiv war und alles runtergeschluckt hat, kann es sein, dass sich immer mehr Spannung aufbaut, bis einem schließlich der Kragen platzt. In dem Fall springt man dann ins aggressive Extrem («Dann bin ich jetzt halt auch ein Arschloch»). Doch auch hier kann sich Druck aufbauen. Es ist nämlich gar nicht mal so leicht, wie man denkt, ein Arschloch zu sein. Vor allem nicht, wenn man damit nicht unbedingt mehr Respekt und Wertschätzung erfährt. So kann es sein, dass die aufgebaute Energie wieder verpufft, und man dann resigniert ins passive Extrem verfällt:

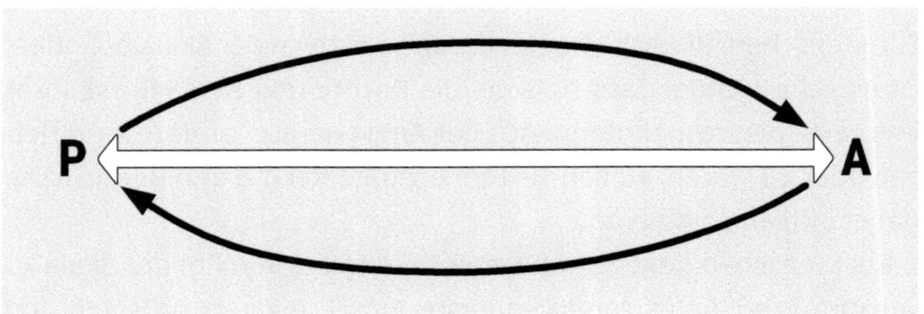

Auf diese Art werden wir plötzlich zum Tischtennisball, der auf ewig zwischen den Extremen hin- und herspringt.

In der Realität kann man Werte und Verhaltensweisen natürlich nicht auf zwei Kategorien reduzieren. Unser Sozialverhalten lässt sich in ein Kontinuum mit unendlich vielen Zwischenformen einstufen. Es gibt also zum Glück noch zahlreiche Alternativen zwischen Weichei und Arschloch.

Ungefähr in der Mitte der Skala kann das selbstsichere Verhalten eingeordnet werden. Selbstsicherheit ist in diesem Sinne eine Einstellung, bei der die eigenen Rechte und Bedürfnisse zum gleichen Anteil respektiert werden wie die Rechte und Bedürfnisse der anderen. Sie können sich die Skala als Waage vorstellen, bei der die Selbstsicherheit die Balance zwischen passivem und aggressivem Verhalten aufrechterhält:

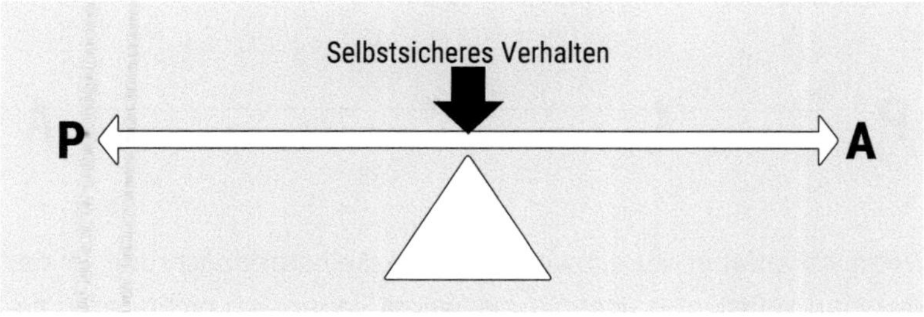

Ein Selbstsicherheitstraining verfolgt also nicht das Ziel, vom passiven ins aggressive Extrem zu gelangen, sondern sich auf der Skala etwas näher zur Mitte hin zu orientieren.

Sie können viel über Selbstsicherheit in tollen Selbsthilfebüchern (wie etwa diesem hier) lesen. Selbstsicherheit lernt man aber vor allem durch Erfahrung.

Technik 84: Die Selbstsicherheitsskala

Wenn Sie Selbstsicherheit trainieren wollen, dann achten Sie ab jetzt bewusst darauf, in alltäglichen sozialen Situationen ein Gleichgewicht zwischen eigenen und fremden Rechten und Bedürfnissen zu wahren. Im Prinzip eignen sich zum Üben dabei alle Situationen, in denen Sie in Kontakt mit anderen Menschen kommen: bei der Arbeit, in der Familie, im Bekanntenkreis oder während kurzen alltäglichen Kontakten mit Fremden. Ob Sie beim Bäcker Brötchen holen oder die klärende Auseinandersetzung mit Ihrem Partner suchen, sich im Small Talk mit Ihrem Busnachbarn oder im Evaluationsgespräch mit Ihrem Chef befinden, gewöhnen Sie sich an, sich bewusst die Frage zu stellen, wo Sie sich auf der Skala gerade befinden. Dokumentieren Sie Ihre Erfahrungen und setzen Sie hierfür auf der visuellen Analogskala ein Kreuz:

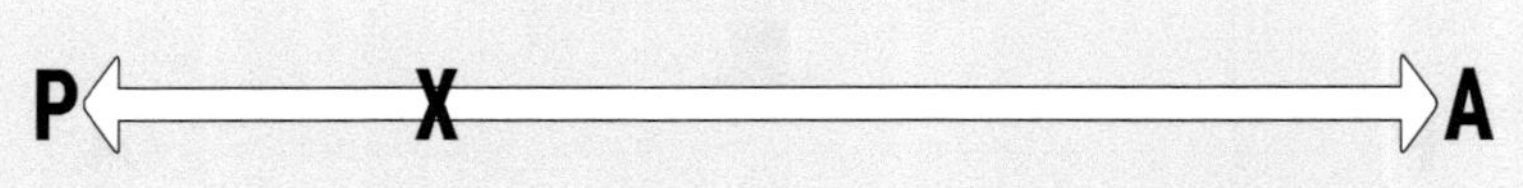

Wenn es anfangs zu schwer ist, diese Selbstbeobachtung in der Situation selbst zu machen (oder wenn Sie einfach nicht daran gedacht haben), dann analysieren Sie Ihr Verhalten rückwirkend und fragen Sie sich, wie Sie womöglich anders hätten handeln können. Diese Übung kann dazu beitragen, in zukünftigen Situationen selbstsicherer reagieren zu können. Verinnerlichen Sie hierfür die einfache Frage: Werden meine Rechte und Bedürfnisse gerade zum gleichen Anteil respektiert wie die der anderen? Sollte die Antwort «Nein» lauten, dann versuchen Sie, bestimmt aber gelassen dafür zu sorgen, das Gleichgewicht auf der Waage wiederherzustellen, ohne dabei ins andere Extrem zu springen.

Technik 85: Selbstsicheres Auftreten

Um mehr Selbstsicherheit zu erhalten, können Sie auch bewusst auf Ihr Auftreten achten:

- Nehmen Sie eine Körperhaltung ein, die Ihr Anliegen unterstreicht. Achten Sie auch auf Gestik und Mimik.
- Richten Sie sich äußerlich und innerlich auf, ohne sich zu verkrampfen. Versuchen Sie, ruhig aber bestimmt zu wirken.
- Suchen und halten Sie Blickkontakt.
- Drücken Sie sich klar und deutlich aus. Achten Sie auf Ihr Sprechtempo und lassen Sie sich Zeit.
- Achten Sie auf eine situationsangepasste Lautstärke.
- Versuchen Sie, sich zum gleichen Zeitanteil am Gespräch zu beteiligen wie Ihr Interaktionspartner.

Sie können selbstsicheres Auftreten in Alltagssituationen üben, oder aber auch im Trockentraining. Allein dadurch, dass Sie sich ganz detailliert Situationen vorstellen, in denen Sie bestimmter auftreten, können Sie bereits dafür sorgen, dass Sie auch in der Realität selbstsicherer werden. Noch wirksamer ist es, vor dem Spiegel zu trainieren oder wenn Sie sich selbst beim Üben filmen. Stellen Sie sich vor, Sie würden wie ein Schauspieler in eine Rolle schlüpfen. Testen Sie verschiedene Körperhaltungen und Artikulationsweisen, bis Sie sich mit der Rolle des unaufgeregten, selbstbewussten Protagonisten identifizieren können.

Sie können Ihre Selbstsicherheit auch dadurch verbessern, dass Sie versuchen, effizienter zu kommunizieren. In der Kommunikationspsychologie haben sich verschiedene Techniken als sehr wirksam erwiesen.

Technik 86: Die Ich-Botschaft

Eine Du-Botschaft beinhaltet das Wort «Du». Sobald ich «Du» sage, zeige ich symbolisch mit dem Finger auf mein Gegenüber. Der Du-Gebrauch kann daher schnell als Angriff empfunden werden. Instinktiv wird dann die Verteidigung – oder eventuell sogar ein Gegenangriff – vorbereitet. In dem Moment kann der Gesprächspartner nicht mehr konzentriert zuhören, da er seine ganze Energie zur Reaktion auf den erlebten Angriff braucht.

Bei der Ich-Botschaft spreche ich über mein eigenes Erleben, meine Wünsche und Vorstellungen. In dem Moment besteht erst einmal keine direkte Gefahr für das Gegenüber. Natürlich kann der Gesprächspartner trotzdem mit Abwehr reagieren, die Wahrscheinlichkeit, dass er zuerst einmal zuhört, ist bei der Ich-Botschaft aber deutlich höher. Es kann sehr wirksam sein, statt: «Du bist schon wieder zu spät» zu sagen: «Ich finde es schade, dass wir uns jetzt hetzen müssen».

Technik 87: Die VW-Regel

Hinter jedem Vorwurf steckt ein Wunsch. Bei Vorwürfen geht es in erster Linie um Schuldzuweisung. Wünsche sind dagegen zielgerichtet. Wenn Sie in Ihrer Kommunikation vorrangig das Ziel verfolgen, Ihrem Gegenüber eins vor den Latz zu knallen, dann nur zu, bleiben Sie bei den Vorwürfen. Wenn es Ihnen aber darum geht, konstruktive Lösungen zu suchen, dann wäre die Äußerung von Wünschen sicherlich die bessere Strategie. In seinem Buch *MiniMax-Interventionen* beschreibt der Therapeut Manfred Prior die simple aber wirksame Faustregel VW: statt einem Vorwurf einen Wunsch formulieren (Prior, 2021). Statt dem Vorwurf «Du machst echt gar nix zu Hause» wäre folgender Wunsch hilfreicher: «Ich würde mir wünschen, dass du die eine oder andere Haushaltspflicht übernehmen würdest».

Technik 88: Konkretes Feedback

Wenn Sie die Wahrscheinlichkeit erhöhen wollen, dass Ihr aktuelles Anliegen Gehör erhält, bleiben Sie konkret und vermeiden Sie jegliche Verallgemeinerung. Besonders kontraproduktiv sind Immer- und Nie-Sätze («Es ist wirklich immer das Gleiche mit dir! Auf dich kann man sich echt nie verlassen!»). Verallgemeinerungen sorgen dafür, dass das Gespräch ganz schnell vom eigentlichen Thema wegdriftet.

Technik 89: Kritik am Verhalten, nicht an der Person

Wenn Sie jemandem ein negatives Feedback geben, dann konzentrieren Sie sich auf dessen Verhalten in konkreten Situationen, das Sie stört, statt auf negative Eigenschaften der anderen Person («Das ist ja mal wieder typisch Du!»). Konkrete Verhaltenszüge können nämlich verändert werden, die ganze Persönlichkeit aber eher nicht. Daher werden Sie weniger Resistenz bei Ihrem Gegenüber auslösen, wenn Sie ein Verhalten kritisieren, das auch in seinem Veränderungsspielraum liegt.

Technik 90: In der Gegenwart bleiben

Gerade wenn Sie mit jemandem diskutieren, den Sie schon sehr lange oder sehr gut kennen (zum Beispiel Ihren Partner), dann werden heutige Konflikte Sie mit großer Wahrscheinlichkeit an vergangene Erlebnisse mit dieser Person erinnern, in denen das gleiche Verhalten Sie bereits auf die Palme gebracht hat («Das ist wieder genau das Gleiche wie letzte Woche! Und damals im Urlaub auf Sylt 2008, da war das auch so!»). Auch wenn es schwerfällt, bleiben Sie im Hier und Jetzt! Wenn Sie sich in vergangenen Anekdoten verlieren, riskieren Sie, vom eigentlichen Thema abzukommen.

Technik 91: Die Sandwichregel

Wenn es Ihnen schwerfällt, jemandem ein negatives Feedback zu geben, dann versuchen Sie es mit folgender Regel: Packen Sie Ihre Kritik einfach zwischen zwei Lagen positives Feedback:

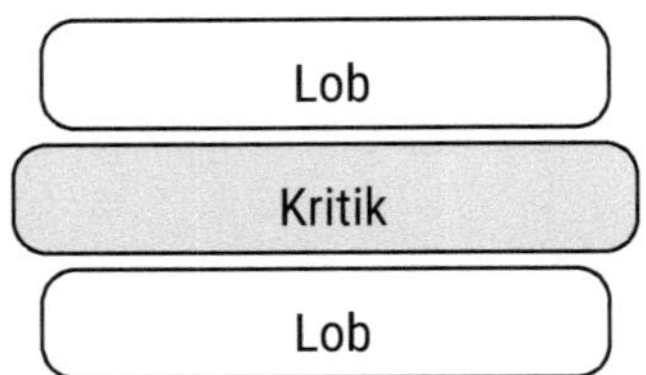

Fangen Sie mit einem kleinen Kompliment an (auch wenn es Ihnen schwerfällt), bringen Sie dann Ihr negatives Feedback auf den Tisch und runden Sie dieses rasch wieder mit etwas Positivem ab. Wir Menschen sind einfach gestrickt. Wir können etwas Negatives viel besser annehmen, wenn es in etwas Positives eingepackt ist: «Wo hast du die Krawatte gekauft, die ist ja spitze! Was ich dir noch sagen wollte: Es wäre gut, wenn du in der Versammlung mit dem Klienten nicht mehr so laut gähnst. Hey, aber die Krawatte ist geil!»

Vielen von uns fällt es schwer, «Nein» zu sagen, weil wir tief in uns abgespeichert haben, dass wir sonst auf Ablehnung stoßen könnten. Stellen Sie sich folgende Situation vor: Ihr Nachbar, der Ihnen noch nie einen Gefallen getan hat, dem Sie also wirklich gar nichts schuldig sind, bittet Sie schon wieder darum, auf seinen kläffenden Köter (der Ihnen bereits drei Mal auf den Teppich gepinkelt hat) aufzupassen, weil er einen wichtigen Termin hat.

Nachbar:
«Du, ich habe einen Termin. Kannst du den Beppo noch mal nehmen? Du weißt doch, der baut mir die ganze Bude auseinander, wenn ich den allein lasse.»

Sie:
«Oh, also, na ja, jetzt geht es echt nicht so gut, ich muss noch, äh, kochen und so.»

Nachbar:
«Ach so, kein Thema, weißt du was, ich verschiebe meinen Termin einfach auf später, dann bringe ich den Beppo nachher vorbei! Danke!»

Sie:
...

Oder:

Nachbar:
«Du, ich habe einen Termin. Kannst du den Beppo noch mal nehmen? Du weißt doch, der baut mir die ganze Bude auseinander, wenn ich den allein lasse.»

Sie:
«Oh, äh, das geht nicht so gut, weil nachher kommt doch mein Neffe und der ist, äh, Hundeallergiker!»

Nachbar (besserwisserisch lachend):
«Aber der Beppo ist doch ein Pudel, gegen Pudelhaare kann man nicht allergisch sein! Also vielen Dank!»

Sie:
...

Oder:

Nachbar:
«Du, ich habe einen Termin. Kannst du den Beppo noch mal nehmen? Du weißt doch, der baut mir die ganze Bude auseinander, wenn ich den allein lasse.»

Sie:
«Oje, das passt jetzt aber gar nicht, wir, äh… fahren doch jetzt spontan in Urlaub!»

Nachbar:
«Okay, dann komme ich noch mal vorbei, wenn Ihr zurück seid! Schönen Urlaub!»

Sie (während Sie mit der ganzen Familie eine Woche lang zu Hause hinter geschlossenen Jalousien hocken, damit der Nachbar ja nicht merkt, dass Sie gar nicht im Urlaub sind):
…

Technik 92: Die vier Regeln des Nein-Sagens

In Situationen, in denen Sie zu der Schlussfolgerung kommen, dass Sie «Nein» sagen wollen (weil Sie sich damit zum Beispiel auf der Selbstsicherheitsskala mehr zur Mitte bewegen), können die folgenden vier Regeln sich als hilfreich erweisen:

1. Sprechen Sie das Wort «Nein» aus!
   Es ist erstaunlich, aber dieses kleine Wort kann uns manchmal nur sehr schwer über die Lippen gehen. Stattdessen reden wir lieber um den Brei («Hmm, na ja, also weißt du, das passt mir jetzt eigentlich nicht unbedingt.»). Unser Gegenüber kann dabei zwischen den Zeilen verstehen, dass wir vielleicht doch noch

umzustimmen sind. Das Wort «Nein» ist aber unmissverständlich und kann dafür sorgen, dass unsere Position viel schneller verstanden und akzeptiert wird.

2. Rechtfertigen Sie sich nicht!
   Das macht es jetzt noch schwieriger. Denn wenn wir schon mal «Nein» sagen, dann müssen wir doch einen triftigen Grund dafür haben, oder? Aber wieso eigentlich? Denken Sie daran: Wir gehen von der Ausgangssituation aus, in der Sie festgestellt haben, dass Sie das absolute Recht dazu haben, «Nein» zu sagen. Rechtfertigen müssen wir uns, wenn wir auf der Anklagebank sitzen. Diese Kappe müssen Sie sich aber gar nicht erst aufsetzen. Bleiben Sie ruhig und freundlich und achten Sie darauf, direkt zu sein und nicht in ausschweifende Rechtfertigungen zu verfallen: «Nein, dabei kann ich dir leider nicht helfen.»

3. Zeigen Sie Empathie!
   Diese Regel kann es uns etwas leichter machen. Machen Sie deutlich, dass Sie die Bitte nachvollziehen und sich in die andere Person hineinversetzen können. Bleiben Sie trotzdem standhaft: «Es tut mir wirklich leid für dich, aber ich kann dir trotzdem nicht helfen.» Oder: «Ich verstehe, dass dies schwer für dich sein muss, aber es geht leider trotzdem nicht.» Auch wenn wir sagen, dass uns etwas leidtut, heißt das nicht, dass wir uns dafür verantwortlich fühlen. Mir tut zum Beispiel leid, dass viele Menschen an Covid-19 gestorben sind, schuld daran bin ich trotzdem nicht.

4. Wiederholen Sie Ihr Nein!
   Für den Fall, dass Ihr Nein beim ersten Mal nicht akzeptiert wurde, bleiben Sie ruhig und wiederholen Sie Ihre Aussage. Greifen Sie dabei auf die immer gleichen oder ähnlichen Formulierungen zurück (wie bei einem Sprung in der Schallplatte) und achten Sie darauf, nicht doch noch in Rechtfertigungen zu verfallen.

Mit diesen vier einfachen Regeln sind Sie bereits sehr gut vorbereitet, um in Zukunft erfolgreich «Nein» zu sagen.

Wenn Sie also wissen, dass eine Nein-Situation auf Sie zukommt, gehen Sie die Regeln davor noch einmal durch. Vielleicht könnten Sie sie sogar auswendig lernen.

Wenn Sie sich nicht auf eine Situation vorbereiten können und Ihnen die Regeln in einem bestimmten Moment nicht einfallen, dann erlauben Sie sich, Ihre Entscheidung aufzuschieben («Sorry, da überrumpelst du mich jetzt. Lass mich drüber nachdenken, ich sage dir dann morgen Bescheid.»).

Sollten Sie im Affekt schwach geworden sein, ist es auch nicht verboten, ein Ja zu revidieren (außer vielleicht, wenn es notariell beglaubigt wurde). Sie können also auch nachträglich noch «Nein» sagen («Sorry, ich habe vorhin zu schnell zugesagt. Jetzt, wo ich noch mal drüber nachgedacht habe, muss ich leider doch Nein sagen.»).

Sollten Sie schließlich mit jemandem zu tun haben, bei dem Sie auch bei erfolgreicher Anwendung der Regeln auf Granit stoßen, dann ist das wahrscheinlich eine Person, die es gewöhnt ist, dass sie andere ganz gut manipulieren kann. In dem Fall bleibt dann immer noch die Option, das Gespräch abzubrechen («Hör mal, ich habe dir jetzt vier Mal gesagt, dass ich dir nicht helfen kann, ich glaube es ist besser, wir beenden das Gespräch jetzt hier.»).

Also noch mal zurück zum Nachbarn:

Nachbar:
«Kannst du den Beppo noch mal nehmen? Du weißt doch, der baut mir die ganze Bude auseinander, wenn ich den allein lasse.»

Sie (freundlich und bestimmt):
«Nein, tut mir echt leid, das geht leider nicht.»

Nachbar:
«Oh... Äh... Echt nicht?»

Sie (immer noch freundlich und bestimmt):
«Nö!»

Nachbar (baff):
«Okay...»

Geht doch, oder?

20 | Und täglich grüßt das Murmeltier!

Ihr Verhalten in Beziehungen verändern

«Ein Eisberg bewegt sich darum so anmutig, da sich nur ein Achtel von ihm über Wasser befindet.»

– (Ernest Hemingway)

Menschen sind Eisberge. Ein kleiner Teil unseres Wesens guckt zur Oberfläche hinaus, der größte Teil schlummert aber unter Wasser. Dies wusste neben Ernest Hemingway auch schon der Urvater der Psychotherapie, Siegmund Freud. Letzterer begründete die Psychoanalyse auf der Annahme der Beeinflussung des Bewusstseins (Spitze des Eisbergs) durch das Unbewusste.

Jeder von uns schleppt also unter der Wasseroberfläche diesen riesigen Eisbrocken mit sich herum, der sich aus unbewussten Annahmen, Grundbedürfnissen und Persönlichkeitsanteilen zusammensetzt. Was passiert aber nun, wenn sich zwei Eisberge aufeinander zubewegen? Über der Oberfläche kann die angemessene Nähe bzw. Distanz eingeschätzt und angepeilt werden. Unter dem Wasser kann es aber sein, dass es schon längst zur Kollision gekommen ist:

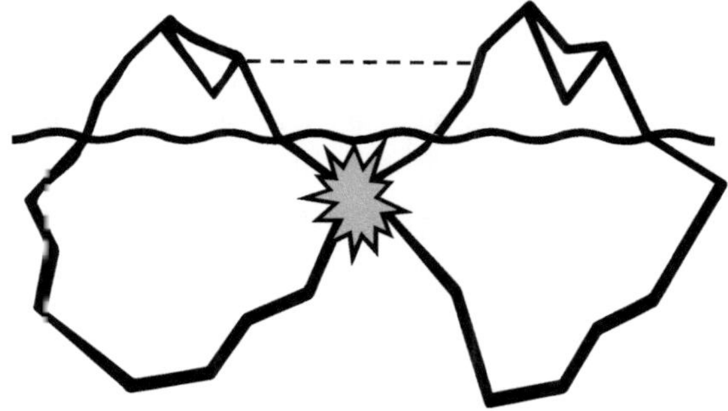

Vielleicht kennen Sie solche Beziehungssituationen, in denen man plötzlich übertrieben gereizt, eifersüchtig oder ängstlich auf das Verhalten des Gegenübers reagiert, ohne dass man sagen könnte, woran es genau lag? Da wir uns nicht darüber bewusst sind, was wir oder die anderen Menschen unter der Wasseroberfläche an Ballast herumschleppen, können wir in Beziehungen immer wieder ungewollt anecken. Ohne es zu merken, drücken wir dabei tollpatschig auf die Knöpfe, die unser Gegenüber verletzen oder zum Explodieren bringen können. Ein scheinbar harmloses Verhalten, eine Aussage oder auch nur ein einziger Blick einer geliebten oder fremden Person kann eine intensive emotionale Reaktion auslösen, wenn unter der Wasseroberfläche am Eis gekratzt wird. Immer wieder kann es so zu den gleichen Konflikten, Missverständnissen und schädlichen Beziehungsmustern kommen. Um dem entgegenzuwirken, müssen wir den Blick unter die Wasseroberfläche wagen.

Zunächst einmal werden wir in unserem Erleben und Handeln von tief verwurzelten emotionalen Bedürfnissen geleitet. Der Psychotherapieforscher Klaus Grawe (2004) beschrieb zum Beispiel die vier folgenden Grundbedürfnisse:

- Bindung: das Bedürfnis nach Nähe, Vertrauen und Verbundenheit

- Kontrolle: das Bedürfnis nach Sicherheit, Durchschaubarkeit, Vorhersehbarkeit und Selbstbestimmung
- Selbstwert: das Bedürfnis, sich selbst als wertvoll und liebenswert zu erleben und sich ständig weiterzuentwickeln
- Lust/Unlust: das Bedürfnis, erfreuliche, lustvolle Erfahrungen herbeiführen und schmerzhafte, unangenehme Erfahrungen vermeiden zu können

Technik 93: Die Bedürfnisbilanz

Nach der sogenannten Konsistenz-Theorie von Klaus Grawe ist es wichtig, dass diese vier Grundbedürfnisse möglichst ausbalanciert erfüllt werden, damit wir uns ausgeglichen und gesund fühlen.

Wenn Sie wollen, dann ziehen Sie von Zeit zu Zeit selbst Bilanz! Nehmen Sie sich dafür einen kurzen Moment und stellen Sie sich bewusst die folgenden Fragen:

- Werden meine vier Grundbedürfnisse (nach Bindung, Kontrolle, Selbstwert und Lust/Unlust) aktuell ausreichend befriedigt?
- Was tue ich, um zur Erfüllung meiner Grundbedürfnisse beizutragen?
- Was könnte ich eventuell zusätzlich tun?

Besonders in der Kindheit kann uns eine Verletzung unserer Grundbedürfnisse nachhaltig prägen.

Die Schematherapie, die von dem Psychologen und Psychotherapeuten Jeffrey Young aus der kognitiven Verhaltenstherapie heraus entwickelt wurde, geht davon aus, dass sich durch prägende Erfahrungen in der Kindheit sogenannte Schemata entwickeln. Das sind tief verwurzelte Erlebens- und Verhaltensmuster, die uns auch im Erwachsenenalter stark beeinflussen.

Ein Schema kann unbewusst aktiviert werden, wenn wir zum

Beispiel in aktuellen Beziehungen (bewusst oder unbewusst) an vergangene Verletzungen erinnert werden.

Young beschreibt in seinem Ansatz 18 verschiedene Schemata, die bei uns allen mehr oder weniger stark ausgeprägt sein können (Young et al., 2008):

- Verlassenheit/Instabilität: die Angst und Überzeugung, verlassen oder im Stich gelassen zu werden
- Misstrauen/Missbrauch: die Befürchtung, von anderen verletzt oder missbraucht zu werden. Ständiges Auf-der-Hut-sein
- Emotionale Entbehrung: die Annahme, dass keine emotionale Unterstützung von anderen erwartet werden kann. Ein Gefühl der Ablehnung und Wertlosigkeit
- Unzulänglichkeit/Scham: die Überzeugung, es nicht wert zu sein, von anderen Liebe oder Anerkennung zu erhalten
- Soziale Isolierung/Entfremdung: das Gefühl, keine Verbindung zu anderen Menschen herstellen zu können
- Abhängigkeit/Inkompetenz: die Annahme, ohne fremde Hilfe keine Entscheidung treffen zu können. Ein Gefühl der Hilflosigkeit
- Anfälligkeit für Schädigungen oder Krankheiten: die Überzeugung, ständig Bedrohungen ausgeliefert zu sein
- Verstrickung/Unterentwickeltes Selbst: wenig Gespür für die eigene Identität. Das Bedürfnis, sich an andere Menschen zu klammern, um sich vollständig zu fühlen
- Versagen: die Überzeugung, niemals erfolgreich sein zu können und weniger talentiert oder intelligent zu sein als die meisten anderen Menschen
- Anspruchshaltung/Grandiosität: die Überzeugung, dass Regeln und Konventionen, die für andere Menschen gelten, für einen selbst nicht relevant sind
- Unzureichende Selbstkontrolle: wenig Selbstdisziplin und Frustrationstoleranz. Die Schwierigkeit, begonnene Aufgaben fertigzustellen

- Unterwerfung: die Annahme, sich in Beziehungen unterordnen und gefallen zu müssen, um nicht abgelehnt zu werden
- Selbstaufopferung: die Überzeugung, stets für andere da sein und eigene Bedürfnisse hinten anstellen zu müssen
- Streben nach Zustimmung und Anerkennung: das Bedürfnis der Anerkennung durch andere. Ständiges Bemühen, bei anderen einen guten Eindruck zu hinterlassen
- Negativität/Pessimismus: der Fokus auf negative Erlebnisse und die Angst davor, folgenschwere Fehler zu machen
- Emotionale Gehemmtheit: die Angst davor, Gefühle zu zeigen oder spontan zu sein
- Überhöhte Standards/übertriebene kritische Haltung: eine übertriebene kritische Haltung sich selbst und/oder anderen gegenüber. Ständiger Druck, alles richtig machen zu müssen
- Strafneigung: die Überzeugung, dass auch kleinste Fehler bestraft werden müssen. Die Schwierigkeit, Fehler zu vergeben oder Schwächen zu akzeptieren (eigene und fremde)

Eine Person, die in der Kindheit oft allein gelassen wurde oder deren Eltern in ihrem Verhalten sehr wechselhaft und unzuverlässig waren, kann zum Beispiel in ihrem Grundbedürfnis nach Bindung verletzt worden sein und ein ausgeprägtes Verlassenheitsschema entwickeln.

Dadurch wird sie Beziehungen womöglich auch heute noch unbewusst durch die Brille dieses Schemas betrachten. Wie bei einem Magneten werden Informationen, die dem Schema entsprechen, angezogen (zum Beispiel: «Mein Partner kommt spät nach Hause. Das heißt, er will keine Zeit mit mir verbringen und wird mich bestimmt verlassen!»), während Informationen, die nicht zum Schema passen, ausgefiltert werden («Er hat mir gesagt, dass er diese Woche viel Arbeit hat und Überstunden machen muss.»):

Die Schematherapie geht davon aus, dass wir je nach Situation und Persönlichkeit mit einer von drei sogenannten maladaptiven Bewältigungsstrategien auf ein Schema reagieren können. Wir können das Schema erdulden, vermeiden oder überkompensieren:

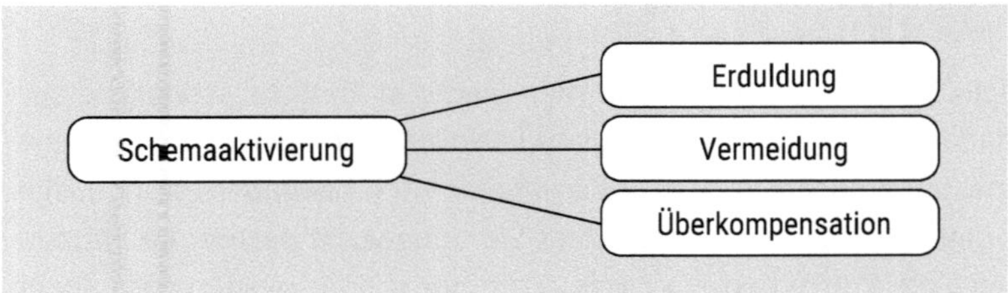

- Bei der Erduldung akzeptieren wir unser Empfinden als absolute Wahrheit und stellen unbewusst immer wieder die gleichen Bedingungen her. Beispielsweise dadurch, dass wir andere über uns bestimmen lassen.
- Bei der Vermeidung gestalten wir unser Leben so, dass wir jeder möglichen Aktivierung unseres Schemas aus dem Weg gehen, zum Beispiel durch Vermeidung von bestimmten Situationen, durch Substanzmissbrauch oder durch emotionales Abstumpfen.
- Bei der Überkompensation wird das Schema bekämpft, indem so getan wird, als wäre das genaue Gegenteil der Fall. Beispielsweise wird Perfektion angestrebt, auch wenn man sich unzulänglich fühlt.

Die Person mit dem Verlassenheitsschema kann also unbewusst immer wieder Beziehungen mit unzuverlässigen Partnern aufsuchen oder wird sich übermäßig ängstlich und eifersüchtig in Beziehungen zeigen (Erduldung).

Sie kann aber auch Beziehungen vermeiden und lediglich oberflächliche Freundschaften zulassen, um sich vor weiteren Enttäuschungen zu schützen (Vermeidung).

Oder sie wird selbst versuchen, andere von sich abhängig zu machen oder Beziehungen abbrechen, bevor der Partner es tun kann, um nicht erneut verletzt zu werden (Überkompensation).

 Technik 94: Die Schemaanalyse

Falls Sie merken, dass Sie immer wieder in ähnliche schädliche Verhaltens- oder Beziehungsmuster verfallen, dann gehen Sie auf Schemaspurensuche. Welche Schemata könnten besonders stark ausgeprägt sein? Könnte es sein, dass Sie unbewusst bestimmte Situationen, die Ihre Schemata triggern, immer wieder wiederholen, ihnen ganz aus dem Weg gehen oder sie überkompensieren?

Durch die Erkenntnis, wie automatische Reaktionen auf unterbewusste Schemata zurückgeführt werden können, eröffnet sich die Chance, bewusster den eigenen heutigen Bedürfnissen entsprechend reagieren zu können.

Im Internet findet sich viel ergänzende Lektüre über die Ursprünge und Eigenschaften der verschiedenen Schemata. Es gibt auch einige sehr gute schematherapeutische Selbsthilfebücher (z. B. Young u. Klosko, 2006), die dabei helfen können, die relevanten Schemata besser zu erkennen und schädliche Bewältigungsreaktionen durch gesündere zu ersetzen. Natürlich können Sie auch eine Schematherapie bei einem qualifizierten Therapeuten in Erwägung ziehen.

Der Psychotherapieforscher Donald J. Kiesler schlug ein Kreismodell vor, mit dem interpersonelles Verhalten in zwei Dimensionen eingeordnet werden kann (Kiesler, 1983):

- freundliches oder feindliches Verhalten
- dominantes oder unterwürfiges Verhalten

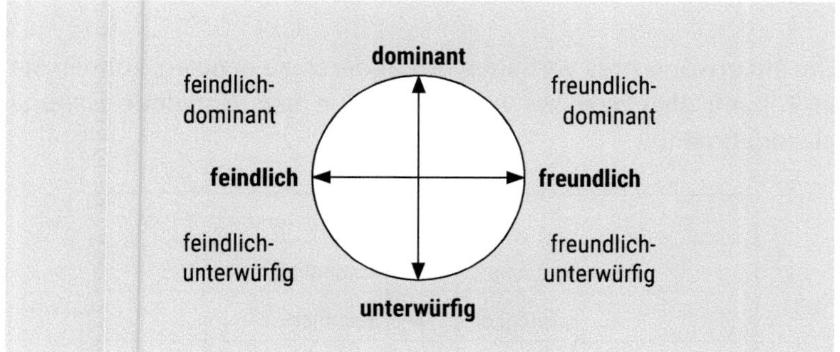

Kiesler ging hierbei davon aus, dass unser eigenes Verhalten eine bestimmte Reaktion in unserem Gegenüber begünstigt:

Freundliches Verhalten meinerseits erhöht die Wahrscheinlichkeit, dass mein Gegenüber ebenfalls freundlich reagiert. Feindliches Verhalten meinerseits führt dagegen eher auch zu feindlichem Verhalten auf der anderen Seite. Wie man in den Wald hineinruft, so schallt es eben zurück.

Dominantes Verhalten meinerseits führt allerdings eher zu unterwürfigem Verhalten auf der anderen Seite und umgekehrt. Hier ist es wie bei einer Wippe auf dem Kinderspielplatz: Wenn ein Kind hinuntergeht, steigt sein Gegenüber automatisch hoch.

 Technik 95: Das Kreismodell

Wenn Sie in Beziehungen immer das gleiche unzufriedenstellende Verhalten entgegnet bekommen, dann stellen Sie sich die Frage, ob Sie dieses eventuell mit Ihrem eigenen Verhaltensstil hervorrufen.

Analysieren Sie spezifische Situationen mithilfe des Kreismodells:

- Wo würden Sie sich auf den jeweiligen Skalen einordnen?
- Erklärt Ihr Verhalten die Reaktion Ihres Gegenübers?
- Wie wäre dessen Reaktion gewesen, wenn Sie anders gehandelt hätten?

Um ein erwünschtes Verhalten des anderen zu erzielen, können Sie in Zukunft also bewusst versuchen, eine begünstigende Haltung einzunehmen:

Ich	→	andere Person
freundlich	→	freundlich
feindlich	→	feindlich
dominant	→	unterwürfig
unterwürfig	→	dominant
freundlich-dominant	→	freundlich-unterwürfig
freundlich-unterwürfig	→	freundlich-dominant
feindlich-dominant	→	feindlich-unterwürfig
feindlich-unterwürfig	→	feindlich-dominant

Auch in dem Therapieansatz mit der umständlichen Bezeichnung «Cognitive Behavioral Analysis System of Psychotherapy» (CBASP) nach James P. McCullough (2020) wird das Kiesler-Kreismodell genutzt und das Augenmerk auf Denk- und Verhaltensmuster in Beziehungen gelegt.

 Technik 96: Die CBASP-Situationsanalyse

In der CBASP-Therapie der chronischen Depression, die sich sehr bewährt hat, wird beispielsweise eine strukturierte Situationsanalyse vorgeschlagen. Auch wenn Sie selbst nicht depressiv sind, kann diese Analyse dabei helfen, unbewusste Reaktionsmuster aufzudecken.

Suchen Sie sich dafür eine rezente Beziehungssituation aus und gehen Sie die folgenden Punkte der Reihe nach durch:

1. Beschreiben Sie objektiv, was genau passiert ist.
2. Beschreiben Sie Ihre subjektive Interpretation dessen, was passiert ist.
3. Beschreiben Sie, was Sie während der Situation genau gesagt und getan haben.
4. Beschreiben Sie, wie diese Situation geendet hat.
5. Beschreiben Sie, wie Sie sich gewünscht hätten, dass die Situation enden sollte.
6. Wurde das erwünschte Ergebnis erreicht? (Antworten Sie mit einem klaren Ja oder Nein).
7. Ist das erwünschte Ergebnis realistisch und erreichbar?
8. Ist die Interpretation (Punkt 2) zutreffend? Ist sie hilfreich für die Erreichung des gewünschten Ergebnisses (Punkt 5)? Welche andere Interpretation könnte ergänzt werden?
9. Welches Verhalten würde Sie zu dem erwünschten Ergebnis führen?
10. Gibt es eventuell Strategien, auf die Sie in Beziehungen immer wieder zurückgreifen, obwohl sie Sie nicht an Ihr Ziel führen? Könnte dies an Ihren Interpretationen liegen?
11. Wie können Sie diese Erkenntnisse auch für andere Situationen nutzen?

Technik 97: Prägende Bezugspersonen

Der CBASP-Ansatz schlägt zusätzlich vor, eine Liste von Bezugspersonen zu erstellen, die unsere Reaktionsmuster maßgeblich geprägt haben.

Wenn Sie es ausprobieren wollen, dann stellen Sie sich dafür die Frage, welche Menschen (Eltern, Geschwister, Lehrer etc.) in Ihrer Biografie den größten Einfluss (positiv oder negativ) auf Ihren Lebensweg gehabt haben.

Beantworten Sie dann für jede Person die folgenden Fragen:

- Wie hat mir diese Person Nähe und Intimität entgegengebracht?
- Wie hat diese Person reagiert, wenn ich etwas nicht so gut gemacht habe?
- Wie hat die Person auf meine emotionalen Bedürfnisse reagiert?
- Wie hat diese Person reagiert, wenn ich negative Emotionen ausgedrückt habe?

Schauen Sie sich Ihre Interpretationen aus der Situationsanalyse noch einmal vor dem Hintergrund der Liste prägender Bezugspersonen an. Könnte es sein, dass prägende Erfahrungen mit früheren Bezugspersonen dafür verantwortlich sind, dass Sie heute in Beziehungen manchmal so reagieren, wie Sie reagieren?

In dem Fall bietet sich das sogenannte interpersonelle Diskriminationstraining an (das bewusste Unterscheiden, was in Ihren aktuellen Beziehungen genau anders ist als in den früheren Beziehungen mit den prägenden Bezugspersonen).

In der CBASP-Therapie wird dies zusammen mit dem Therapeuten erarbeitet. Sie können durch regelmäßige Situationsanalysen aber auch selbst trainieren.

Einen anderen Blickwinkel auf zwischenmenschliche Beziehungsmuster liefert die «Transaktionsanalyse». Dieses psychologische Modell des Psychiaters Eric Berne beschreibt den Austausch von Kommunikation zwischen zwei Interaktionspartnern als Transaktionen (Berne, 1961).

Beide Personen können dabei aus verschiedenen Ich-Zuständen heraus agieren und reagieren:

- Im Eltern-Ich-Zustand (El) denken, verhalten und fühlen wir so, wie eine Autoritätsperson aus unserer Vergangenheit. Werte, Regeln und Normen, die wir zum Beispiel bewusst oder unbewusst von unseren Eltern übernommen haben, wurden hier verinnerlicht. Das Eltern-Ich kann dabei fürsorglich (fü) oder kritisch (kr) sein. Im kritischen Eltern-Zustand behandeln wir andere abwertend, autoritär oder von oben herab. Im fürsorglichen Eltern-Ich-Zustand treten wir anderen gegenüber besorgt oder bemutternd auf.

- Im Erwachsenen-Ich-Zustand (Er) verhalten wir uns logisch und angemessen. Wir reagieren bewusst auf das Hier und Jetzt und orientieren uns an objektiven Informationen.

- Im Kind-Ich-Zustand (K) denken, verhalten und fühlen wir so, wie wir es früher als Kind getan haben. Das Kind-Ich kann angepasst (an), rebellisch (re) oder frei (fr) sein. Im angepassten Kind-Zustand sind wir bemüht, anderen gegenüber zuvorkommend zu sein und uns zu unterwerfen. Im rebellischen Kind-Zustand lehnen wir uns gegenüber der Autorität anderer auf. Im freien Kind-Zustand drücken wir unsere Gefühle und Bedürfnisse auf eine natürliche und spontane Art aus.

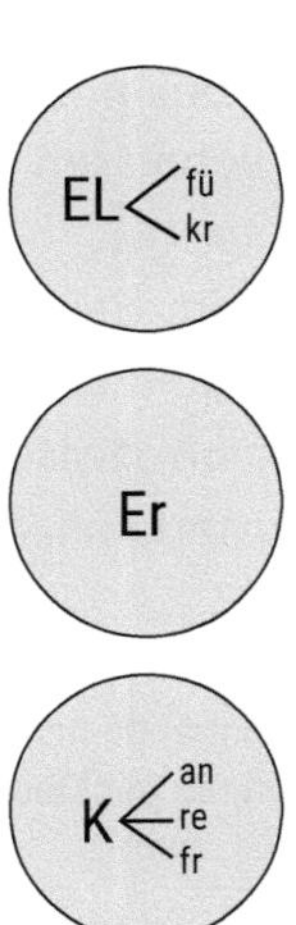

Es entstehen so also viele mögliche zwischenmenschliche Transaktionsmuster:

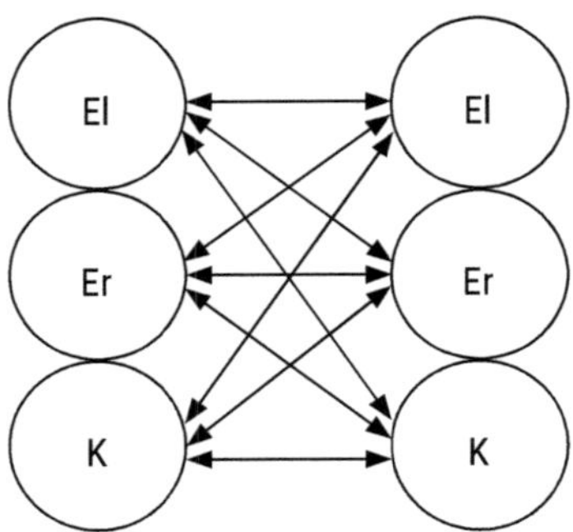

Wenn zwischen zwei Personen immer wieder die gleichen Transaktionsmuster stattfinden, die zu den immer gleichen negativen Ergebnissen führen, dann spricht Berne von «psychologischen Spielen».

Zum Beispiel kann eine Transaktion von kritischem Eltern-Ich-Zustand auf den Kind-Ich-Zustand immer wieder von einer Transaktion zwischen rebellischem Kind-Ich-Zustand auf Eltern-Ich-Zustand beantwortet werden:

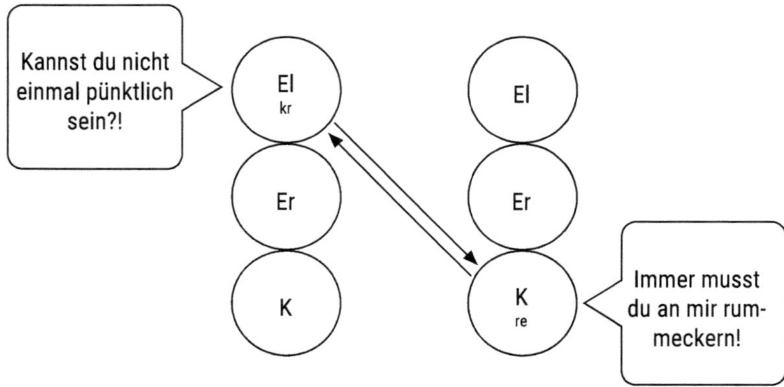

Andere Transaktionsmuster der gleichen Situation könnten auch so aussehen:

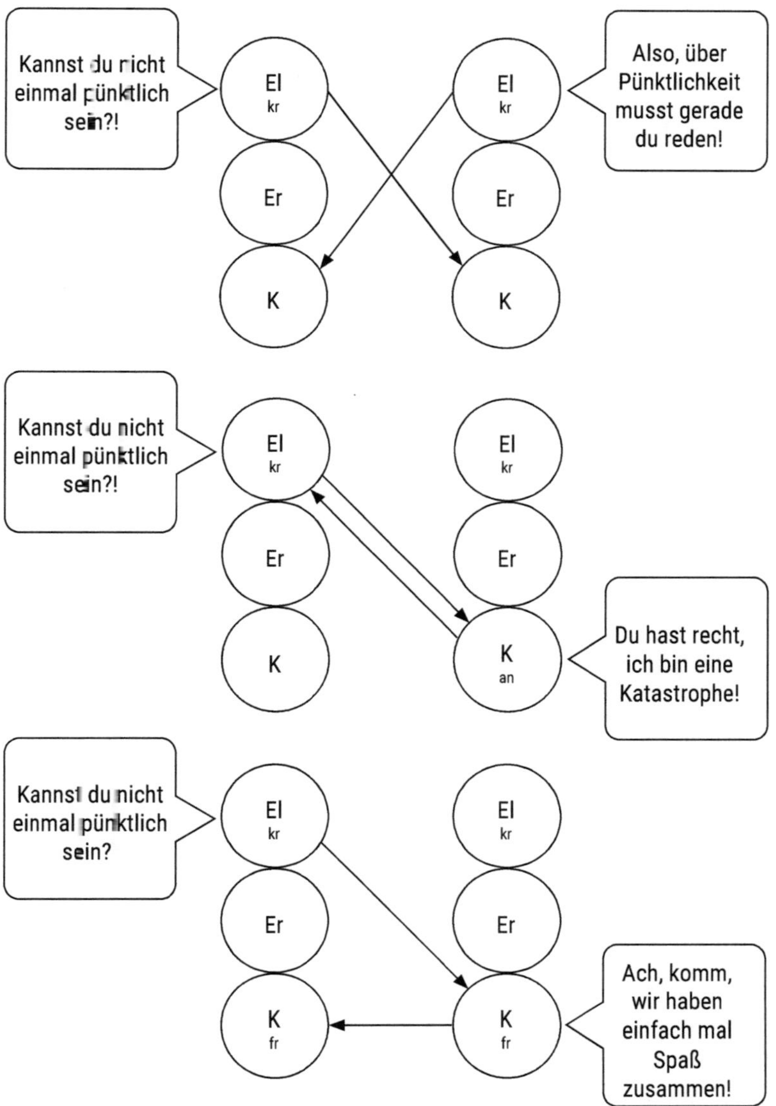

Eine effektivere Kommunikation könnte zum Beispiel erfolgen, wenn die Kommunikation stattdessen auf Erwachsenen-Ich-Ebene erfolgen würde:

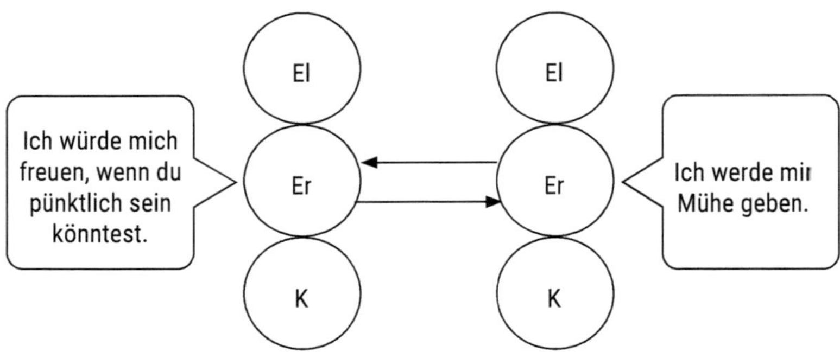

 Technik 98: Die Transaktionsanalyse

Durch die Transaktionsanalyse können wertvolle Erkenntnisse über die eigene Persönlichkeit, die Persönlichkeit anderer Personen und über die Beziehungsdynamik gewonnen werden. Außerdem können psychologische Spiele aufgelöst werden.

Stellen Sie sich in zwischenmenschlichen Konflikten in Zukunft die Frage, aus welchem Ich-Zustand heraus Sie kommuniziert haben und welche Reaktion Sie damit bei Ihrem Gegenüber ausgelöst haben.

Die verschiedenen möglichen Transaktionsmuster können Ihnen dann eventuell eine mögliche Alternative aufzeichnen, um auf die gegenwärtige Situation angepasste Denk- und Verhaltensmuster zu entwickeln.

Ein weiteres Modell, das dabei helfen kann, dysfunktionale Beziehungsmuster aufzudecken, liefert der Psychologe und Kommunikationswissenschaftler Friedemann Schulz von Thun in Form eines Teufelskreises mit vier Stationen (Schulz von Thun, 2011b).

Bei diesem Modell gibt es keinen erkennbaren Anfang und kein Ende. Beide Interaktionspartner sind überzeugt davon, jeweils nur auf das Verhalten des anderen zu reagieren:

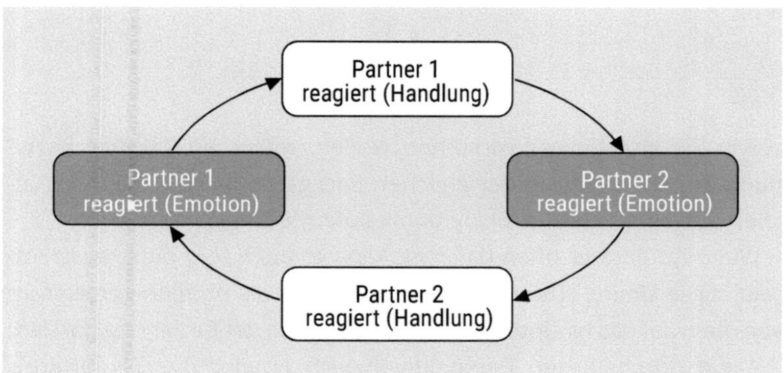

Ein Ehepartner kann sich zum Beispiel ständig darüber beklagen, dass der andere keine Zeit in die Beziehung investiert. Dadurch kann dieser sich eingeengt fühlen und sich in Folge zurückziehen, weil er die ewigen Klagen nicht mehr hören kann.

Dieses Verhalten verstärkt aber das Empfinden des Partners, vernachlässigt zu werden, wodurch sich dieser noch mehr beklagt.

Es entsteht ein Teufelskreis, der sich immer mehr aufschaukeln kann, sodass irgendwann bereits eine Kleinigkeit ausreichen kann, um einen Konflikt eskalieren zu lassen.

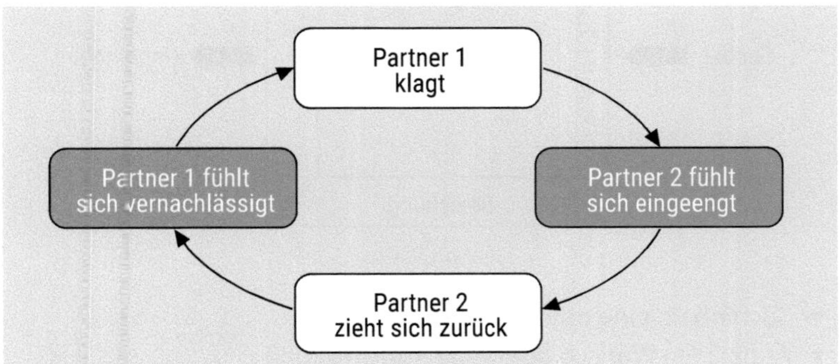

Solche Dynamiken sind sehr menschlich. Dadurch, dass man sie erkennen und in Frage stellen kann, entsteht aber ein Ausweg aus dem Teufelskreis.

 Technik 99: Das Teufelskreismodell

Wenn Sie also besser verstehen wollen, wieso Sie in einer Beziehung immer wieder in der gleichen Sackgasse landen, dann versuchen Sie, eine Teufelskreisdynamik aufzudecken.

Wenn Ihr Partner offen dafür ist, kann es auch sehr aufschlussreich sein, diese Übung zusammen zu machen; so, als ob man gemeinsam von oben auf das hinunterschaut, was gerade in der Beziehung passiert.

Allein durch diesen Perspektivenwechsel wird der Teufelskreis kurz unterbrochen, wodurch Beziehungsdynamiken besser erkannt und in Frage gestellt werden können.

Ein anderer Klassiker der Kommunikationspsychologie Schulz von Thuns ist das sogenannte Kommunikationsquadrat. Dieses Modell zeigt auf, wie eine Nachricht anhand vier verschiedener Dimensionen interpretiert werden kann (Schulz von Thun, 2011a):

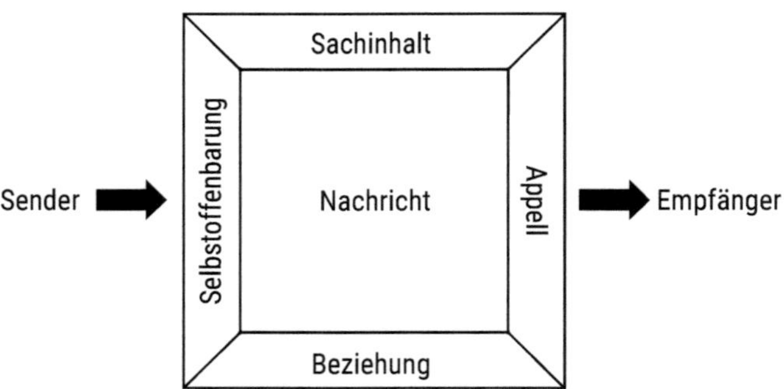

- Sachinhalt: eine objektive Information
- Appell: ein Wunsch oder eine Aufforderung

- Beziehung: ein Hinweis über die Beziehung
- Selbstoffenbarung: eine Aussage über die eigenen Gefühle, Bedürfnisse oder Werte

Sender und Empfänger kommunizieren dabei nicht immer unbedingt auf der gleichen Frequenz. So kann zum Beispiel folgender scheinbar harmlose Satz unterschiedliche Interpretationen zulassen: «Der Mülleimer quellt über.»

Auch wenn der Sender mit seiner Aussage eigentlich meint: «Trag ihn raus!» (Appell), kann der Empfänger theoretisch auch auf der Sachebene antworten: «Stimmt, der ist ganz schön voll.» Oder er kann die Nachricht als Kritik auffassen und sich entrüsten: «Ich mache doch auch viel im Haushalt!»

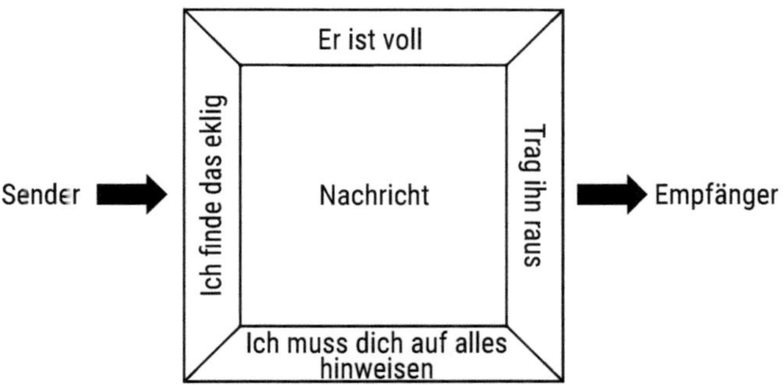

Schulz von Thun beschreibt, dass wir alle vier verschiedene «Schnäbel» und vier verschiedene Ohren haben, die den vier Seiten einer Nachricht entsprechen. In bestimmten Beziehungen hören wir womöglich instinktiv mehr mit dem einen Ohr zu als mit dem anderen.

So können wir zum Beispiel einen Appell oder eine Kritik aus einer Nachricht heraushören, die auf der Sachebene gedacht war:

Sender (neugierig): *«Ist das Koriander in der Suppe?»*
Empfänger (entrüstet): *«Koch doch selbst, wenn es dir nicht schmeckt!»*

 Technik 100: Vier Ohren und vier Schnäbel

Wenn Sie merken, dass Sie in Beziehungen immer wieder die gleichen unzufriedenstellenden Kommunikationsmuster wiederholen, dann fragen Sie sich, ob Sie eventuell auf unterschiedlichen Frequenzen funken. Analysieren Sie gesendete und empfangene Nachrichten in Zukunft mit dem Kommunikationsquadrat:

- Was denken Sie, mit welchem Schnabel Sie die Nachricht eigentlich senden wollten? Oder Ihr Partner?
- Mit welchem Ohr wurde schließlich zugehört?
- Wie könnte die Nachricht auf den anderen Ebenen interpretiert werden?
- Wie können Sie Ihre Nachricht klarer formulieren, damit sie in dem Ohr ankommt, in dem sie auch ankommen soll?

In zwischenmenschlichen Interaktionen sitzt man immer zu zweit im Boot. Wenn einer rudert, setzt sich das Ganze in Bewegung. Wenn der andere aber nicht mitzieht, kann sich das Boot auch nur im Kreis drehen.

Zum Abschluss habe ich für Sie noch die Legende eines angeblichen Funkspruchs, die auf einen Cartoon aus den 1930er Jahren zurückgeht:

> *Bitte ändern Sie Ihren Kurs um 15 Grad nach Norden, um eine Kollision zu vermeiden.*
> *Ich empfehle, Sie ändern IHREN Kurs um 15 Grad nach Süden, um eine Kollision zu vermeiden.*
> *Dies ist der Kapitän eines Schiffs der US-Marine. Ich wiederhole: Ändern Sie Ihren Kurs.*
> *Nein. ICH wiederhole: Sie ändern Ihren Kurs!*

Dies ist der Flugzeugträger «USS Lincoln». Wir werden von drei Zerstörern, drei Kreuzern und mehreren Versorgungsschiffen begleitet. Ich verlange, dass Sie Ihren Kurs um 15 Grad nach Norden, das ist eins fünf Grad nach Norden, ändern, oder es werden Gegenmaßnahmen ergriffen, um die Sicherheit dieses Schiffs zu gewährleisten!
Dies ist ein Leuchtturm. Sie sind dran.

Zum besseren Verständnis eigener und fremder Reaktionsmuster in Beziehungen bieten sich also verschiedene Methoden an, um unter die Wasseroberfläche zu schauen. Evaluieren Sie Ihre Grundbedürfnisse, machen Sie sich auf Schemasuche, analysieren Sie Ihre Beziehungsmuster, achten Sie auf Teufelskreise und fragen Sie sich, aus welcher Ich-Perspektive heraus Sie agieren oder reagieren bzw. mit welchem Schnabel Sie sprechen und mit welchem Ohr Sie zuhören.

Vor allem dann, wenn Sie in Beziehungen regelmäßig auf Kollisionskurs geraten, lohnt es sich, genauer hinzuschauen. Manchmal ist ein Schiff vielleicht einfach nur ein Leuchtturm.

Nachwort

Wenn Sie einen Werkzeugkoffer zu Hause haben, dann gibt es bestimmt den einen abgewetzten Kreuzschlüssel, den Sie ständig benutzen, während viele andere Werkzeuge eher selten bis nie zum Einsatz kommen. Wofür soll denn etwa bitte schön eine Ventilschaftdichtungszange gut sein?

Mit Psychotherapiewerkzeugen verhält es sich ähnlich: Vielleicht können Sie mit der einen oder anderen vorgestellten Technik in diesem Buch etwas mehr anfangen als mit der anderen. Sollten Sie gar nichts davon als nützlich empfunden haben, dann herzlichen Glückwunsch zu Ihrer ausgezeichneten psychischen Gesundheit (und zu Ihrer Ausdauer, trotzdem bis zum Schluss weitergelesen zu haben)!

Aber sogar in Ihrem Fall kann es wahrscheinlich nicht schaden, einen gut gefüllten Werkzeugkasten im Keller stehen zu haben. Sie können schließlich nicht wissen, wann Sie unerwartet mal eine Ventilschaftdichtung wechseln müssen. Sehen Sie dieses Buch also als Nachschlagewerk für jegliche Baustellen, die im Leben auf Sie zukommen können. Es könnte ja einmal etwas dabei sein, das passt.

Klar ist, dass ein Selbsthilfebuch keine Psychotherapie ersetzen kann. Sollten Sie das Gefühl haben, dass psychische Probleme Sie zunehmend belasten oder Sie in Ihrer Lebensqualität einschränken, dann zögern Sie nicht, sich professionelle Hilfe zu suchen.

Danksagung

Ich danke dem Remote Verlag für das Vertrauen. Ein riesiges Dankeschön geht dabei vor allem an Isabelle Müller vom Projektmanagement, die mich mit ihrer lockeren Professionalität unterstützt und motiviert hat. Meiner Lektorin Lara Voelter gilt mein tiefster Dank für ihre Geduld und wertvolle Begleitung.

Mein Verständnis von Psychotherapie wurde geprägt von meinem Studium und Fortbildungen, aber auch von meiner Praxis, die immer wieder Abwandlungen therapeutischer Methoden erforderte, um die Behandlung auf den einzelnen Patienten anzupassen. Die kreative Anwendung der therapeutischen Konzepte, alle Erklärungsbeispiele, Modelle und Metaphern, die ich aufführe, sind einem bunten Eintopf an Einflüssen entnommen. Ich möchte mich also bei allen Personen bedanken, die auf die eine oder andere Weise zu diesem Buch beigetragen haben.

Ganz besonders bedanken möchte ich mich bei den Therapeuten, die mich durch ihren Rat, ihre Unterstützung und ihr Vorbild geprägt haben: Rebecca Barth, Amélie Zeimet, Elisabeth Seimetz, Sonja Lehrke, Françoise Münster, Lizzie Seven, Paula Pereira, Fatima Pezzan, Christine Arendt und Eva Kropp-Milek.

Für die freundliche Beratung bedanke ich mich bei Anja Witte.

Und dann ist da natürlich auch noch meine Frau Laure, die mir immer wieder diejenigen Schrauben lockert, die zu eng angezogen sind.

Literatur

- Atkinson, J. W. (1957). Motivational determinants of risk-taking behavior. *Psychological Review, 64*, 359-372.
- Atkinson, J. W. & Litwin, G. H. (1960). Achievement motive and test anxiety conceived as motive to approach success and motive to avoid failure. *The Journal of Abnormal and Social Psychology, 60*(1), 52-63.
- Balthasar, C. & Wiese, T. (2014). *Warum Kugelschreiber tödlicher sind als Blitze: Verblüffende Statistiken über die Gefahren und Risiken unseres Lebens.* Riva.
- Bandler, R. & Grinder, J. (1982) *ReFraming: Neuro-Linguistic Programming and the transformation of meaning.* People Press.
- Beaulieu, D. (2005). *Impact-Techniken für die Psychotherapie*. Carl Auer.
- Beck, A. T., Rush, A. J., Shaw, B. F. & Emery, G. (1979). *Cognitive therapy of depression*. Guilford press.
- Berne, E. (1961). *Transactional analysis in psychotherapy: A systematic individual and social psychiatry.* Grove Press.
- Bohus, M. & Wolf-Arehult, M. (2013). *Interaktives Skillstraining für Borderline-Patienten. Das Therapeutenmanual* (2. aktualisierte und erw. Aufl.). Klett-Cotta.
- Bradbury, T. N. & Fincham, F. D. (1990). Attributions in marriage: review and critique. *Psychological Bulletin, 107*, 3-33.
- Carney, D. R., Cuddy, A. J. C. & Yap, A. J. (2010). Power posing: Brief nonverbal displays affect neuroendocrine levels and risk tolerance. *Psychological Science, 21*, 1363-1368.
- de Shazer, S. & Molnar, A. (1984). Four useful interventions in brief family therapy. *Journal of Marital and Family Therapy, 10*, 297-304.
- de Shazer, S. (1988). *Clues: Investigating solutions in Brief Therapy.* Norton & Co.
- Doran, G. T. (1981). There's a S.M.A.R.T. way to write management's goals and objectives. *Management Review, 70*(11), 35-36.

- Dudenredaktion (o.J.): *„Müssen" auf Duden online*. URL: https://www.duden.de/node/279299revision/689553 (Abrufdatum: 21.12.2021).
- Dudenredaktion (o.J.): *„Tollpatsch" auf Duden online*. URL: https://www.duden.de/node/183302/revision/595876 (Abrufdatum: 21.12.2021).
- D'Zurilla, T. J. & Goldfried, M. R. (1971). Problem solving and behavior modification. *Journal of Abnormal Psychology, 78*(1), 107-126.
- Ellis, A. (1957). Rational psychotherapy and individual psychology. *Journal of Individual Psychology, 13*, 38-44.
- Festinger, L. (1954). A theory of social comparison processes. *Human Relations, 7*, 117-140.
- Gendlin, E. T. (1978). *Focusing*. Everest House.
- Godden, D. R. & Baddeley, A. D. (1975). Context-dependent memory in two natural environments: On land and underwater. *British Journal of Psychology, 66*(3), 325-331.
- Grawe, K. (2004). *Neuropsychotherapie*. Hogrefe.
- Grotlüschen, A. & Buddeberg, K. (Hrsg.) (2020). *LEO 2018. Leben mit geringer Literalität.* wbv.
- Hayes, S., Strosahl, K. & Wilson, K. (1999). *Acceptance and Commitment Therapy: An experiential approach to behavior change*. Guilford Press.
- Hebb, D. O. (1949). *The organization of behavior. A neuropsychological theory.* Wiley.
- Huth, A. G., de Heer, W. A., Griffiths, T. L., Theunissen, F. E. & Gallant, J. L. (2016). Natural speech reveals the semantic maps that tile human cerebral cortex. *Nature, 532*(7600), 453-458.
- Jacobson, E. (1929). *Progressive Relaxation*. University of Chicago Press.
- Jamieson, J. P., Nock, M. K. & Mendes, W. B. (2012). Mind over matter: Reappraising arousal improves cardiovascular and cognitive responses to stress. *Journal of Experimental Psychology: General, 141*(3), 417-422.

- Kabat-Zinn, J. (2013). *Full catastrophe living: Using the wisdom of your body and mind to face stress, pain, and illness* (2. Aufl.). Bantam Dell.
- Kaluza, G. (2015). *Stressbewältigung. Trainingsmanual zur psychologischen Gesundheitsförderung* (3. Aufl.). Springer.
- Keller, A., Litzelman, K., Wisk, L. E., Maddox, T., Cheng, E. R., Creswell, P. D., & Witt, W. P. (2012). Does the perception that stress affects health matter? The association with health and mortality. *Health Psychology, 31*(5), 677-684.
- Kentzler, C. & Richter, J. (2010). *Stressmanagement. Das Kienbaum Trainingsprogramm*. Haufe-Lexware.
- Kessler, R. C., Berglund, P., Demler, O., Jin, R., Merikangas, K. R. & Walters, E. E. (2005). Lifetime prevalence and age-of-onset distributions of DSM-IV disorders in the National Comorbidity Survey Replication. *JAMA Psychiatry, 62*, 593-602.
- Kiesler, D. J. (1983). The 1982 interpersonal circle: a taxonomy for complementarity in human interactions. *Psychological Review, 90*, 185-214.
- Kolitzus, H. (2003). *Das Anti-Burnout Erfolgsprogramm*. dtv.
- Lazarus, R. S. & Folkman, S. (1984). *Stress, appraisal, and coping*. Springer.
- LeDoux, J. E. (1996). *The emotional brain: The mysterious underpinnings of emotional life.* Simon & Schuster.
- Lewinsohn, P. M. (1974). A behavioral approach to depression. In R. J. Friedman & M. M. Katz (Hrsg.), *Psychology of depression: Contemporary theory and research* (S. 157-178). Wiley.
- Linden, M., Baumann, K. & Schippan, B. (2006). Weisheitstherapie. Kognitive Therapie der Posttraumatischen Verbitterungsstörung. In A. Maercker & R. Rosner (Hrsg.), *Psychotherapie der posttraumatischen Belastungsstörungen* (S. 208-227). Thieme.
- Linehan, M. (2015). *DBT Skills Training Manual* (2. Aufl.). Guilford Press.

- Lutz, R. & Koppenhöfer, E. (1983). Kleine Schule des Genießens. In R. Lutz (Hrsg.), *Genuß und Genießen. Zur Psychologie genußvollen Erlebens und Handelns* (S. 112-125). Beltz.
- McCullough, J. P. (2000). *Treatment for chronic depression: Cognitive Behavioral Analysis System of Psychotherapy (CBASP).* Guilford.
- Meichenbaum, D. (1977). *Cognitive-behavior modification: An integrative approach.* Plenum.
- Miller, W. R. & Rollnick, S. (2013). *Motivational interviewing: Helping people change* (3. Aufl.). Guilford Press.
- Moreno, J. L. (1951). *Sociometry, experimental method and the science of society.* Beacon House.
- Peseschkian, N. (2008): *Der Kaufmann und der Papagei. Orientalische Geschichten in der Positiven Psychotherapie* (29. Aufl.). Fischer.
- Prior, M. (2021): *MiniMax-Interventionen. 15 minimale Interventionen mit maximaler Wirkung* (16. Aufl.). Carl Auer.
- Satir, V., Banmen, J., Gerber, J. & Gomori, M. (1991). *The Satir model: Family therapy and beyond.* Science & Behavior Books.
- Schultz, J. H. (1932). *Das autogene Training (konzentrative Selbstentspannung). Versuch einer klinisch-praktischen Darstellung*. Thieme.
- Schulz von Thun, F. (2011a). *Miteinander reden 1. Störungen und Klärungen. Allgemeine Psychologie der Kommunikation* (Sonderausgabe). Rowohlt-Taschenbuch.
- Schulz von Thun, F. (2011b). *Miteinander reden 2. Stile, Werte und Persönlichkeitsentwicklung: Differentielle Psychologie der Kommunikation* (Sonderausgabe). Rowohlt-Taschenbuch.
- Seligman, M. E. & Maier, S. F. (1967). Failure to escape traumatic shock. *Journal of Experimental Psychology, 74*(1), 1-9.
- Simons, D. J. & Chabris, C. F. (1999). Gorillas in our midst: Sustained inattentional blindness for dynamic events. *Perception, 28*, 1059-1074.

- Statistisches Bundesamt, Fachserie 11, Reihe 4.3.1, 1980-2020.
- Steinbeck, J. (1952). *East of Eden*. The Viking Press.
- Strack, F., Martin, L. L. & Stepper, S. (1988). Inhibiting and facilitating conditions of the human smile: A nonobtrusive test of the facial feedback hypothesis. *Journal of Personality and Social Psychology, 54*(5), 768-777.
- Sunstein, C. (2002). Probability neglect: emotions, worst cases, and law. *Yale Law Journal, 112*, 61-107.
- Susskind, D. J. (1970). The Idealized Self-Image (ISI): A new technique in confidence training. *Behavior Therapy, 1*(4), 538-541.
- Unsalan, Q., Bayatli, A. & Jenniskens, P. (2020). Earliest evidence of a death and injury by a meteorite. *Meteoritics and Planetary Science, 55*(4), 886-894.
- Watzlawick, P. (2009). *Anleitung zum Unglücklichsein* (7. Aufl.). Piper.
- Weiner, B. (1986). *An attributional theory of motivation and emotion*. Springer.
- Wells, A. (2009). *Metacognitive therapy for anxiety and depression.* Guilford Press.
- Yerkes, R. M. & Dodson, J. D. (1908). The relation of strength of stimulus to rapidity of habit-formation. *Journal of Comparative Neurology and Psychology, 18*(5), 459-482.
- Young, J. E., Klosko, J. S. & Weishaar, M. E. (2008). *Schematherapie. Ein praxisorientiertes Handbuch* (2. Aufl.). Junfermann.
- Young, J. E. & Klosko, J. S. (2006). *Sein Leben neu erfinden: Wie Sie Lebensfallen meistern. Den Teufelskreis selbstschädigenden Verhaltens durchbrechen... Und sich wieder glücklich fühlen* (4. Aufl.). Junfermann.

Du möchtest mit **deinem** Buch
zuverlässig **neue Kunden gewinnen**...
... und dabei deutlich weniger pro Neukunde zahlen?

Dann erfahre, wie Experten mit Ratgebern &
Sachbüchern planbar und zuverlässig
neue Kunden generieren.

Auf unserer Website enthüllen wir die geheime Strategie hinter Personenmarken, die mit ihrem Buch zuverlässig neue Kunden gewinnen und gleichzeitig auf die Bestsellerlisten kommen.

SCAN ME

autoren.remote-verlag.de/video/opt-in/therapietogo